"十三五"高等教育教学改革行动计划系列教材 • 会计专业

会计电算化

主　编 | 蔡雪莹　孔　丽　付　阳
副主编 | 刘　洁　唐笑洁　肖　莉

电子工业出版社
Publishing House of Electronics Industry
北京·BEIJING

未经许可，不得以任何方式复制或抄袭本书之部分或全部内容。
版权所有，侵权必究。

图书在版编目（CIP）数据

会计电算化 / 蔡雪莹，孔丽，付阳主编. —北京：电子工业出版社，2021.7
ISBN 978-7-121-40713-0

Ⅰ. ①会… Ⅱ. ①蔡… ②孔… ③付… Ⅲ. ①会计电算化－高等学校－教材 Ⅳ. ①F232

中国版本图书馆 CIP 数据核字(2021)第 039868 号

责任编辑：刘淑丽
印　　刷：北京京师印务有限公司
装　　订：北京京师印务有限公司
出版发行：电子工业出版社
　　　　　北京市海淀区万寿路 173 信箱　　邮编 100036
开　　本：787×1092　1/16　印张：17.5　字数：426 千字
版　　次：2021 年 7 月第 1 版
印　　次：2021 年 7 月第 1 次印刷
定　　价：58.00 元

凡所购买电子工业出版社图书有缺损问题，请向购买书店调换。若书店售缺，请与本社发行部联系，联系及邮购电话：(010) 88254888，88258888。
质量投诉请发邮件至 zlts@phei.com.cn，盗版侵权举报请发邮件至 dbqq@phei.com.cn。
本书咨询联系方式：(010) 88254199，sjb@phei.com.cn。

前言

人工智能、云计算和大数据技术的迅猛发展，有效地支撑着财务机器人和财务共享服务的快速建立与扩展，会计行业进入以会计信息管理为业务主体的3.0时代。为了使会计信息能够符合社会时代的潮流，以计算机网络技术和现代信息技术为基础的会计信息系统被引入会计工作并得到逐步推广和完善。我国会计电算化委员会于2008年11月12日在北京成立，会计主管部门要求会计从业人员具有熟练的会计电算化操作水平。这一切都表明，具备扎实的会计电算化能力是会计从业人员的基本素质要求。

本书设计了让学生执行的带有目的性的典型工作任务，课堂活动通常分组进行，组与组之间强调互相帮助，组内强调沟通和协作。通过模块化教学模式，项目任务式设置，每个项目的开篇提出本项目的学习目标，给学生指明本项目的学习方向；每个项目的关键概念帮助学生更好地理解本章的知识点；项目小结对本项目的内容进行了简明扼要的归纳，以便学生复习；课堂讨论题既可以加深学生对课堂内容的理解，又可以促进学生之间，以及师生之间的交流；每个项目的复习思考题和实训操作题是对本项目知识的具体应用，便于学生巩固每个项目所学的知识。

在本书编写的过程中，融入了所有参与编写老师多年的教学心得和体会，采用用友新道公司最新的U8V10.1财务管理软件，注重实务操作，力求达到培养学生的独立思考能力、创新意识和实践动手能力的目的。

本书特色体现在以下三个方面。

（1）应用性。本书立足于会计专业所学的会计、财务管理、税法等知识，通过现实经济生活中企业实际业务流程的案例，让学生掌握用友软件解决财务管理实际问题的方法，注重学生的实际操作能力及解决问题的能力，提高学生的社会实践能力。

（2）系统性。本书较为系统地介绍了用友U8V10.1的安装环境及安装过程，系统管理与基础设置，重点介绍了总账管理与报表处理的操作，采用2007年新会计准则及新的税法知识，并详细介绍了薪资管理模块及固定资产管理模块的操作。学生通过系统的操作流程学习，具备独立完成账套的能力。

（3）实用性。本书充分考虑学生技能证书考试的需要，将相关资格考试的知识和技能纳入对应项目任务或训练项目中，使课堂教学与职业资格考试相结合。

本书既可以作为高职高专经济、管理类专业的教材，也可以作为经济管理人员学习会计知识的参考书。

本书由江西工业工程职业技术学院蔡雪莹、孔丽、付阳担任主编，刘洁、唐笑洁、肖莉担任副主编。全书由蔡雪莹拟定编写大纲，并负责全书的总纂定稿。

本书在编写过程中，参考了国内外大量会计学专家和学者的著作（具体书目附后），吸收了他们许多有益的研究成果，在此表示衷心的感谢。感谢电子工业出版社的大力支持。

由于编者水平有限，书中难免有疏漏和不妥当的地方，恳请各位专家、各位读者批评指正，你们的建议永远是我们改进的动力。

会计电算化整体设计，请扫下方二维码进行观看。

作者

2021 年 1 月

目录

项目一 会计电算化基础知识 1
    任务一 会计电算化概述 1
    任务二 会计电算化的发展阶段及趋势 5
    任务三 电算化会计信息系统的结构 9
    本项目小结 12

项目二 会计电算化的实施和管理 14
    任务一 建立会计电算化领导小组和制订会计电算化工作规划 14
    任务二 建立会计电算化的组织机构 16
    任务三 人员的工作岗位及其职责 18
    任务四 会计软件的选择 20
    任务五 会计软件的运行 22
    任务六 单位会计电算化的日常管理 25
    任务七 电算化会计信息系统的内部控制 28
    任务八 电算化会计的审计 30
    本项目小结 33

项目三 电算化会计信息系统的分析与设计 35
    任务一 系统的开发方法和基本要求 36
    任务二 系统分析 38
    任务三 系统设计 46
    任务四 程序设计 62
    本项目小结 63

项目四 用友 U8V10.1 的系统管理和基础设置 65
    任务一 用友 U8V10.1 概述 65
    任务二 用友 U8V10.1 的安装 67
    任务三 系统管理 84
    任务四 基础设置 96
    本项目小结 105

项目五 总账管理 109
    任务一 总账系统概述 109
    任务二 初始设置 110
    任务三 日常业务处理 120
    任务四 出纳管理 138
    任务五 账簿管理 146
    任务六 期末处理 156
    本项目小结 166

项目六 报表处理 174
    任务一 用友 U8V10.1 报表系统（UFO）概述 174
    任务二 报表格式设计概述 182
    任务三 报表数据处理 199
    任务四 报表管理 207
    本项目小结 213

项目七 薪资管理 215
    任务一 薪资管理系统概述 215
    任务二 初始设置 217
    任务三 薪资管理 223
    本项目小结 241

项目八 固定资产管理 246
    任务一 固定资产管理系统主要功能 246
    任务二 初始设置 248
    任务三 日常管理 260
    任务四 账表管理 268
    本项目小结 271

参考文献 274

项目一

会计电算化基础知识

学习目标
（1）理解会计电算化的含义，掌握会计信息系统的基本概念。
（2）熟悉手工会计信息系统与电算化会计信息系统的联系和区别。
（3）了解我国会计电算化的发展现状和发展趋势。

任务一 会计电算化概述

一、会计电算化的含义

会计电算化是以电子计算机为主的当代电子技术和信息技术应用到会计中的简称。"会计电算化"一词是中国会计学会在 1981 年长春"财务、会计、成本应用电子计算机专题讨论会"上提出来的。当时，会计电算化主要是指电子计算机在会计账务处理过程中的应用，即用电子计算机代替手工记账、算账和报账，以计算机代替手工作为应用的目标。由于这个称谓形象易理解，所以习惯上一直沿用至今。但是，随着信息技术和管理科学的不断进步，会计电算化从内涵到外延都不断深化：在内涵上，人们认识到会计电算化实际上是指应用电子计算机实现的会计信息系统，它不但实现了数据处理的自动化，使传统的手工会计信息系统发展演变为电算化会计信息系统，而且实现了电子计算机在整个会计信息系统和以会计信息系统为核心的管理信息系统中的全面应用；在外延上，会计电算化已成为一门融计算机科学、管理科学、信息科学和会计科学为一体的交叉学科，不仅涉及电子计算机技术在会计理论和实务中的应用，而且涵盖了电算化会计信息系统的组织、规划、实施、管理、人员培训、制度建设、审计等诸多内容。

会计电算化是会计发展史上的一次重大革命，它不仅是会计发展的需要，而且是经济和科技发展对会计工作提出的要求。目前会计电算化在经济管理的各个领域中处于电子计算机应用的领先地位，正在起着带动经济管理诸领域逐步走向现代化的作用。

那么，为什么我们说会计电算化实际上是指应用电子计算机实现的会计信息系统呢？下面，首先介绍几个基本概念。

（1）信息：经传递的、可被用户理解并对用户有意义和有用的数据。

（2）数据：对客观事物进行观察及计量所记录的可鉴别的符号。信息与数据的关系是：信息可看成是经加工后的对决策或行为有现实或潜在价值的数据，如果说数据是原料，那么信息可看成是经加工后的成品。

（3）系统：由相互联系、相互影响和相互依赖的多个要素构成的完成特定功能的整体。系统一般指人造系统，而不是自然系统。

（4）信息系统：将输入数据加工处理后输出有用信息的系统。它包括信息输入、处理、储存、传输和输出等功能。

（5）会计信息系统：组织处理会计业务，收集、加工、存储和传输各种会计数据，为各级管理人员提供会计信息和辅助决策，有效地组织和运用会计信息，改善经营管理，提高经济效益所形成的会计活动的有机整体。

会计工作是人类监督和核算生产过程的一种管理活动，它随着社会生产的发展和经济管理的要求而不断发展和完善。会计以货币为主要计量单位，通过采集、计量、分类、排序、运算、检索、存储、传输等方式，对大量数据进行加工、整理、分析。对企事业单位乃至整个国家的资金运动进行连续、完整、系统的核算和监督，为管理提供系统的经济信息。它反映过去的经济活动，控制目前的经济活动，并预测未来的经济活动。

会计的各项管理活动都离不开信息，而且都体现为对信息的某种作用。比如，取得原始凭证是对原始信息的获取；原始凭证的审核是对信息特征的提取和确认；设置会计科目是对信息的分类判断，也就是对输入信息进行加工和变换的模型框架；填制记账凭证和登记账簿是变数据为信息，并进行传递和存储；账务检查和核对所反馈的会计内部信息，是对企业经济活动的调节和控制；会计的预测、决策和管理是对会计信息的进一步应用。会计工作的全部活动构成了对会计信息的输入、处理、输出和控制反馈全过程，形成了一个会计活动的有机整体，这个整体称为会计信息系统。这个系统不断从经济管理活动中得到信息，经过加工处理后又向管理活动提供大量有用信息。手工会计就是通过会计核算和会计分析，形成凭证、账簿和报表等数据，产生影响决策的信息。因此，手工会计就是一个会计信息系统。

会计信息系统的操作技术随着科学技术的进步，不断地前进和发展，以适应经济管理的要求。进入 20 世纪以来，随着生产和经济的发展，以及管理工作的深入，数据信息量急剧膨胀，人们对数据的准确性也提出越来越高的要求，以满足建立在数据基础上的综合分析和经济预测的需要。另外，由于经济管理中更加重视信息的反馈作用，对数据处理方式除批处理外，还要求实时处理，以便为分析、预测和决策提供最及时的系统信息。以算盘为运算工具，用笔墨登记账簿、填写报表的传统的手工操作，越来越不能适应会计信息系统的处理要求，所以国外从 20 世纪 50 年代起就开始应用电子计算机来进行会计信息处理，并日益得到广泛应用。电子计算机的介入为会计信息系统的自动化处理提供了强有力的手段。使会计信息处理技术进入了一个电算化会计信息系统的新阶段。

电算化会计信息系统是一个采用计算机实现的会计信息系统，即一个对会计数据进行采集、存储、加工、传输并输出大量有用信息的系统。它输入的主要是原始凭证和记账凭证；输出的是账簿、报表、计划和方案；处理的是财务数据、计算机数据和用户数据；控制的是对资金运用的管理和监督；基本目标是为本单位及其上级提供会计信息，从而有效地组织和运用现有资金资源。

所以会计信息系统可分为手工会计信息系统和电算化会计信息系统，而电算化会计信息系统是在手工会计信息系统的基础上利用计算机实现的会计信息系统。一般情况下，我们将电算化会计信息系统简称为会计信息系统，它是管理信息系统的一个子系统，是一个人机结合的系统。会计电算化实际上是会计信息系统的实现和全面应用。

二、电算化会计信息系统与手工会计信息系统的相同点与区别

1. 电算化会计信息系统与手工会计信息系统的相同点

（1）目标相同：两系统的最终目标都是加强经营管理、提供会计信息、参与经营决策、提高经济效益。

（2）基本功能相同：两系统都具备信息的采集输入、存储、加工处理、输出和传输这五项功能。

（3）运用的会计理论与方法相同：两系统均运用会计基本理论和方法，并以此为指导。

（4）都必须遵守会计法规和会计准则：任何会计信息系统的应用都必须遵守财经纪律，严格执行会计法规，堵塞漏洞，消除弊端。

（5）都要求保存会计档案、编制会计报表：作为会计信息系统输出的会计信息档案必须妥善保存，以便查询。会计报表必须按国家要求编制输出。

2. 电算化会计信息系统与手工会计信息系统的区别

（1）运算工具不同：手工会计信息系统采用算盘、计算器；而电算化会计信息系统采用计算机。

（2）信息存储介质不同：手工会计信息系统以纸张为载体，占用空间大，查询检索不便；而电算化会计信息系统采用磁盘和光盘，占用空间小，查询检索方便。

（3）簿记规则不同：手工会计信息系统日记账和总账用订本式账簿，明细账用活页式账簿，错误的账簿记录用画线法或红字法更正；而电算化会计信息系统的账页均用卷带式打印纸打印，可装订成活页式账簿，如发现账簿数据有误，只能输入"更改凭证"进行修改，以留下改动痕迹。

（4）账务处理程序不同：根据企业生产规模、经营方式和管理形式的不同，手工会计信息系统采用不同的会计核算形式，对数据采取分散收集、分散处理、重复登记的操作方法，通过多人员、多环节的内部牵制和相互核对来减少舞弊和差错。电算化会计信息系统对数据采取集中收集、统一处理、数据共享的操作方法，根据记账凭证登记日记账、明细账，通过汇总登记总账，编制并打印报表。这些处理可由计算机自动完成，数据的准确性和可靠性相对较高，也就没有必要人工核对账簿了。但是电算化会计信息系统的运行需要一整套软件的支撑，可以采用商品化会计软件，也可以采用由行业或单位自行组织开发的会计软件。

（5）人员、组织体系及内部控制方式不同：在手工会计信息系统中，人员均为会计专业人员，按会计实务的需要，分为不同的专业组，通过账证相符、账账相符和账实相符等内部控制程序来保证数据的正确性。在电算化会计信息系统中，除会计人员外，还有计算机软、硬件技术人员和操作人员，按数据的形态划分为数据收集审核、凭证编码、数据输入和输出处理、系统维护等专业组，内部控制扩大到对人员、计算机设备、数据和程序等各个方面，而且要求更为严密。

三、会计电算化的意义

1. 减少抄写、计算等手工劳动，提高工作效率

会计业务的电算化处理是通过各种业务处理程序，指挥计算机进行各种指令操作完成的。例如，输入原始数据、建立数据文件以代替手工操作的账簿来实现存储数据、打印各种符合要求的账簿报表、进行日常管理所需的各种查询，这些原来靠人工抄写、计算的工作现在均由计算机来完成，能够大大提高工作效率。

2. 提高数据处理精度

采用计算机技术后，数学方法在财会管理中得到广泛应用。例如，为了更好地认识和掌握经济活动发展变化的规律，进行预测和决策，以选定最优的经营方案，需要运用高次方程和求解多元方程组等数学模型，若靠手工计算将十分困难，而采用计算机技术则十分便捷。又如，手工方式中会计科目设置和成本费用的分摊都非常粗略，这是与手工操作方法相适应的，而采用计算机技术后，会计核算就可以更加细致。

3. 加快数据处理速度

计算机能够长期存储大量数据，并能以较高的速度和准确度自动进行数值计算和数据处理，从而突破了手工操作的局限，为财会管理提供更为详尽和更加及时的信息。例如，通过对会计数据的实时处理，可以及时掌握当前经济活动的最新数据；对数据进行批处理，可以把间隔时间缩短到最理想的程度，从而加快信息的传递。

4. 扩展数据处理广度

利用计算机可以高速存储数据和通过网络调用数据的特点，在存储介质上建立比手工登记更为详尽的记录，可以积累时间上更长、范围上更广的多时点的资料，为管理提供更加充分的依据。特别是数据库管理系统，可以集中存储大量经济、技术及其他有关方面的数据。这就为会计管理部门引证和利用多方面的资料，深入而广泛地进行管理、分析、预测和决策创造了有利条件。

5. 为更好地发挥管理人员的职能作用创造条件

以往财会管理采用人工操作，大部分人员被束缚在烦琐的算账、记账工作之中，而对经济活动中问题的发现、分析和解决不够及时，只能停留在"事后分析"上，难以充分发挥管理职能。计算机的应用把会计人员从繁重的手工劳动中解脱出来，从事更富有创造性的劳动，把工作重心和主要精力转向经济活动的分析、预测和决策，更好地认识和掌握财会工作发展变化的规律，以选定最优的经营方案，不断发现和解决财会工作中出现的新问题。计算机的应用也促使会计工作从单纯的记账、算账、报账的实务核算型转向参与预测、决策、控制的经营管理型，通过提高会计核算管理的水平和质量，提高企事业单位的管理水平，充分发挥会计工作对提高经济效益的重要作用。

任务二　会计电算化的发展阶段及趋势

一、国外会计电算化的发展阶段及特点

1. 国外会计电算化的发展阶段

在国外，会计电算化起步于 20 世纪 50 年代。由于计算机设备昂贵，程序设计复杂，只有少数专业人员能掌握此项技术，会计电算化发展缓慢，其应用仅限于工资计算、库存收发等简单业务。

20 世纪 50 年代到 60 年代，随着计算机性能的增强，特别是操作系统及高级程序设计语言的出现，会计处理从单项处理向综合数据处理转变，除了完成基本账务处理，几乎完成了手工簿记系统的全部业务，简单的记账、算账的"簿记系统"中带有了一定的管理、分析功能，并开始应用于会计系统内各子系统的数据共享。

20 世纪 70 年代计算机技术迅猛发展，随着计算机网络的出现和数据库管理系统的应用，形成了应用计算机的管理信息系统。企业在管理中全面使用计算机，将生产经营成果数据库共享在计算机上，电算化会计信息系统成为企业全面管理信息系统的一个主要部分，大大提高了工作效率和管理水平。

20 世纪 80 年代微电子技术蓬勃发展，微型计算机（简称"微型机""微机"）的大量涌现及会计专用计算机的出现，系统软件的不断改进，以及硬件价格的不断下降，给会计电算化带来了新的希望。特别是微机通过通信电路形成计算机网络，提高了计算和处理数据的能力，取代了大型计算机，为会计电算化的发展开辟了广阔天地。代表这种趋势的主要特征之一，就是会计人员不再把会计电算化看成是技术人员的工作，而是当成自己分内的事，积极参与这一工作，力争成为这方面的专家。1987 年 10 月国际会计师联合会在日本东京召开的第 13 届世界会计师大会的中心议题就是会计电算化。从 20 世纪 80 年代开始一直到今天，日本、美国及西欧各国较为普遍地实现了会计电算化，会计软件应用非常普及，会计软件产业已成为计算机产业的一个重要分支。

2. 国外会计电算化的特点

（1）会计专用机。会计专用机是指专门用于会计数据处理的计算机系统，在微机基础上，将专用的操作系统和会计软件固化在机器中，在主机基础上配置专用键盘、大型显示器、账票打印机及软件。会计专用机自成体系，专机专用，在数据处理效率及安全保密方面有独到之处，价格与微机相当。

（2）商品化软件。商品化软件种类多，具有使用简便灵活和自动编制会计分录两个特点，国外软件价格与我国相差不大。但是如果考虑收入水平及软件开发费用等因素，国外软件的相对价格就比我国低得多。由于会计软件品种多，市场竞争非常激烈。

（3）代理记账。由于国外人工费很高，中小企业不愿雇用专职会计人员，他们将其记

账业务委托给会计师事务所，由会计师事务所利用大公司提供的计算机网络进行会计数据处理的信息服务，如日本 TKC 公司为全日本约 44 万家企业提供代理记账、税务和管理服务。

（4）自行开发。国外大公司技术力量雄厚，计算机设备先进，通常是自己开发公司的会计信息系统。其开发的会计信息系统一般水平较高，具有系统性强、输入方法先进和网络化程度高等显著特点。会计信息系统通常与库存、劳资、计划、设备管理等共同组成全面管理信息系统和决策支持系统，共享数据和信息。

（5）会计软件的标准化、规范化。各种会计软件的功能日趋接近，开放性增强，人们越来越重视会计软件的标准化、规范化。多种会计软件具有相同的功能模块，有的已融入管理信息系统、企业资源计（Enterprise Resource Planning，ERP）等管理系统软件中。为了用于不同的操作系统，支持多种数据库系统，软件的标准化、规范化就显得非常重要。

二、我国会计电算化的发展阶段

我国会计电算化起始于 20 世纪 70 年代，迄今为止，经历了非商品化财务软件开发与应用、商品化核算型财务软件开发与应用、管理型财务软件开发与应用三个阶段。

1. 非商品化财务软件开发与应用阶段（1970—1987 年）

在这个阶段，一些大型企业已经开始进行单项业务的电算化，最为普遍的是工资核算的电算化，其他会计业务的电算化还处于试验探索阶段。由于计算机专业人才缺乏，特别是懂会计又懂计算机的复合型人才稀缺，加之计算机设备价格高，软件汉化又不理想，这个阶段会计电算化发展缓慢。

随着计算机性能价格比的提高，企事业单位的管理工作开始大量使用计算机，财会部门应用电子计算机进行业务处理引起人们的关注。该阶段的会计电算化工作由单位自行组织，会计软件也多为单位自行开发。财务软件多为专用定点软件，通用性、适应性差，很少有采用工程化方法开发的标准化通用软件，大多是基于 DOS 平台的核算型单机用户软件，面向单一会计领域，主要作用是替代手工记账。

另外，从宏观上缺乏统一的规划、指导和相应的管理制度。开展会计电算化的单位没有建立相应的组织管理制度和控制措施，低水平重复现象严重，甚至盲目"上马又下马"，带来很大浪费。

会计电算化工作在发展过程中出现的问题引起了理论界和主管部门的重视，人们开始了对会计电算化实践经验的总结和理论研究工作。从 1984 年开始，一些研究院所和高校招收了会计电算化方面的研究生，开始进行既懂会计又懂计算机的复合型人才的培养工作。

2. 商品化核算型财务软件开发与应用阶段（1988—1997 年）

20 世纪 80 年代计算机技术的蓬勃发展、微机的大量涌现，以及硬件价格的不断下降，给会计电算化带来了新的希望。特别是微机通过通信电路形成的计算机网络，提高了计算和处理数据的能力，取代了大型计算机，为会计电算化发展开辟了广阔天地。会计软件的开发向着通用化、规范化、专业化的方向发展，会计软件的功能也从单项应用扩展为在会计核算系统中的多项应用。一批开发和经营会计软件的公司出现，商品化会计软件形成并开始进入软件市场。

财政部于 1989 年制定了《会计核算软件管理的几项规定》，要求财政部门加强对商品化会计软件的管理。几年来，通过财政部评审的会计软件有 23 个，通过省级财政部门评审的会计软件达 100 多个。会计软件市场初步形成，同时，公平的市场竞争也促进了会计软件质量的不断提高。

该阶段的财务软件主要是完成财务核算工作，以 Windows 为平台的图形界面的财务软件开始推出。Windows 下的软件以其直观方便、表现力强、操作简便等特点，大大方便了用户，得到广泛运用。由于网络体系结构的客户机/服务器（Client/Server，C/S）的推出，大型数据库 Oracle、Sybase 和 SQL Server 的使用，软件系统的功能和安全性大大增强。商品化核算型财务软件的迅速推广，使会计电算化得到广泛普及。特别是大中型企业和国家机关，会计电算化普及程度稳步提高。例如，上海市、全国铁路运输系统、全国供电系统的企业已基本实现了会计电算化。

随着会计电算化工作的逐步深入发展，涌现出了一批开展会计电算化的先进单位。它们不仅开发了质量较高的软件，而且在组织管理上积累了宝贵经验，甩掉了手工处理，实现了会计多项业务的电算化处理。各地、各主管部门加强了会计电算化的组织、指导和管理工作，与会计电算化配套的各种组织管理制度措施逐步建立和成熟，形成了以财政部为中心的会计电算化宏观管理体系。会计电算化理论研究工作开始取得成效，力量较为雄厚的会计电算化队伍正在逐步形成。

会计电算化知识培训稳步开展，大中型企事业单位和县以上国家机关的会计人员已有 60%～70%通过会计电算化的初级培训，10%～15%通过中级培训，5%通过高级培训。会计电算化知识成为在职会计人员的必备知识之一，并已纳入会计专业技术资格考试、会计上岗证考试和在职会计人员培训的相关课程中。

3. 管理型财务软件开发与应用阶段（1998 年至今）

在这个阶段，许多软件厂家在商品化核算型财务软件的基础上推出了管理型财务软件，它克服了商品化核算型财务软件各功能模块结构松散、未能解决数据的重复录入和不能保证数据的一致性等问题，并扩充了财务管理和物流管理功能。管理型财务软件一般包括系统管理、总账、资金管理、报表、薪资、固定资产、应收账款、应付账款、采购、销售、库存管理等模块。通过系统管理及设置，解决了系统整体性和系统集成运行问题，薪资、固定资产、应收账款、应付账款、采购、销售、库存管理等模块分别录入原始凭证，经核算后均能自动生成机制转账凭证进入总账。通过设置应收账款、应付账款和资金管理模块，强化了对资金的管理。通过设置采购、销售、库存管理等模块，强化了与供应商、销售客户、仓库有关的物流管理，以及采购业务、销售业务、原材料、在产品和产成品的管理，实现了从财务到采购、销售、库存管理的整个供应链的集成。

当前，商品化核算型财务软件品牌已从 300 多家经竞争淘汰剩下不到 10 家，市场和产品日益成熟。管理型财务软件已进入了 20 世纪 90 年代发展起来的 ERP 系统，并成为 ERP 系统中的一个组成部分，在实现了对供应链上所有环节进行有效管理的基础上，又集成了计划、生产制造、质量控制、运输、分销、服务与维护、成本管理、人事管理、实验室管理、项目管理和配方管理等。随着市场竞争的加剧、电子商务蓬勃地开展，ERP 软件又集成了新的管理组件，如客户关系管理（Customer Relationship Management，CRM）、业务数据仓库、企业策略管理、知识管理及电子商务组件等。当前市场上主流的管理型财务软件，如用友公司的 U8 和金蝶公司的 K3，在中小企业中得到了广泛的应用。

管理型财务软件及 ERP 的应用，使财务管理从事后核算变为事前预测决策、事中规划控制和事后分析核算，网络传输空间从企业内部扩展至企业外部，控制的时间从事后反应变为实时跟踪，大大提高了管理的水平和效率。

三、我国会计电算化的发展趋势

随着会计改革和计算机技术的发展，我国的会计电算化将向着以下几个方面发展。

1. 会计电算化进一步得到普及，推广速度加快

通过普及会计电算化知识，推广优秀会计软件，介绍先进单位经验，大中型企事业单位和县以上国家机关在账务处理、收付款核算、固定资产、材料、销售、工资、成本、报表生成及汇总方面已基本实现电算化。

2. 会计电算化的开展与管理将向着规范化、标准化方向发展

为适应社会主义市场经济发展的需要，我国近年来不断推进会计改革，颁布实施了会计准则，制定了有关行业的一系列会计制度，这些都为会计电算化管理规范化和标准化创造了条件，也为电算化会计信息系统中各子系统之间的信息传递及电算化审计提供了重要基础。为做好会计电算化管理制度的建设，财政部从 1989 年起，先后发布了五个会计电算化的管理规章：《关于大力发展我国会计电算化事业的意见》《会计电算化管理办法》《会计核算软件基本功能规范》《商品化会计软件评审规则》《会计电算化工作规范》。这些规章都大大推进了会计电算化管理向着规范化、标准化方向发展。

国家质量监督检验检疫总局和国家标准委于 2004 年 11 月批准发布了国家标准《信息技术会计核算软件数据接口》（GB／T19581—2004），并规定于 2005 年 1 月 1 日起在全国范围内施行。该标准规范了各类会计核算软件及其他管理软件系统的财务数据输出格式，从而使审计信息系统可以实现直接读取系统财务数据的功能，也实现了不同软件公司的财务软件之间的数据交换，做到信息的互通和共享。该标准的实施有利于规范会计软件市场，促进了会计软件产业的发展；可满足软件用户的特殊需求和进行二次开发，有利于保护软件用户的利益；方便了政府和行业主管部门编制汇总和合并报表，有利于加强监督和宏观调控；便于审计系统应用会计信息系统数据，有利于审计软件开发和审计软件市场的发展；最重要的是，建立了具有我国自主知识产权的标准体系，有利于我国与国际会计准则接轨。

3. 电算化会计信息系统的物理结构和网络体系结构向着更有利的方向发展

电算化会计信息系统的物理结构从单机向着网络发展，网络体系结构从文件／服务器（File/Server，F／S）和客户机/服务器（C／S）向着浏览器／服务器（Browser/Server，B／S）方向过渡，支持电子商务，实现企业整个供应链上的所有合作伙伴的数据共享。

大中型企事业单位由于多层次管理和终端分散，单机进行会计核算和管理已不能满足要求，必须通过网络将多台计算机连在一起，相互通信，共享资源，组成一个功能更强的电算化会计信息系统。特别是进入 21 世纪后，电子商务已成为主要的贸易手段，自动化、无纸化、数字化的生产和管理模式的要求，"虚拟企业""动态联盟"、数字化产品、电子货币、电子支付等的出现，使企业必须通过网络进行商务活动。企业通过 Intranet（企业内部网）实现了企业管理信息系统的运行，将企业的生产制造、供应链和财务进行一体化管理，它是企业电子商务系统运行的后台；另外，企业必须通过 Extranet（企业外联网），同供应链上的供应商、分销商及合作伙伴高效协同、紧密合作，以最低成本、最快速度满足客户需求；企业还必须通过 Internet（国际互联网）与客户群进行商务活动，充分实现与客户的交流，实时了解客户的需求，以更好地为客户服务。电子商务环境下的会计信息系统提供互联网下的财务管理模式，不仅使企业内部的业务信息和财务信息相互链接、彼此共享，账务处理与进、销、存之间实现内部协同，而且使企业财务与其供应链、销售链上的企业实现外部协同、数据共享。企业会计信息系统不仅能通过 Internet、Intranet 发布信息，而且可接受来自 Internet、Extranet 的远程用户的授权访问，支持在线办公、移动办公，处理电子数据、电子货币、网页数据，实现业务协同、远程处理、在线管理、集中管理，通过系统集成技术，形成一个综合化、集成化、统一化的信息系统，实现互相链接、数据共享。

4. 电算化会计信息系统纳入企事业单位的全面管理信息系统之中

会计电算化系统，即会计信息系统，是企事业单位管理信息系统的一个组成部分。随着计算机网络技术、分布式数据库管理系统的发展，企事业单位的全面管理工作将由管理信息系统来完成。会计信息系统将会真正实现用计算机代替手工开展会计工作，并有可能向管理信息系统中的其他子系统提供大量的、及时的会计信息，同时也得到管理信息系统中其他子系统的信息支持，从而促进了企事业单位实现全面管理自动化和信息利用综合化。在管理信息系统的发展进程中，ERP 已成为全面集成管理信息系统的核心。

ERP 不仅是一个管理系统，其核心是一种管理思想，是将人、财、物、产、供、销全面结合受控，体现了一种以效益为中心的管理思想，主要包括生产控制（计划、制造）、供应链管理（分销、采购、库存管理）和财务管理（会计核算、财务管理）。通过财务管理将生产和供应链集成在一起，实现财务和业务的一体化管理。

任务三　电算化会计信息系统的结构

一、电算化会计信息系统的结构分析

1. 物理结构

（1）硬件：计算机及其外部设备、网络及通信设备。
（2）软件：系统软件、数据库软件、会计软件。
（3）运行规程及管理制度：规章制度、手册、说明书等。
（4）人员：系统管理人员、操作人员、维护人员、开发人员、会计人员等。

电算化会计信息系统的物理结构有单机分散结构和多机联网结构。在单机分散结构下，系统配置一台或多台微机，每台微机单独执行一个或多个功能模块，各个模块相互独立，

各台微机间的数据交换通过软盘或重复输入。在多机联网结构下，系统配置多台微机联成局域网，可将数据处理和管理分散到各个微机上进行，同时可以共享网络服务器的信息资源和硬件资源。随着网络技术的发展，企业可通过网络传递不同地域的会计数据，实现子公司与总公司之间、子公司与子公司之间、国内不同地域之间、海内外之间的会计数据传递。

2. 职能结构

电算化会计信息系统具有核算、管理和决策三种职能，按职能划分为三个子系统，如图 1-1 所示。

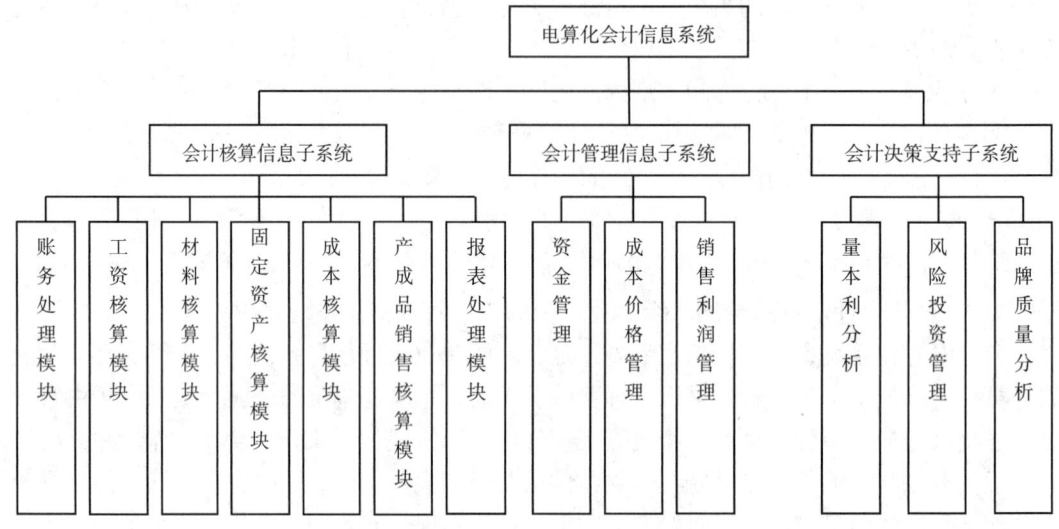

图 1-1　电算化会计信息系统的职能结构

（1）会计核算信息子系统：进行会计核算，反映经营活动的情况，处理具体业务，代替手工劳动。

（2）会计管理信息子系统：进行会计管理，监督企业经营活动，一般包括资金管理、成本价格管理、销售利润管理。

（3）会计决策支持子系统：进行会计决策，参与企业经营管理，这种决策一般是辅助支持决策者的决策活动，同时依靠个人经验、判断、知识、探索，通过反复试验等方法进行。

3. 会计核算信息子系统的功能结构

会计核算信息子系统是电算化会计信息系统的基础，只有会计核算得到的信息正确，才能为使用者提供进行管理和决策的信息。会计核算信息子系统一般分为账务处理、报表处理、工资核算、固定资产核算、成本核算、材料核算、产成品销售核算等模块。专用基金、往来账款、货币资金、银行付账等模块一般放在账务处理模块中进行处理。

二、职能（功能）划分的意义

电算化会计信息系统结构复杂、功能强大，其开发与实施必须按照"总体规划、分步实施"的原则进行。确定系统的职能构成，分析各职能子系统之间的联系，充分认识各子系统之间的数据联系、要求和特点，有助于系统的分步开发与实施。

通过职能（功能）划分，分析并设计满足各子系统需要的结构合理、存取方便、冗余度低的数据库结构，有助于合理组织和使用各子系统的信息，提高系统整体效率。

维护修改只在相应的子系统或模块中进行，不影响其他子系统和模块，提高了系统的可移植性、可扩充性和可维护性，也提高了系统的适应性和实用性。

财政部发布了《企业会计准则》《企业财务通则》等一系列财务管理制度，实现了会计核算工作的标准化和规范化，统一了会计科目的编码方法，规范统一了凭证和账表的格式。这使企业会计核算的大部分工作，如账务处理、报表处理、工资核算、固定资产核算、材料核算、产成品销售核算等模块基本上相同。因此，可以把这些相同的模块做成通用模块，以商品化软件的形式提供给企业使用，扩大应用范围，提高社会效益。由此可以看出，划分功能模块有助于提高系统的通用化程度。

三、会计核算信息子系统之间的数据传递

1. 做好数据传递的分析

会计核算信息子系统可以分解成若干个模块，各模块之间的相互作用、相互依赖主要表现为数据的传递联系，即一个模块的数据输出作为另一个模块的数据输入。当一个模块单独使用时，它所需要的数据都是通过人工输入的方式输入计算机的，不能直接利用其他模块的输出数据，这样数据输入工作量大，效率很低。当多个模块同时使用时，必须考虑系统各模块之间的数据共享，摸清模块之间的数据联系，对于研制和使用会计核算信息子系统意义明显。

做好数据传递的分析有利于组织管理数据，使数据流向合理；有利于划分各模块的边界，设计模块之间的数据接口；有利于各模块实现数据共享，防止重复输入、重复存储；有利于根据数据流向及输入输出的先后次序，定义数据传递的先后次序。

2. 子系统各模块之间传递的主要数据

子系统各模块之间传递的主要数据，如图1-2所示。

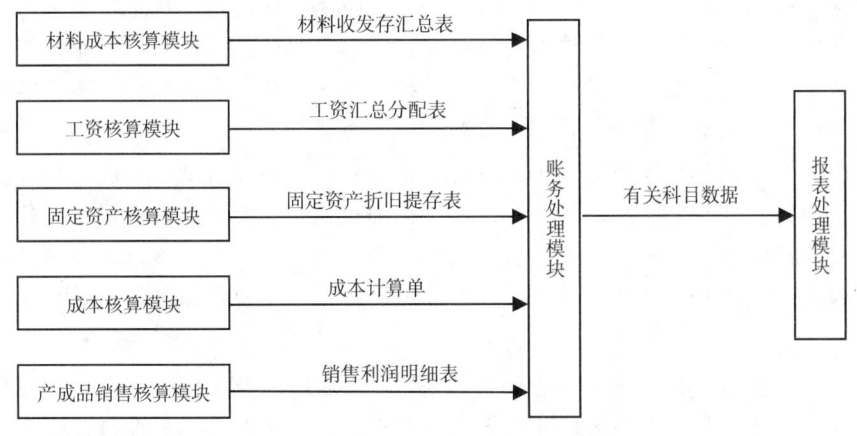

图1-2　各模块之间传递主要数据

3. 实现数据传递的方法

实现数据传递的方法，如图 1-3 所示。

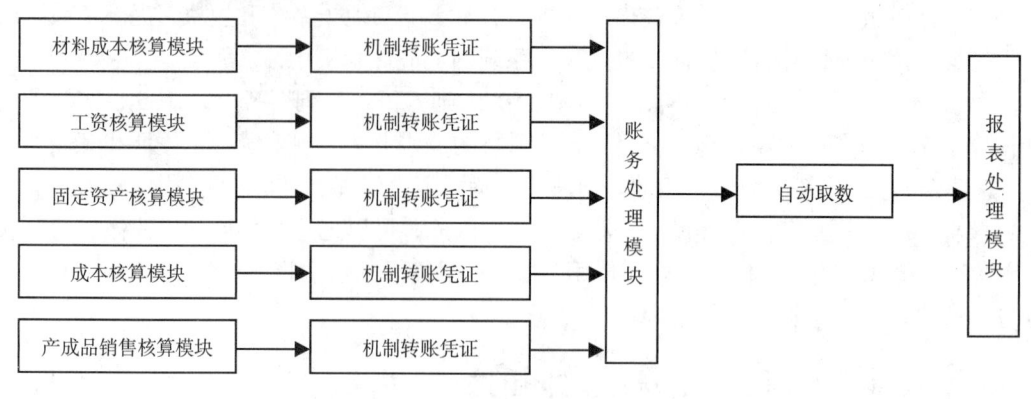

图 1-3　实现数据传递的方法

本项目小结

会计是一个信息系统，会计工作的全部活动构成了对会计信息的输入、处理、输出和控制反馈全过程，形成了一个会计信息系统。这个系统不断从经济管理活动中得到信息，经过加工处理后又向管理活动提供大量的以财务管理为主的经济信息。从这个意义上讲，无论是手工会计还是电算化会计，都是一个会计信息系统。但是，计算机及相关技术的介入，使传统的手工会计发生了根本性变化，早期以手工方式进行信息处理的手工会计信息系统，发展演变为采用计算机实现的电算化会计信息系统，会计电算化实际上是指会计信息系统的实现和全面应用。

手工会计与电算化会计除了运算工具和存储介质不同，主要是账务处理程序不同。手工会计对数据采用了分散收集、分散处理、重复登记的方法；电算化会计采用了集中收集、统一处理、数据共享的方法，数据输入计算机后，登记日记账、明细账、总账及编制报表的工作都由计算机按程序自动进行。所以，计算机的应用把会计人员从繁重的手工劳动中解脱出来，为他们参与会计管理、控制、分析、预测创造了条件。

近年来我国会计电算化事业发展迅速，会计电算化得到广泛普及，商品化会计软件市场基本形成，会计软件技术飞速进步，会计电算化知识培训稳步开展。电算化会计信息系统正在从核算型向着管理型发展，最终将纳入企业的全面管理信息系统之中。当前兴起的 ERP 管理系统，向人们展示了电算化会计信息系统必将纳入企业全面管理信息系统的发展前景。

电算化会计信息系统按职能分为会计核算信息子系统、会计管理信息子系统和会计决策支持子系统。会计核算信息子系统是电算化会计信息系统的基础，会计核算信息子系统一般分为账务处理、报表处理、工资核算、固定资产核算、成本核算、材料核算、产成品销售核算等模块。当多个模块同时使用时，必须考虑系统的各模块之间的数据共享，摸清模块之间的数据联系，可帮助我们更好地研制和使用会计核算信息子系统。

关键概念
会计电算化　会计信息系统　电算化会计信息系统　ERP

课堂讨论题
（1）为什么说会计是一个信息系统？为什么说手工会计和电算化会计都是会计信息系统？

（2）以自己所了解的案例为例，说明为什么会计信息系统必将纳入企业全面管理信息系统之中。

（3）从会计实务工作出发，分析企业财务工作对企业经营管理的作用。

复习思考题
（1）什么是数据？什么是信息？试说明它们之间的联系与区别。

（2）我国会计电算化的发展经历了哪几个阶段？

（3）会计电算化的含义是什么？会计电算化意义何在？

（4）比较手工会计与电算化会计的异同点。

（5）分析我国会计电算化的发展趋势。

（6）说明电算化会计核算信息子系统各模块之间传递的主要数据及实现方法。

项目二

会计电算化的实施和管理

学习目标

（1）熟悉企事业单位会计电算化工作的组织机构、岗位设置、人员职责。
（2）熟悉会计电算化的日常管理工作和内部控制措施的实施。
（3）掌握商品化会计软件的选购和运行中应注意的问题。
（4）了解电算化会计的审计方法和内容。

单位会计电算化的管理为什么会引起人们的关注？为什么配置同样的软、硬件设备的两个单位，一个运行正常、核算效率很高、能为管理提供及时的信息，另一个却屡出故障、始终不敢甩掉手工账（简称甩账）？近年来的应用实践证实，应用不佳的情况绝大多数是由于忽视管理导致的。所以，规范会计电算化的组织实施工作，做好单位会计电算化的管理，建立健全会计电算化岗位责任制、会计电算化操作管理制度、计算机软硬件和数据管理制度、电算化会计档案管理制度，做好内部控制和电算化会计的审计工作，保证会计电算化工作的顺利开展，是确保会计电算化成功的关键。

任务一 建立会计电算化领导小组和制订会计电算化工作规划

一、建立会计电算化领导小组

会计电算化是一项复杂的系统工程，涉及单位内部的各个方面，需要单位的人力、物力、财力等多种资源的支持，以及财会等相关部门领导和成员的重视和参与。为了保证会计电算化工作的顺利开展，必须建立专门的组织来负责领导和组织实施工作，通常由单位负责人或总会计师亲自挂帅，吸收有关部门领导共同参加建立会计电算化领导小组，组织领导全单位的会计电算化实施工作，并主持制订本单位会计电算化工作规划，协调本单位各部门共同搞好会计电算化工作。

会计电算化领导小组的主要任务和职责是：统一领导、全面部署全单位的会计电算化工作；制订中长期发展计划和远景规划，定期检查计划的执行情况；组织建立电算化会计信息系统，并及时协调各方面的工作；建立会计电算化内部管理制度，组织财会人员接受会计电算化培训教育，确保会计电算化系统投入运行；督促指导基层单位实施和加强会计电算化的管理工作。

会计电算化领导小组应定期（一般每月至少一次）召开会议，商讨会计电算化实施进程中出现的问题并制定应对措施，以确保会计电算化项目的顺利实施。

二、制订会计电算化工作规划

制订会计电算化工作规划是实施会计电算化的重要内容，是实现会计电算化的重要前提保证。通过制订会计电算化工作规划，可以明确发展方向、远期奋斗目标及主要任务，避免盲目性，降低系统开发和实施成本，提高经济效益；有利于组织和协调会计电算化工作，满足外部和内部不同层次的需求，协调会计信息子系统与管理信息系统之间的关系，使企业信息化工作统一标准、统一安排；有利于实现数据共享，组织各类人员参加和配合会计电算化工作；有利于具体安排会计电算化工作，对会计信息系统进行总体设计、分步实施、分阶段完成。

会计电算化工作规划主要包含以下内容。

1. 确定会计电算化的总体目标

企业应根据自身发展的总目标，结合企业硬件、软件、财力、人力等自身条件，以及国家方针政策和业务发展的需要，确定会计电算化的总体目标，并明确会计电算化的总体实施要求。

2. 确定电算化会计信息系统的总体结构

企业应根据实际情况，确定电算化会计信息系统的总体结构，即系统由哪些子系统组成，并确认它们之间的联系及系统界面。电算化会计信息系统要与企业管理信息系统的总体结构相适应，电算化会计信息系统内部的具体功能分解，要与现行功能尽可能一致。

3. 确定电算化会计信息系统的实现顺序

会计电算化是一项复杂的系统工程，工作内容和任务不可能一步实现，必须根据各单位的实际情况循序渐进、分步实施、逐步提高。总体上是按"会计核算—计划分析—预测决策"的顺序进行，会计核算部分可先实现账务处理、报表编制、应收／应付账款核算、工资核算等工作的电算化，然后实现固定资产管理、存货核算、成本核算、销售核算等工作的电算化。在技术上可采用先单机，再上网络，然后逐步扩充实现网络化。

4. 确定电算化会计信息系统的软件取得方式

电算化会计信息系统软件地取得一般有自行开发、委托开发、联合开发和外购商品化软件等方式。除大型企业自身有特殊需求且具有开发能力外，一般中小企业均采用购买商品化软件的方式取得电算化会计信息系统软件。当前商品化软件通用化水平较高，基本能满足中小型企业的要求，企业可以在此基础上针对本单位的特殊需求进行二次开发，丰富商品化软件的功能。这样既省时又省费用，是各企事业单位实现会计电算化的有效途径。

5. 确定电算化会计信息系统的硬件配置要求

企业可根据本单位的实际情况和财力状况，提出与本单位会计电算化工作规划相适应的计算机硬件设备机型和网络系统设备配置原则和要求。由于财务会计部门处理数据量大、处理方法要求严格、安全保密性强，用于会计电算化的计算机设备应由财务会计部门自行管理，一般可单独设立计算机室。

6. 确定会计电算化工作的管理体制

各企业应明确会计电算化工作的管理体制。例如，各企业对与企业领导、总会计师、财务部门的关系，与企业其他部门（如计算中心）的关系和职责，应做出明确规定，避免出现多头领导或无人负责、互相扯皮的现象。根据工作需要建立健全会计电算化岗位责任制、会计电算化操作管理制度、计算机软硬件和数据管理制度、电算化会计档案管理制度，进行内部控制，保证会计电算化工作的顺利开展。

7. 制订专业人员培训计划

会计电算化工作需要不同类型和不同层次的专业人员，因此，企业应根据自身现状和会计电算化的要求，制订专业人员培训计划，明确培训人员数量、培训要求、培训方式、培训时间等。

8. 安排费用预算及资金来源

开展会计电算化工作需要一定的资金投入，包括硬件购置费、软件开发和购置费、消耗材料费、运行维护费和培训费用等，没有资金保障，会计电算化工作将无法开展。因此，在计划中做出预算的同时还应安排资金的来源。

制订出会计电算化工作规划后，各单位应对规划进行可行性研究，从技术和经济等方面进行可行性论证，分析单位现有的设备条件、技术力量能否保证会计电算化的正常开展，能否承担所投入的人力、物力、财力的压力，还应对预期取得的经济效益和社会效益进行分析。可行性分析通过后，各单位必须将会计电算化工作规划进一步细化，层层分解，制订出具体可行的、分阶段实施的工作计划，指导会计电算化的具体实施工作，并对计划的执行情况进行考核。

任务二　建立会计电算化的组织机构

在我国的会计电算化工作的实践中，各单位应根据自身工作特点和实际要求，合理设置会计部门的组织机构及工作内容，负责和承担本单位会计电算化的具体组织和实施工作。目前，会计电算化的组织机构主要有两种形式：会计部门内部设置电算化小组和企业信息化领导小组统一管理。

一、会计部门内部设置电算化小组

这种组织机构的设置是目前我国实施会计电算化的单位所采用的最普遍的形式，如图 2-1 所示。

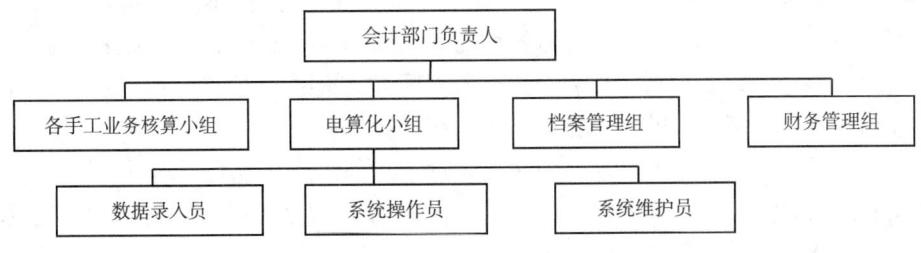

图 2-1　会计部门内部的电算化小组

这种组织机构的特点是：会计部门内部设立电算化小组，与各手工业务核算小组一起接受会计部门负责人的领导；会计部门单独配备计算机硬件设备和机房设施，并配备有关人员，如数据录入员、系统操作员和系统维护员等；会计部门负责计划、组织电算化会计信息系统的开发或商品化财务软件的选购、系统的使用和维护等工作。这种单位一般以会计电算化为主，其他方面的业务核算基本为手工处理。

这种组织机构的优点是：能调动会计部门人员实现会计工作电算化的积极性，能较好地协调原有会计人员，适应性强；能根据会计部门的需求确立开发步骤和项目，开发的软件实用性强；能根据单位业务特点选择适用的商品化软件，投资少，见效快。

这种组织机构的缺点是：计算机的利用率低，不利于满足单位的总体信息需求，不利于协调会计部门与其他部门之间的关系。

这种组织机构一般适用于电算化程度不高、采用微机或小型局域网的中小企业单位。

二、企业信息化领导小组统一管理

这种组织机构也称为集中管理下的分散组织机构，是实现企业单位管理信息系统现代化的一种形式，它的实现需要网络系统的支持，如图 2-2 所示。

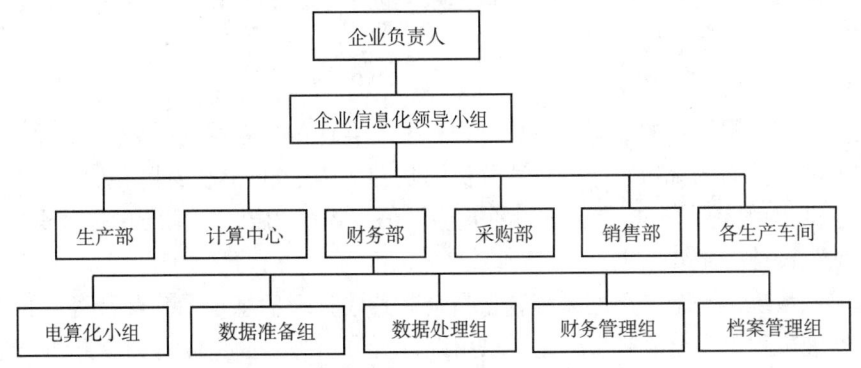

图 2-2　企业信息化领导小组统一管理的组织机构

这种组织机构的特点是：企业单位管理信息系统的总体规划、设备配备、软件选用及开发、系统使用过程中的软件和硬件的维护等由计算中心统一管理，会计部门应配备计算机网络终端，主要负责数据收集、整理、输入及系统运行，在企业信息化领导小组领导下，按照会计电算化工作规划进行分步开发工作。会计部门内部组织机构的设置取决于电算化的程度，如果会计核算工作基本上由计算机来处理，就不能按手工核算方式设置组织机构（如资金小组、材料小组等），而应设置电算化小组负责电算化会计信息系统的规划和开发，设置数据准备组负责电算化会计信息系统所需数据的组织、整理工作，设置数据处理组负责电算化会计信息系统的运行工作，设置财务管理组负责财务管理工作，设置档案管理组负责会计档案的保管工作，这些工作一般难以用计算机处理。

这种组织机构的优点是便于对企业单位管理信息系统进行统一规划、集中管理，避免重复开发，提高数据的共享程度。会计部门根据企业单位规划并结合财会工作特点和需要制订会计电算化规划，并且参与电算化会计信息系统的开发工作，有利于调动会计部门的积极性，增强系统的实用性。

这种组织机构一般适用于具备网络系统的大中型企业和行政事业单位，特别是采用ERP对企业进行全面管理的大中型企业和行政事业单位。

任务三　人员的工作岗位及其职责

在企事业单位的电算化会计机构中，为了充分调动会计人员的积极性，国家规定了会计人员的技术职称，以及会计人员的职责和权限。这些规定对于电算化会计人员也完全适用。

1. 数据准备人员

数据准备人员主要负责电算化后会计的手工工作部分，目的是为电算化会计信息系统准备好必要的数据，具体设有出纳员和会计凭证处理员。出纳员负责有关现金和银行存款的收支工作，但不再负责库存现金和银行存款日记账的记账工作。会计凭证处理员主要负责外来原始凭证的审核和本单位原始凭证的设计、汇集和审核，如果单位的电算化会计信息系统是以记账凭证为起点的，还需负责记账凭证的填制和审核工作，这些人员的工作权限划分要遵守内部牵制制度。

2. 系统分析员

系统分析员根据用户的需要，通过对现有手工会计信息系统的接口界面、数据流程和数据结构等进行全面的分析，在可行性分析的基础下确定电算化会计信息系统的目标，提出系统的逻辑模型。系统分析是开发电算化会计信息系统的第一阶段，也是最重要的阶段，是下一步系统设计的主要依据。

会计信息系统是一个复杂的系统，它与企业其他管理信息子系统有着密切的联系，其内部业务处理过程也十分复杂，因此要求系统分析员熟练掌握企业财会业务和企业管理知识，同时还需要掌握系统分析技术和方法，如系统调查、可行性研究、数据流程分析、数据结构分析及逻辑模型提出等。此外，由于逻辑模型是为系统设计提供依据的，系统分析员还必须掌握系统开发的一些其他知识和技术，如设计技术、编程、计算机硬件与软件基本知识等，以使设计的逻辑模型符合系统设计的要求。

3. 系统设计员

系统设计员的主要职责是把系统逻辑模型转化成系统的物理模型，它告诉计算机"如何做"，即确定系统的硬件资源、软件资源、系统结构模块划分及功能、数据库设计等。对系统设计员来说，其所需知识主要为系统开发技术和计算机知识。同时，为了更好、更快地理解系统的逻辑模型，还要求系统设计员具有一定的财会业务知识和企业管理知识。由系统设计员提出的系统的物理模型是程序员编制应用程序的依据。

4. 系统程序员

系统程序员的主要职责是以系统的物理模型为依据编制程序，并进行调试。

5. 系统管理员

系统管理员是电算化会计信息系统运行管理的具体负责人，一般由具备条件的财务部门负责人担任，主要职责是：保证电算化会计信息系统的正常运行，负责日常管理工作；对系统运行时发生的故障，要及时组织有关人员采取必要的措施恢复系统的正常运行；严格控制管理系统的各类使用人员的人数、操作权限等，并协调各类人员之间的工作关系；负责组织和监督系统运行环境的建立，以及系统建立时的各项初始化工作；负责系统软、硬件资源及文档资料的调用、修改和更新的审批；负责计算机输出的账表、凭证数据正确性和及时性的检查和审批。

系统管理员可以调用系统的所有功能，具有很大的权限，因此不得由系统的开发人员担任，也不能兼管系统维护工作。

6. 系统操作员

系统操作员是电算化会计信息系统运行中可以调用系统的全部或部分功能的人员。其主要职责是：严格按照系统操作说明进行日常运行的操作，包括数据的录入、汇总、备份，以及输出账表的打印工作；负责各环境库的修改和更新操作；当系统发生故障时，应采取相应的处理措施，记录故障及处理结果，并及时报告系统管理员。

系统操作员也不得由系统的开发人员担任，不得越权操作与自己无关的内容。

7. 数据录入员

数据录入员的职责是：按数据准备人员及其他专职会计人员提供的数据进行录入；对不完整、不合法和不规范的凭证应退还有关人员令其更正；录入数据后进行核对，确认无误后交数据审核员审核。

8. 数据审核员

数据审核员的职责是审核系统输入和输出的数据，具体包括：对数据录入员输入系统的数据进行审核，以保证数据的正确、完整和合法；对系统输出的账表数据进行正确性审核。

9. 系统维护员

系统维护员应对系统的安全、正常运行负责，其主要职责是：负责系统的安装和调试工作；定期检查软、硬件设备的运行工作，对系统发生的软、硬件故障进行排除，保证系统的正常运行；当会计工作和会计制度发生变化，或运行中发现软件错误时，可以按规定的程序进行软件的各种增、删、改等维护工作。

由于系统维护员掌握软件的具体结构和源程序，所以不得兼任与系统的操作使用有关的工作。

10. 档案管理员和财务管理人员

档案管理员也可以称为档案保管员，其职责是负责系统开发的文档资料、各种数据软盘、系统软盘和各类凭证、账表的存档保管工作，并保证其安全完整，不得擅自借出有关的软盘和文档资料。

财务管理人员的主要职责是进行会计信息的分析和整理、参与决策和管理等工作。

如果单位的会计软件是由科研单位组织开发或是购入的商品化软件，单位可不设置系统分析员、系统设计员和系统程序员，如果单位的业务量不大或会计电算化的程度不高，系统操作员和数据录入员可合并由一人担任。

任务四　会计软件的选择

一、会计软件及其分类

会计软件是对专门用于财会工作的计算机软件的总称，财会人员借助会计软件完成会计核算工作。会计软件一般包括账务处理、应收应付款核算、固定资产核算、存货核算、销售核算、工资核算、成本核算、会计报表生成与汇总、财务分析等模块。

会计软件按其适用性划分，可分为通用软件和定点开发软件；按行业划分，可分为工业企业会计软件、商业企业会计软件、行政事业单位会计软件等；按需要的计算机环境划分，可分为单用户、多用户和网络会计软件；按其是否在软件市场上销售，可分为商品化会计软件和非商品化会计软件。

二、选择商品化会计软件应注意的问题

（一）所选的软件应该是通过财政部门评审推广的会计软件

根据财政部的规定，企业单位采用的会计软件必须通过省、自治区、直辖市、计划单列市财政厅（局）或财政部组织的评审。通过评审的商品化会计软件，由组织评审的部门核发财政部统一印制的《商品化会计核算软件评审合格证》。只有经过财政部门评审的会计软件才能用于会计电算化替代手工记账。

（二）所选软件的技术指标是否能满足需要

选择商品化会计软件时，必须明确该软件的运行环境，了解其性能指标。

1. 硬件环境

企业单位选择的会计软件应与其计算机相匹配，会计电算化应用的计算机多以微机为主，有国外引进的各种微机及兼容机，有国产的联想、浪潮、长城等品牌的微机，也有小型机。显示器的分辨率也应满足要求。打印机是必需的输出设备，由于会计账簿报表不仅多，而且尺寸宽，所以打印机的打印速度和打印宽度必须达到一定要求。

2. 软件环境

商品化会计软件是一种应用软件，一般以数据库语言或 C 语言和汇编语言等编制而成，在操作系统管理下运行。因此，商品化会计软件的软件环境包括两个层次：操作系统和语言支持软件。

（1）操作系统。

目前大多数会计软件以中文版 Windows 为平台，在网络环境下，会计软件还需要网络操作系统的支持，以解决数据资源共享及硬件设备共享所引起的问题。Windows NT 网络操作系统是当前网络版会计软件主要采用的网络系统。

（2）语言支持软件。

会计软件常用的数据库管理系统有 Foxpro、Access、SQL Server、Informix、Oracle、Sybase 等。

3. 数据的安全性和可靠性

所选软件应保证数据的安全性和可靠性，会计报表的描述和算法设置应简便、科学、合理，在全屏幕编辑时功能键应当一致。在出现错误操作时，不会出现系统故障、数据紊乱等情况。

（三）会计软件的功能是否能充分满足和保证企业单位的特殊需求

商品化会计软件有一个适应范围，一般会计软件中账务处理、工资核算、报表生成等容易通用化，而成本核算、销售核算等由于每个行业各有其特点，很难满足所有单位会计核算的要求。为了保证企业单位的实际需要，应考虑如下几点。

1. 会计软件的行业特点

商品化会计软件有的适应一个行业，有的适应两个或几个行业。一般来说，适应一个行业的会计软件要比适应多个行业的会计软件针对性强，适应两个或几个行业的会计软件需要自定义的项目比较多。自定义的方法主要有两种：一种方法是全自定义，采用类似表处理的方法，这种方法操作复杂，学习起来比较难；另一种方法是由软件给出若干个项目供用户选择，并提示输入一些数据，达到选择不同核算方法的目的，这种方法操作要简单一些。

2. 企业单位会计核算的特殊性

在选择会计软件时不仅要考虑企业的特点，还要考虑本单位会计核算的特殊性。即使是同一行业，企业单位的规模不同、内部部门设置不同，会计核算的要求也会不同。企业的规模大，部门设置就比较多，会计工作的分工就会比较细，会计核算一般采用分散核算的方法，会计部门和基层单位都有会计核算的内容；企业的规模小，部门设置就比较简单，会计核算一般采用集中核算的方法。好的会计软件在设计时应考虑这些因素，在软件中有针对性地设计一些帮助功能，这对改进会计核算工作有一定的促进作用。

3. 适应会计工作发展的需要

一个会计软件不可能对未来的发展都考虑全面，但要看其是否有发展的余地或是否有继续发展的可能，如是否根据会计的发展不断进行版本的更新。

（四）售后服务的质量

商品化会计软件经销商的售后服务质量，也是选择软件时不可忽视的问题。售后服务是企业单位会计软件正常运行的保障条件之一，也是会计软件开发经营单位的营销策略。首先，目前我国会计人员的计算机应用水平还较低，其自身无法排除会计软件在运行过程中发生的故障，主要依靠会计软件开发经营单位承担日常维护工作；其次，会计软件的应用标志着会计核算的方法手段发生了根本性的变化，用户必须接受培训，熟悉其基本操作方法和技巧，如软件安装、系统初始化等，才能有效地从事电算化环境下的会计工作；最后，联合用户进行商品化会计软件的二次开发，或者结合用户的特点对会计软件进行适当的修改和调整，或者为用户的二次开发和修改提供技术支持，都是售后服务的重要内容。

企业单位应结合本单位会计人员计算机知识水平、计算机应用的情况等对各种商品化会计软件的售后服务进行全面分析，做出正确判断。

（五）是否已有同类企业成功地运用了该种会计软件

企业单位在选择软件时不仅要听取经销商的介绍，还要考查是否已有同类企业成功地运用了该种会计软件，这能更真实地反映出软件的实用性等各方面的情况。

任务五　会计软件的运行

一、会计软件的试运行

会计软件的试运行是商品化会计软件使用的最初阶段，是通过手工和计算机并行来共同完成会计核算和管理工作的阶段。试运行不仅是对计算机及会计软件的考验，也是对会计核算工作规范化程度的检验和对已建立的各种管理制度的实施。

这一阶段的主要任务是实现计算机核算结果与手工核算结果一致，建立相应的会计电算化制度，向有关单位申请批准计算机替代手工记账。其主要任务是通过以下各项具体工作来完成的。

1. 手工方式下会计业务的规范化

这项工作主要是指对会计的业务工作进行一次全面清理，彻底解决遗留问题，为设计电算化方式下的核算方案做好准备。这项工作的进行，应当按会计工作达标升级的标准进行，并特别注意与会计电算化系统比较密切的几项内容。

（1）会计核算程序化、规范化。财务工作的组织形式要科学，核算次序要明确，哪些先做、哪些后做必须有统一的安排。

（2）凭证的规范化。凭证的规范化包括规范凭证编号方式、凭证摘要和凭证内容的格式。

（3）完成各项对账工作。此工作需要保证各种数据进入电算化系统前账账相符、账实相符。

（4）往来账、银行账的清理。一般的商品化会计软件将往来账户下的各往来单位和个人设成明细科目，有的没设辅助账，系统在登记往来账户明细账、总账的同时，还按单位名称或个人姓名在辅助账数据文件中按辅助账的特点进行明细登记。银行账的清理是将单位自己的银行账与银行对账单进行核对，并查清未达账项的原因。在正式使用会计软件前要对银行账进行清理，以保证电算化会计信息系统中银行账初始数据的准确性。

（5）成本核算方法的规范化。根据本企业的实际情况明确规定成本的核算方法。

2. 使用电算化会计核算信息系统完成日常会计核算工作，并检验和调整以下各项工作

（1）检查和调整各种核算方法，以保证其实践性、科学性和准确性。

（2）检查会计科目体系，看其能否适应核算要求、报表要求、管理要求和会计制度要求，检查会计科目体系是否完整，各种钩稽关系是否正常。

（3）检查已有的各种方案、工作程序和各项管理制度是否完善，检查各个核算方案之间的组织安排、财务核算工作的程序等是否得到了执行。

（4）检查会计软件的完善程度，应对该软件的各种功能进行全部测试，充分暴露存在的问题，向软件经销单位提出完善的要求，并与经销单位广泛接触，努力使财会工作思想和软件设计思想融为一体。

二、试运行中应注意的问题

1. 测试会计软件各功能时应注意的问题

（1）账务处理功能应注意的问题。会计软件使用以后，大量的工作表现在会计数据的输入上，即凭证的输入。在这一阶段，应努力提高凭证输入的速度，尽快熟悉输入方法，努力减少输入错误，并将输入过程中出现的错误及时找出来，采取相应的处理措施，同时注意结账时产生余额等问题。

（2）固定资产核算功能应注意的问题。测试此功能时主要应注意的是折旧的提取口径和正确性。对于已提满折旧尚在使用的固定资产，是终止提取还是继续提取，应看软件能否实现要求。

（3）材料核算功能应注意的问题。测试此功能时主要应关注两个方面：一是材料发出后，能否直接进入要求进入的部位；二是有些材料核算要求反映数量、单价、金额，有的则只需要反映数量和单价，不反映金额，或者只反映金额不反映数量和单价。要检查软件能否处理或处理结果是否满足要求。

（4）成本核算功能应注意的问题。测试此功能时应注意会计软件能否顺利执行成本核算方案，如果不能，是由于软件功能而不能满足需要的，应找出协商解决的办法，是由于方案不正确的，应修改方案，然后再试。在成本还原上应看软件能否达到满意的效果。

（5）外汇核算功能应注意的问题。测试此功能时应注意各种外汇的汇率和人民币之间的核算关系是否正确，尤其是金额减少时汇率是否正确。

（6）银行对账功能应注意的问题。首先，应注意对账后产生的调节表是否正确；其次，第一次对账时没有的记录在重新处理之后是否正确，如果还不正确，应如何处理；最后，应注意每次对账与上期调节表的连接是否正确。

（7）数量核算功能应注意的问题。对于具备数量核算功能的软件，应检查数量和单价的正确性、数量和金额发生的方向是否一致等问题。

2. 加强财务制度和管理措施

对于试运行过程中暴露出的问题应采取必要的措施予以解决。属于软件问题的，应向软件人员磋商；对于软件解决不了的问题，应建立相应的制度，利用制度来解决。

3. 电算化会计信息系统的核算质量与手工核算质量的分析

试运行是人机并行工作阶段，既然是并行，双方核算结果的理想状态应是一致的。但是，由于计算机的核算精度比手工核算要高得多，因此，计算机通过计算产生的一些数字，可能与手工核算产生的数字有差别。比如，在销售核算上，计算机对销售税金的计算、销售成本的计算都有可能与手工计算出现差别，随之带来的销售利润也可能出现差别；在成本核算上，一些复杂的分配，可能使一些尾数产生差别。但是在记账部分，绝对不应该出现差别。

电算化会计信息系统与手工会计核算结果出现差别，应首先分析原因，从管理上看它是否合法、合理，如果合法、合理，就应认为是试运行通过。如果是不合法的，则应找出原因，然后再试。

4. 试运行阶段工作重点的转移

在试运行的初级阶段，应以手工核算为主、计算机核算为辅；在试运行的最后阶段，应逐步将工作重心转移到计算机核算上来，变成以计算机核算为主、手工核算为辅，为彻底甩掉手工核算做好准备。

5. 试运行数据的选择

为了比较全面、准确地测试会计软件，一般选择3个月的全部业务数据，最好是包括12月（或第4季度）的数据为试运行数据，这是因为会计业务在接近年底时较为全面，数据量也较大，并且有利于下一年的试运行或运行工作。

三、甩账进入正式运行

甩账是采用会计软件的目的之一，也是试运行的最终结果，标志着电算化会计信息系统的正式使用。根据有关的制度要求，系统软件应与手工处理并行3个月以上，并有完整的与手工处理一致的会计数据，才能甩账。

使用计算机代替手工记账必须符合有关规定，并应经过财政部门的批准。

1. 甩账程序

（1）企业单位向财政部门的主管单位提出申请。提出申请时应提供下列资料。
①电算化会计信息系统使用单位会计电算化的内部管理制度。
②替代手工记账会计科目代码和其他有关代码及编制说明。
③使用单位试运行的简况，打印输出的凭证、账簿、报表等。
④甩账审批单位要求的其他资料。

（2）甩账审批单位应审核使用单位的甩账资格，并给予正式批复，如同意使用单位甩账，则同时将批复抄送有关税务、审计等部门。

（3）会计软件使用单位在得到同意甩账的批复后，开始甩账的工作，进入会计软件的正式运行阶段。

2. 会计软件的正式运行

系统正式运行，说明手工会计信息系统下重复繁重的会计核算和记账工作由计算机来完成。这一阶段的主要工作如下。

（1）按软件的要求在计算机上完成各项会计核算工作的初始化工作。

（2）日常记账凭证的输入工作。

（3）记账凭证的复核和修改。

（4）完成各种核算，扩大各种会计核算的广度，加深各种核算深度，并建立相应的账务数据。

（5）查询和打印输出各种会计数据资料，为本单位的其他部门和单位管理人员提供数据资料。

（6）记账并输出各种账页。

（7）编制输出各种报表。

（8）完成会计软件所提供的其他功能。

任务六 单位会计电算化的日常管理

一、操作管理

操作管理是指对电算化会计信息系统操作运行过程的控制和管理工作。建立健全并严格实施操作管理制度，是系统安全、有效运行的保证，也是操作管理的具体体现。操作管理主要包括以下内容。

1. 严格执行操作人员的工作职责和工作权限

（1）每个操作人员通过口令或密码的设置来标明自己的身份，拥有其分工范围内的操作权限的操作人员的口令或密码应经常更换并对他人保密。

（2）系统的操作人员一般不能拥有对系统的修改权，包括对软件、代码、记账凭证上的数据的修改等，也不能调阅系统开发的文档资料和系统的源程序。

（3）对操作人员应进行必要的权限分割，操作人员不得兼任出纳、手工凭证的编制和审核等工作，系统维护员不能进行系统日常使用的任何操作工作。

2. 制定预防原始凭证和记账凭证等会计数据未经审核而输入计算机的措施

在电算化会计信息系统中，会计数据的输入是由数据录入员来完成的。数据录入员只能严格按照凭证输入数据，不得擅自修改凭证上的内容，如果发现有错误，应退给手工凭证编制、审核人员。

3. 制定预防已输入计算机的原始凭证和记账凭证等会计数据未经核对而登记机内账簿的措施

规定数据录入员与数据审核员不能由一人担任，也不能互相替代，更不能告诉对方自己的口令。除系统维护员外，任何人员不得直接打开库文件进行库记录的增、删和修改。针对这一情况，在程序设计中也进行了相应设置，如机内审核后的凭证不能修改，系统只能进行留有痕迹的修改。

4. 制定必要的上机操作记录制度

各操作使用人员在上机操作前，应进行上机操作登记，设立上机登记册。每次上机完毕，应及时做好各项备份工作以防发生意外。

二、维护管理

系统维护是系统运行过程中最重要、最费时的工作，各企业单位应加强对维护工作的管理，以保证硬件、软件的故障及时得到排除，保证系统安全、有效、正常地运行。维护管理包括系统硬件和软件的维护管理。

（一）系统硬件维护管理

系统硬件的维护工作大部分由计算机销售厂家进行，使用单位往往只进行一些小的维护工作，主要包括以下内容。

（1）要定期进行计算机等硬件设备的检查，并做好检查记录。在系统运行过程中，如出现硬件故障，要及时进行故障分析，并做好故障记录。

（2）在设备更新、扩充、修复后，由系统管理员与系统维护员共同研究决定，并由系统维护员实施安装和调试工作。

（二）系统软件维护管理

系统软件维护可分为操作性维护与程序维护两种。

1. 操作性维护

操作性维护主要是利用软件的各种自定义功能来修改软件，以适应会计工作的变化，如业务需要新增加会计科目时可以利用会计软件中的有关功能增加会计科目。

2. 程序维护

程序维护主要指需要修改程序的各项维护工作，包括正确性维护、完善性维护和适应性维护。正确性维护是诊断和改正程序中错误的过程，会计软件一旦投入使用，这种维护的工作量不是很多；适应性维护是指随着会计业务的变更或会计制度的改变，与之相适应进行的会计软件的修改工作；完善性维护是指为了满足用户增加功能或改进现有功能的需求而进行的软件修改工作。

无论是哪种情况的修改，为了防止非法修改软件，必须对软件的修改建立审批制度。

三、档案管理

档案管理是指电算化会计信息系统内各类文档资料的存档、安全保管和保密工作。这里的文档资料主要是指打印输出的各种账簿、报表、凭证，存储会计数据和程序的软盘及其他存储介质，系统开发运行中编制的各种文档，以及其他会计资料。档案管理一般也是通过制定和实施有关制度来实现的，主要包括以下内容。

（1）制定各种文档存档、保存期限及期满销毁的手续制度。例如，打印输出的账表，必须有会计主管、系统管理员的签名盖章才能存档保管，保管期限按《会计档案管理办法》的有关规定执行。

（2）各类软盘保管的安全措施。例如，各种软盘都应贴上保护标签，存放在防高温、防水、防震、防磁场、防盗的场所。

（3）会计软件的保密措施。一般商品化会计软件都有加密措施，单位自行开发的软件的保密尤为重要，要制定调阅的权限、调阅的审批手续，设立调阅源程序及开发文档资料的登记册，记录调阅的时间、内容和目的等。

（4）会计档案的保管应实行权限分割制度。系统操作员和系统程序员不能兼任会计档案保管工作。

四、机房管理

机房管理的目的是创造一个良好的工作环境，保护好计算机设备，防止非法人员进入机房，保护机房的设备、机内的程序与数据的安全。机房管理主要是通过制定和实施机房管理制度来实现的。机房管理制度主要包括以下几个方面。

（1）建立对机房设备进行经常性检查和定期维护保养的制度，对机器设备的运行情况及维修情况进行记录。

（2）对进入机房的人员进行资格审查。除系统管理员、系统操作员及经过批准的人员外，其他人员严禁进入机房，系统维护员不得一人单独留在机房。

（3）机房内的各种环境要求，如卫生要求、防水要求、防静电要求、环境设备的管理要求等；机房中禁止的行为，如吸烟等。

（4）设备、材料及外来软盘进入机房的管理要求。

五、病毒管理

病毒管理主要是采取预防措施，防止病毒进入系统。一旦染上病毒，要有消除病毒的办法。

（1）在系统用机上安装防病毒软件或防病毒程序。这些软件驻留内存，监护计算机的运行，一旦发现病毒侵犯就会发出鸣叫声，通知用户及时用杀毒软件消除病毒，同时阻止病毒的蔓延和扩散。

（2）经常对计算机的硬盘和软盘进行病毒检测，不要在计算机上使用带有病毒的软盘，也不要在带有病毒的计算机上使用系统用软盘。

（3）禁止在计算机上使用来历不明、情况不明的软盘，绝对禁止将游戏盘插入计算机，在计算机上玩游戏。

（4）所有软盘都要贴上写保护标签。

（5）制定使用备份软盘的制度，重要的软盘都要做备份盘，外出工作时使用备份盘，即使备份软盘被染上病毒也可以将其格式化后再备份。

六、财务管理

财务管理主要是控制计算机的使用、人员编制、各种材料动力的消耗，在保质保量完成工作的前提下要尽量节约费用，提高系统的运行效益。

单位会计电算化的日常管理和实施主要是通过各种制度的制定和实施来完成的，因此，应注意对制度的执行情况做经常性的检查。

任务七 电算化会计信息系统的内部控制

内部控制是一个单位为了确保财产的安全性，保证会计资料的正确性和安全性，提高经营效率，在单位内部采用的一系列相互联系、相互制约的制度。

一、内部控制的特点

1. 内部控制从会计部门扩大至电子数据处理部门

电算化会计带来了会计处理程序和组织机构的改变，介入系统的人员除了会计、出纳人员，还有系统及程序设计人员、操作员和软、硬件维护人员，为了保证会计信息的准确可靠，必须制定明确的职责和管理制度。对所有人员应制定道德行为准则和操作规范，确保人员之间的职责分离、互相稽核、耳相监督、互相制约。

2. 控制方式是手工控制和计算机控制相结合，以计算机控制为主

在电算化会计中，原始数据的生成和审核，仍然依靠手工进行复核和控制，但是大量数据的输入、处理和输出是由计算机进行的，计算输出结果的正确性主要靠硬件和程序来保证。因此，除了手工控制，保证计算机设备、外部设备和网络传输设备的正常运行，保证程序文件和数据文件不被非法篡改、破坏或丢失至关重要，为此必须采取周密措施进行管理、控制和保护。

3. 控制的内容更为广泛，要求更应严格，措施更应充分

在电算化会计信息系统中，采用电子数据处理技术，会带来许多新的风险。由于目前会计人员和审计人员对计算机缺乏管理经验，对计算机造成的差错和人员舞弊的严重性认识不足，对此必须引起高度的重视。

计算机是按照人们事先编好的程序和指令工作的，只要程序正确，计算机会高速、准确、可靠的工作，但如果程序出现错误或被人非法篡改，一般不易被人发现，由于计算机处理的高速度和处理的重复性，可能带来比手工系统更大的损失。另外，电算化会计信息系统中数据和责任高度集中，全部会计资料集中在计算机中，如果没有严格的控制，非授权人员可以轻而易举地利用计算机浏览所有文件，并可进行从记账、算账到输出账簿报表的全部处理。如此一来，机密经济数据可能被盗走，程序或数据也可能被非法篡改而不留痕迹，这样可能会导致企业遭受巨大损失。由于数据和程序以机器可读的形式存在磁盘上，容易被篡改和非法调用，未授权人员可能调用来谋取利益，威胁更大的是授权人的不法行为，因为他们是授权者，不易引起注意，更方便其不轨行为。历来统计的计算机犯罪，大部分是操作人员和程序设计人员作案的，所以必须从内部和外部进行严格的控制。

二、内部控制的内容

（一）一般控制

1. 组织控制

组织控制就是建立合理的组织体系，明确职能及各类人员的职权和责任，并实行内部牵制，以便相互合作、相互监督，防止差错和弊端发生。电算化会计信息系统的管理归属单位财务处（科），为了确保系统的可靠运行，必须建立相应的组织管理制度。对部门负责人、会计员、出纳员、操作员，以及专职或兼职的计算机软件设计人员、硬件维护人员，都应该明确规定各岗位的责权，使他们各负其责又相互制约。

准确的会计数据处理，主要取决于原始数据的真实完整、程序设计符合要求和操作运行的正确。因此，原始数据的整理、审核和保管，程序的编制和维护，以及计算机操作三方面的职能，都应该按内部牵制的原则，严格予以分隔，并在它们之间增加审批、检查和监督环节，以加强内部控制。

2. 系统资源控制

系统资源是指电算化会计信息系统中使用的各种设备、程序、数据及其他资料（如操作说明书、流程图、数据结构形式、系统说明书、程序说明书）的总称。为了防止对资源的非法篡改、盗用和破坏，以及对计算机的不正常操作使用，要建立各种系统资源的保护制度、异常情况登记制度，以及系统内部的检查、测试和监督制度。平时加强防护，定期进行检查和测试，是保证系统资源安全可靠的主要措施。对基础数据和重要数据要建立后援备份文件，以防止文件被破坏造成不可挽回的损失。为了保证计算机系统的正常工作，对机房的温度、湿度、洁净度、新鲜风流、防火等按机器要求进行控制，并要设置 UPS 不间断电源，以防止突然停电造成损失。

3. 操作控制

操作人员负责操作计算机、调用数据和程序进行会计数据处理。为防止操作人员随意动用系统内部的全部资源，除了通过职能权限划分将资源予以控制，应通过分口、分层设置密码、计算机设备加锁及其他措施进行控制。对出入机房的人员进行控制，禁止无关人员进入。对每个操作员不仅按职责范围将其能动用的资源限制在一定的范围内，而且自动将每次操作中调用的程序、文件、输入的数据和指令，以及其他操作的内容通过操作日志记录下来，以备必要时检查核对。

（二）应用控制

1. 输入控制

数据的正确输入是保证电算化会计信息系统正确输出的关键，输入控制包括数据校验、数据交接、数据的核对和测试三方面的控制。

数据校验指输入数据的过程中，利用借贷金额平衡、明细数之和与总额恒等、代码设校验位并与设定值比较、数值按值域特征等进行逻辑计算自动校验。另外，通过人工目测判断，采用一人输入、另一人审核的方法来减少出错率。

数据交接的过程为：会计员在编制的记账凭证上签章，经主管负责人签章后交操作员，操作员输入计算机后，经另一名审核员再次校验确实无误时，由操作员和审核员共同签章，证实凭证输入数据正确无误，然后将书面记账凭证交回会计员保存，作为审计查询的依据。

当日记账凭证的数据全部输入后，要将输入的凭证与书面凭证全部核对一遍。每月打印账簿和报表前，要核对全部凭证，在确实无误的情况下，再进行当月账簿和报表的打印。

2. 处理控制

在电算化会计信息系统中，数据处理过程由计算机自动完成，为了确保处理过程准确可靠，需要进行检查和测试，以验证系统执行的效果。除计算机在突然发生故障或突然停电等情况下需要检查、测试外，定期进行测试是非常必要的，是保障处理过程可靠性的重要措施。

对数据处理过程进行测试，可以通过以下几种方式。

（1）利用原有数据进行多次运行，检查其重复率，分析及检测计算机本身的工作是否正常。

（2）也可备有一套覆盖全面的业务数据进行测试。

（3）还可假设正常和非正常两套数据进行测试，通过两套数据对比，考核处理过程是否正确。

（4）可采用手工计算校验、另编程序校验等方法来验证计算机处理过程的正确性。

3. 输出控制

目前，电算化会计信息系统不仅在计算机处理数据方面代替了人的手工劳动，而且可以随时打印各类数据、账簿和报表。输出数据是否准确、能否给审计工作保留完整的线索尤为重要。每月月末打印输出的账簿报表表现直观、不易涂改，不仅符合财会人员的习惯，也为不熟悉会计电算化的审计人员进行审计工作创造了方便条件，但必须控制保留的账簿和报表一定是当月结账后打印的，而且报表必须根据账簿数据自动生成，不得修改。

为了保证输出信息能及时送达各职能部门，防止遗失和不必要的扩散，必须对输出账表建立管理检验制度，有关人员审核后要在账表上签章，设置专人负责收集、保管和分发，并设置输出登记表，注明输出账表的名称、编号、打印份数、日期、发往部门、接收人及如何保管等，这方面的控制与手工会计要求相同。

任务八　电算化会计的审计

电算化会计的广泛应用，使传统审计面临新的挑战。对电算化会计的审计与对手工会计的审计并没有本质的区别，也就是说审计的目的与职能并没有改变，同样是执行经济监督的职能。但审计的线索发生了改变，传统的账簿被存有会计信息的磁盘、光盘代替，从原始数据到报表输出的整个过程由计算机程序自动完成；电算化会计信息系统的内部控制发生了变化，扩大了手工会计内部控制的范围，电子数据处理特点明显；审计的内容发生了变化，对电算化会计的审计要把计算机作为审计的对象，并且进一步把计算机作为审计的工具；审计技术也发生了改变，要求利用计算机进行辅助审计，帮助审计人员完成一部分审计工作，因而对审计人员提出了更高的要求。电算化会计给审计提出了新的任务，而计算机的应用将大大加快审计技术现代化的进程。

一、审计的基本方法

1. 绕过计算机审计

这种方法是指审计人员不审查电算化会计信息系统的程序和机器内部的文件，仅仅审查输入计算机的数据和打印输出的账表，即把计算机看作一个"黑盒"，审计人员审计时，追查审计线索直到输入计算机，然后越过计算机核对计算机的输入和输出是否一致，再继续跟踪审查；此方法与传统的手工审计无太大的区别，只是绕过了计算机进行审计，不要求审计人员具有计算机和电算化会计的知识，适用于简单的、输入与输出能直接核对的、保留完整审计线索的电算化会计信息系统的审计。

2. 通过计算机审计

这种方法是指审计人员不仅要审查电算化会计信息系统的输入和输出文件，而且要审查计算机内部的处理和控制功能，审查计算机内部的程序和存储在计算机中的文件。因此，通过计算机审计就是要求进入计算机内部进行审查，它与传统的手工审计差异较大，要求审计人员具有较高的计算机和电算化会计的知识和技能，懂得电算化会计信息系统的内部控制和对电算化会计信息系统审计的方法，适用于自动化程度较高、缺少肉眼可见线索的电算化会计信息系统的审计。

3. 利用计算机审计

这种方法是指利用计算机设备和程序进行的审计。审计人员利用计算机作为审计的工具，辅助完成审计任务，不仅可以利用计算机审查和检测电算化会计信息系统的应用程序，而且可以方便访问存储在计算机中的账表，进行各种处理和审查，从而可以加快审计速度，提高审计效率。它要求审计人员具有较高的计算机和电算化会计的知识和技能，特别是具有应用计算机进行辅助审计的能力。利用计算机审计是审查先进的和较复杂的电算化会计信息系统的唯一可行的方法，是审计技术现代化的一个标志。

二、审计的内容

1. 对电算化会计信息系统内部控制的审查

内部控制是为查错防弊、加强管理和提高效率而采用的制度和采取的措施。电算化会计信息系统内部控制是否健全有效，决定了系统能否安全可靠地运行，提供的会计信息是否合法、真实、可靠。由于电算化会计信息系统由计算机硬件、软件、会计处理体系及系统工作人员组成，内部控制应包括对上述各部分的人工控制和对建立在计算机系统中的程序控制，具体包括一般控制和应用控制。一般控制主要有组织与操作控制、系统硬件和系统软件控制、安全控制、系统开发和系统文书控制等，应用控制主要有输入控制、处理控制和输出控制。

对内部控制的审计主要是进行符合性测试，目的是加强内部控制，完善内部控制系统。

2. 对计算机系统的处理和控制功能的审查

计算机系统由硬件设备、系统软件和应用程序组成，它们决定了电算化会计信息系统处理和控制功能的正确性和可靠性。其中，应用程序是灵魂，是系统处理和控制功能审查的重要内容。计算机系统处理和控制功能审查包括系统开发的审计和应用程序的审计。系统开发的审计是指对系统开发过程进行的审计，是一种事前审计，实际上是审计人员参与系统分析、设计和调试，借此熟悉系统的结构、功能和控制措施，参与开发并安排审计人员嵌入审计程序段，便于今后开展审计。同时，审计人员还应检查开发的方法程序是否科学、先进、合理，系统资料是否规范齐全。应用程序的审计采用检测数据法和逻辑复查法等，证实系统能按规定的会计制度和有关政策法令处理各项业务，能有效地防止错误，并达到预定的控制目的，通常采用计算机辅助审计技术进行。

3. 数据文件审计

无论是在手工会计信息系统还是电算化会计信息系统下，审计都要对会计信息系统的财会资料进行真实性审查。在电算化会计信息系统下，大量的会计记录和资料存储在计算机的磁盘中，虽然大多数电算化会计信息系统保留了纸面打印的账表，审计人员可按传统方法进行账表文件的审查，但是利用计算机高速准确处理的功能，对磁盘账表进行审查要比手工审查纸面账表效率更高、效果更好、审计人员通常采用专用的审计软件，或者利用电算化会计信息系统自身的查询、统计和分析功能对子系统进行账表文件的分析和审查。

对数据文件的审计主要是对数据文件进行实质性测试，直接检查、分析及审核会计数据，同时对内部控制措施进行符合性测试。

4. 对其他与经济活动有关的资料和资产的审查

《中华人民共和国审计法》规定："审计人员通过审查会计凭证、会计账簿、会计报表，查阅与审计事项有关的文件、资料，检查现金、实物、有价证券，向有关单位和人员调查等方法进行审计，并取得证明材料。"电算化会计信息系统的审计同样要对与经济活动有关的资料和资产进行审查，以取得证据，证实被审单位经济活动的合法性、真实性，这方面的要求与传统的手工审计相同。

三、审计对电算化会计软件的要求

电算化会计的迅速推广和普及，使审计工作面临新的挑战，审计人员必须面对变化了的审计环境，成为完全意义上的电算化审计人员。当前会计软件五花八门，开发平台及数据库均不相同，开发通用性审计软件难度很大，要求根据每个电算化会计软件配套开发一个审计软件又不可能，所以利用电算化会计软件来进行审计是一个发展方向，这就要求电算化会计软件必须具有充分保留和提供审计线索的功能，具体要求如下。

1. 双向查询功能

审计工作需要进行正向和逆向的查账，会计软件必须具备"凭证—明细账（日记账）—总账—报表""报表—总账—明细账（日记账）—凭证"这两个方向的联查功能，同时在查询账簿时可以随机查找某一账户对应的某笔交易额或期初、期末余额，能提供任何账户"期初余额—本期发生额—期末余额""期末余额—本期发生额—期初余额"这两个方面的查询。

2. 同时提供输入输出接口

按照国家标准《信息技术会计核算软件数据接口》(GB／T19581—2004)，提供会计核算软件及其他管理软件系统的财务数据输出标准格式及相关数据，方便用户根据需要开发和应用审计程序，获取有关账务系统及与账务系统进行数据交换的其他业务模块（如销售、采购、仓库管理等模块）的数据，以便在审计过程中追查与某些业务相关的其他内容，如客户订货单、销售发票等。

3. 为审计测试预留通道

审计过程中为证实业务处理过程和方法的正确性，通常需要虚拟一笔业务数据对软件进行测试，所以要求会计软件必须提供测试通道。预留通道也可以选择空账套进行，但空账套的初始设置比较烦琐。因此，会计软件最好能提供原账套初始设置的拷贝功能。

4. 设置系统操作日志

系统自动详细记录进入人员的姓名、密码、操作时间、动用的资源，为审计提供全面的资料。日志不提供删改功能，即具有不可改动性，为审计提供可靠的证据。

5. 具备系统安全控制的有关措施

（1）程序编译，防止修改。

（2）数据以不可见美国信息交换标准代码（American Standard Code for Information Interchange，ASCII）保存。

（3）严格的口令设置及验证。

（4）对进入的人员进行严格的权限控制。

（5）检查并验证输入数据的合理性。

（6）最终的报表必须是在结账后打印输出的，而且应设置标志。

（7）具备账表输出打印预览功能。

本项目小结

要做好单位会计电算化的管理工作，建立健全会计电算化岗位责任制、会计电算化操作管理制度、计算机软硬件和数据管理制度、电算化会计档案管理制度至关重要。当前会计部门内部设置电算化小组、配备和管理计算机硬件设备、选购商品化会计软件、完成系统的使用和维护，是目前单位会计电算化采用的最普遍的形式。在这种模式下，需要设置系统管理员、系统操作员、数据审核员、系统维护员、数据录入员、档案管理员和财务管理人员等岗位。日常管理主要是做好操作管理、维护管理、档案管理、机房管理、病毒管理和财务管理。

选购商品化会计软件时，应注意所选软件必须是通过财政部门评审的，硬件和软件环境、数据的安全可靠性等技术指标应满足要求，其功能应满足和保证单位的特殊需求，售后服务好，而且同类企业成功地运用了该软件。

商品化会计软件的试运行是指计算机和手工并行共同完成会计核算和管理工作，一般应试运行三个月以上，验证计算机与手工处理数据的一致性，特别是必须建立并执行相应的会计电算化管理制度。试运行正常后，向财政部门提出甩账的申请，经财政部门审核批准后，才能甩账投入正式使用。

电算化会计信息系统的内部控制和电算化会计的审计是保证会计数据正确、完整、可靠、合理的重要措施，目的在于使会计处理符合会计制度和会计原则的要求，保护资产，防止违法行为的发生，提高系统的效率和效益。做好内部控制和电算化会计的审计工作，保证电算化会计信息系统安全、可靠，是确保会计电算化成功的关键。

关键概念

会计软件　商品化会计软件　甩账　内部控制

课堂讨论题

（1）为什么做好系统管理工作是确保会计电算化成功的关键？
（2）说明内部控制的各项措施对系统和数据安全的作用。

复习思考题

（1）企事业单位会计电算化工作的组织机构有哪几种形式？各有哪些特点？
（2）系统管理员有哪些主要职责？一般由什么样的人担任？不能由哪些人担任？
（3）出于内部控制的要求，系统内部哪些人员的工作不能互相兼任？
（4）说明会计电算化的日常管理工作的具体内容。
（5）商品化会计软件的选购应注意哪些问题？
（6）甩账按什么程序进行？有哪些具体要求？
（7）说明电算化会计信息系统内部控制的特点和内容。
（8）说明电算化会计的审计方法和内容。

项目三

电算化会计信息系统的分析与设计

学习目标

（1）了解电算化会计信息系统常用的开发方法及基本要求。

（2）了解系统分析的流程并掌握利用数据流程图（Data Flow Diagram，DFD）、数据字典等工具建立系统逻辑模型的方法。

（3）熟悉系统设计的任务，掌握利用系统结构图建立系统物理模型的方法。

（4）掌握系统设计中的代码、输入、输出、数据存储结构、处理过程的设计方法及需要注意的问题。

电算化会计信息系统的开发是一项较复杂的系统工程，在进行开发时，必须以系统的观点为指导思想，按照计算机软件开发规范的要求，制定系统开发的原则，确定整个系统的结构及组织结构，划分开发过程的各个阶段并明确各阶段的任务，规定实施规则的具体方法、步骤及要求，使之规范化、系统化、工程化，以便于整个开发工作有组织、有计划、有目的地进行。

电算化会计信息系统是一个以计算机为核心的会计信息系统，它的特点是以计算机作为核算、管理及参与辅助决策的工具。电算化会计信息系统来源于手工处理的会计信息系统，通过系统开发，即系统分析和系统设计，建立起一个层次更高、更为理想的新系统。

电算化会计信息系统应包括核算、管理和决策等子系统，进行系统开发就是要建立一个完整的、全面的信息系统。但就一般情况而言，必须根据开发单位的经济、技术和组织等方面的条件，分析其实现的可行性，才可以进行整个系统的开发，也可以先开发其中的账务核算子系统，再开发薪资、材料、固定资产、成本、销售利润等子系统，这样便于用户逐步了解并取得开发和使用系统的经验，有利于系统的管理。本章以账务处理子系统为例对系统分析和系统设计做了说明，读者可举一反三，对薪资、固定资产等子系统进行分析设计。

任务一 系统的开发方法和基本要求

电算化会计信息系统的开发，一般按照计算机信息系统的开发方法进行。以往国内外普遍采用结构化的设计方法，这种方法可以计划和严格定义开发步骤，又称为生命周期法。另外，还有一种开发方法——原型法也受到人们的重视，这种方法可以迅速向用户提供一个信息系统的原型设计，从而使用户尽早看到并使用一个真实的信息系统，在此基础上，由设计人员和用户共同探讨，反复改进完善原型设计，直到得到满意的方案。近年来，面向对象的设计方法得到了广泛应用。这种设计方法提供了诸如对象、类、继承、封装、多态等一系列概念，用于分析、抽象、简化与描述实际问题和系统，很有发展前途，预计将会成为今后软件开发的主流。

一、电算化会计信息系统的开发方法

（一）原型法

原型法的开发过程可以分为以下四个阶段。

第一阶段为确定要求。设计人员应了解用户的基本要求和系统的应用范围。如果用户要求过多，应先确定这些要求的优先顺序，开始时不要把目标定得过高，先迅速完成某些基本要求，然后再扩充功能，逐步完善要求。

第二阶段为设计系统原型。根据用户的初步意见和基本要求，迅速设计出一个应用系统软件，提供给用户使用并由其做出评价，帮助用户解决基本要求。为了加快开发速度，应尽量使用已有的软件包或现成软件，可采用第四代编程语言或自动编程系统等技术手段，使程序设计工作量压至最低程度，以便用户能在短时间内看到并使用一个真实的系统。

第三阶段为原型评价。用户通过试用原型系统，对原型系统的正确性、方便性和效果提出改进意见。更重要的是，用户通过试用原型系统，增加了实际应用的感性认识，具备了一些计算机和信息系统方面的基础知识，与设计人员的共同语言增多了，改变了开发初期双方习惯、术语不同，不能准确表达和统一双方要求的情况，在此基础上，用户对下一步的修改和扩充也就能提出较为准确的具体要求。

第四阶段为原型完善及完成系统产品。设计人员根据原型试用后提出的问题，改进程序，修改和扩充系统功能，得到新的原型，然后再试用、评价、修改，直到形成满足用户要求的系统产品。最后，设计人员还应整理出有关系统说明的各类资料和手册。

原型法开发流程如图3-1所示。

原型法研制周期短，不但适用于系统规模较小的应用软件的开发，而且适用于管理体制和结构不稳定、系统目标容易发生变化的项目开发，特别适用于一些要解决的问题和目标事先难以严格定义，需要在系统使用之后才能进一步提出的情况。如电算化会计决策支持子系统的开发，由于面临的任务大多是半结构化的，即对决策过程及原则不能用确切的模型或语言描述，对某些问题有所了解但不全面，有所分析但不确切，有所估计但不确定，需要通过用户对系统的使用和反馈，不断提出修改和补充意见，才能完善和确定目标，所

以采用原型法开发就比较一致，或者说前者应该是后者的一个子集。由于系统研制手段的限制，系统很难满足太大的目标变化的要求。

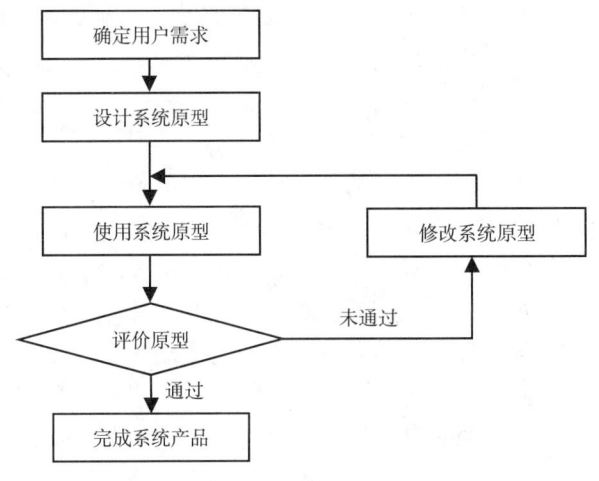

图 3-1　原型法开发流程

（二）生命周期法

对于规模较大、目标稳定的信息系统，一般采用生命周期法进行设计开发。它把信息系统的整个生存期定为一个生命周期，系统开发工作是一个循序渐进、逐步控制的连续过程。根据生命周期各个环节的内容和要求，整个系统开发分为五个阶段，开发流程如图 3-2 所示。

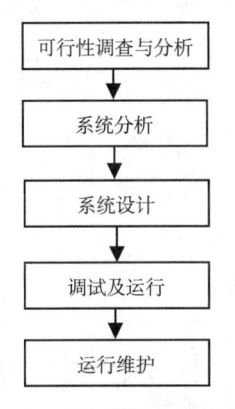

图 3-2　生命周期法开发流程

本章将着重介绍采用生命周期法进行电算化会计信息系统的开发，有关各环节的工作内容和要求将在后面各节中详细介绍。

二、系统开发设计的基本要求

（1）符合用户要求，能正确反映用户的现实环境，要包括用户需要处理的全部数据，支持用户需要进行的所有"加工"，系统开发设计的首要目标是系统的实用性和正确性。

（2）按用户拥有的人力和财力情况，选用适当的工作方式，力求投资少、见效快，即系统的经济性。

（3）具有较高的质量，具体目标为：一是效率高，主要体现在能较快地响应用户的查询，而且打印账簿和报表所用时间较少；二是可靠性高，硬件和软件平均故障时间较短；三是具有可修改性，指设计方案具有灵活性，易于修改，以满足用户的需要。一般来说，三个目标是相互制约的。如果要求系统具有高度可靠性，那么系统运行效率就会降低；如果要求系统的运行效率高，那么系统的可修改性就会差一些，不够灵活。所以不能片面追求某一个目标，而是必须在三者之间提出一个切合实际的要求。

（4）严格划分工作阶段，制订周密的工作计划。每个阶段应明确目标和任务、循序渐进，在开发过程中应加强管理，避免返工造成不应有的损失。

（5）建立标准化的阶段文档资料。开发过程中每个阶段的工作成果，都应以文字、图表等形式做详细的记录，阶段工作完成后要编制一定的文件，并符合标准化的要求，以便于开发过程中各类人员、各个环节、各个阶段之间的交接和管理，同时也要为系统运行维护提供依据。

（6）建立系统开发组织，明确参与开发人员的职责及分工，使系统分析及设计人员密切配合、协调工作。

任务二 系统分析

"系统分析"又称为"需求分析"，其目的是建立一个合理、优化的新系统。系统分析就是用系统的观点，对选定的对象及开发范围有计划、有目的地进行分析与研究。它是系统开发中极为重要的步骤，也是系统设计的基础，只有对现行的手工系统进行了初步调查和可行性论证，从技术、经济、操作使用等方面证实新系统的开发是可行的，并且通过立项才能进入系统分析阶段。

一、详细调查

详细调查就是对现行的系统进行详细具体的调查，为系统分析和新系统逻辑模型的建立提供详尽的、完整的资料，使开发工作在摸清系统现状、明确用户要求和充分占有资料的基础上进行。详细调查一般采用面谈、发调查表、查阅资料和实地观察等方式进行，调查过程中应注意调查的真实性、全面性、规范性和启发性。设计人员在调查情况的同时，也要向用户介绍计算机信息系统方面的知识，使用户了解计算机可以接收和提供的数据，以及输入、输出的方式，协助用户了解计算机能实现的目标。详细调查包括以下几个方面。

1. 财会管理部门的组织机构

在原初步调查的基础上，进一步深化了解现行管理系统的组织机构状况，各部门的职能职责、分工及其相互关系；深入调查机构的分布状况、工作方式、合理程度及存在的问题；对管理规章制度的执行情况、部门管理形成的惯例及合理程度也要调查清楚。

2. 财会管理系统的业务流程

调查会计事务处理的具体工作步骤和方式，并以业务流程方式再现会计人员业务处理过程中数据的流向、处理业务过程的顺序及特点，通过业务流程图全面反映业务处理的全过程。

3. 会计系统的信息流

（1）信息输入：名称，来源，使用目的，发生额及发生量，编制人员及地点，保存方法及期限，组成信息的项目名称、位数，以及使用的文字等。

（2）信息处理：名称、内容、方法、周期、时间及地点等。

（3）信息存储：账页、凭证、报表、文件的名称，保管单位，保存时间，总信息量，使用单位，使用频率，增加及删除频率等。

（4）信息输出：名称、使用部门及人员、使用目的、使用份数、发送方法、组成信息的项目名称及位数、使用的文字及输出时间等。

（5）代码信息：名称、编码方式、使用目的、编码要求、码值范围、未使用码、增加及删除频率等。

（6）信息需求及存在问题：名称、需求目的、时间及期限、存在问题及改进设想等。

二、描述现行系统模型

（一）组织机构、业务流程及系统功能的分析

组织本身就是一个系统，通过对财会机构的调查分析，摸清了组织体系内部系统及其他部门之间的关系，同时摸清了财会部门与其他部门之间的关系，据此可确定电算化会计信息系统的系统边界。另外，在组织的关系中必然伴随有信息流，通过对组织机构的分析，便于摸清系统中信息流通的渠道，并从中发现阻碍信息流通的"瓶颈"所在，以便提出建议，改进组织体系，使信息畅通。

通过对现行业务流程的分析，找出信息处理工作集中点所在，弄清会计业务处理中的具体方式、步骤和全过程，发现业务处理工作中某些关键问题和薄弱环节，从中找出改善管理的切入点。

按照现行系统的目标，把实现目标的功能按层次机构自上而下逐层分解，把一个庞大的、复杂的系统分解成多个子系统、功能模块和子功能模块，以明确系统的全部功能。通过对各功能模块的逻辑关系进行分析归纳，以系统化、层次化来清晰地显示系统的功能机构，为系统优化找出每个层次的问题，提出改进措施，消除冗余功能，并为改进已有信息的不合理流向和保证新增加信息的合理流向打下基础。

（二）数据流程分析

在系统中各功能模块之间的联系，可以通过流程分析，用一种流程图来描述。在企事业单位中，各种信息伴随着会计业务工作的流程而运动着，形成相互交错的数据流。数据流程分析就是通过分析，舍去物质流抽象出信息流，并对各种数据的属性和处理进行详细分析。

数据流程图是进行数据流程分析的主要工具，也是描述系统逻辑模型的基础。它用几种基本符号综合地反映信息在系统中的流动、存储和处理。数据流程图具有抽象性和概括性两个特征：抽象性表现在它舍去了具体的物质，只描述数据的流动、存储和使用；概括性表现在它把系统中的各种业务过程联系起来，并形成一个完整的整体。

（1）数据流程图常用符号、符号所示名称及意义，如表3-1所示。

表3-1 数据流程图常用符号、符号所示名称及意义

数据流程图常用符号	符号所示名称及意义
	外部实体：系统之外的数据来源或信息去向
	处理逻辑：对输入系统的数据进行处理和加工
	数据存储：对输入或经过加工的数据的存储
	数据流线：数据的流动方向

（2）数据流程图的绘制步骤。

下面以手工账务处理流程为例说明数据流程图的绘制步骤。

①确定与系统有关的外部实体，即确定与本系统有关的单位和人员。

②确定系统的处理单元，即确定每个处理单元的名称、主要输入、输出及与外界实体的联系。

③确定系统的存储单元，即确定系统在处理过程中需要保存的文件、账簿和报表。

④绘制顶层的数据流程图。按照系统功能结构绘制顶层的数据流程图，即按从左到右、自上而下的顺序，将各个处理单元和存储单元通过数据流线连接起来，并填写处理、存储单元名称及数据名称。但顶层的数据流程图是概要性的，不涉及细节及特殊情况，如图3-3所示。

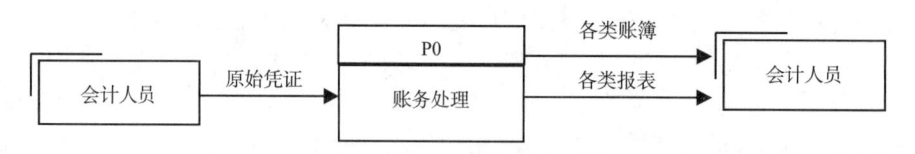

图3-3 顶层数据流程

⑤绘制底层的数据流程图。将顶层数据流程图中的处理单元展开，扩展成多个子处理框，进行详细描述，并加入特殊情况的处理。底层数据流程图的绘制方法与顶层相同，第一层数据流程图如图3-4所示。这样逐层细化，直到处理过程描述得足够详细为止，从而得到多个分层的数据流程图，如图3-5至图3-7所示。

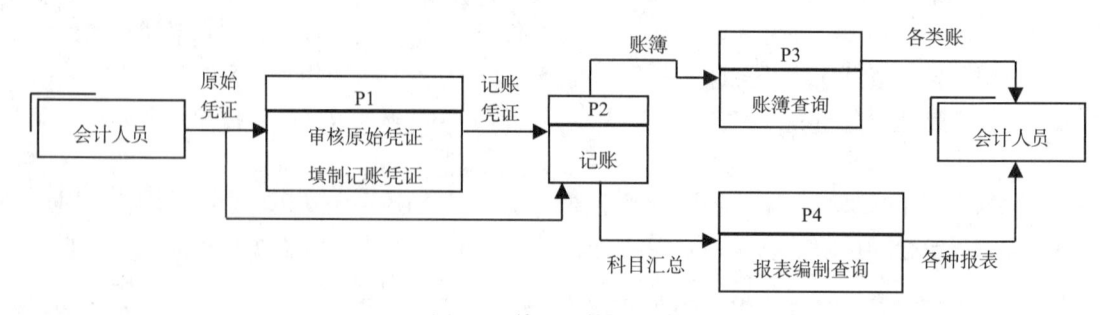

图3-4 第一层数据流程

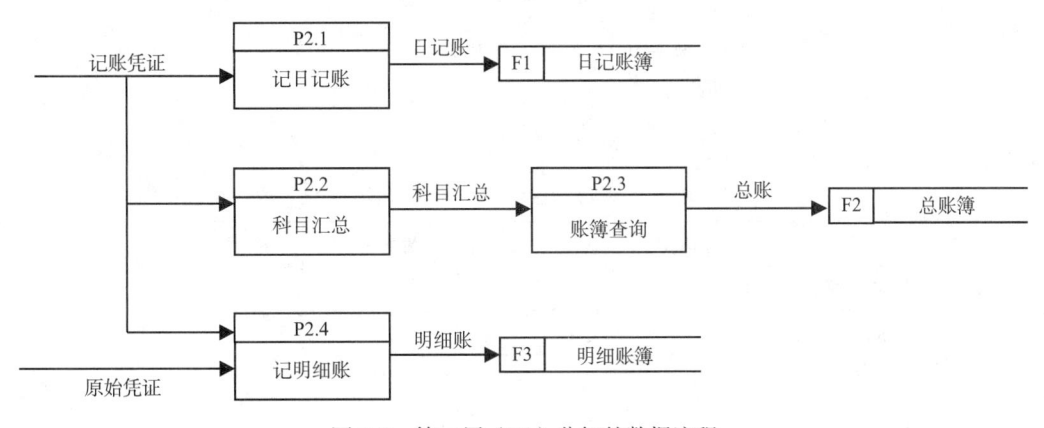

图 3-5 第二层（P2）分解的数据流程

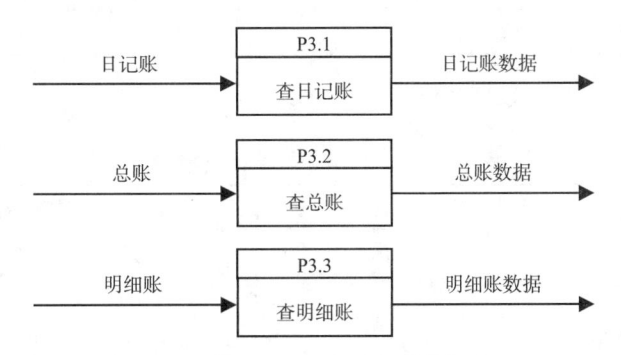

图 3-6 第二层（P3）分解的数据流程

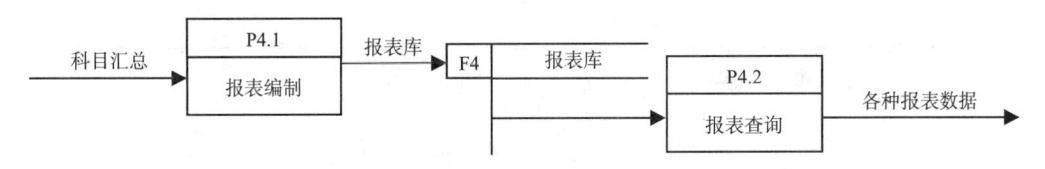

图 3-7 第二层（P4）分解的数据流程

（三）数据结构分析与描述——数据字典

数据流程图包括数据流和数据处理、存储的全貌，并标明了数据的名称，但对数据的特性（如类型长度、数据量等）并未列出。数据结构分析是通过编写数据字典来描述系统的数据结构，它是系统的数据清单，也是数据流程图的辅助说明。它不仅可用于数据分析，而且是数据管理和数据库设计的重要工具，是逻辑模型的组成部分。

编制数据字典就是对每个数据流、每个数据处理、每个数据存储及外部项建立一个卡片，对数据流的来源、去向、组成、数据量等进行说明；对每个处理单元的名称、输入数据名称、输出数据名称及处理的内容进行说明；对每个数据存储的名称、输入数据流、输出数据流和记录个数进行说明；对每个外部项的名称、输入数据流、输出数据流进行说明。然后，将上述卡片中所有不重复的数据元素提取出来，填写数据卡片，说明数据元素名称、别名、类型及长度等。数据元素是不可再分解的数据单元。

在电算化会计信息系统中数据字典的建立可通过设置数据流字典库、数据元素字典库、数据文件字典库、数据处理字典库和外部项字典库来实现，即分别建立数据库文件来建立数据字典，它们的数据结构如下。

（1）数据流字典库的数据结构，如表3-2所示。

表3-2 数据流字典库的数据结构

序号	数据项名称	数据类型	数据长度	小数位
1	数据流编号	C	3	
2	数据流名称	C	10	
3	来源	C	20	
4	去向	C	20	
5	数据流组成（包含的数据元素）	C	50	
6	数据流量	N	4	

（2）数据元素字典库的数据结构，如表3-3所示。

表3-3 数据元素字典库的数据结构

序号	数据项名称	数据类型	数据长度	小数位
1	数据元素编号	C	3	
2	数据元素名称	C	10	
3	数据类型	C	1	
4	数据长度	N	2	
5	小数位	N	2	

（3）数据文件字典库的数据结构，如表3-4所示。

表3-4 数据文件字典库的数据结构

序号	数据项名称	数据类型	数据长度	小数位
1	数据文件编号	C	3	
2	数据文件名称	C	10	
3	功能	C	40	
4	组织方式	C	10	
5	数据项组成	C	50	
6	记录数	N	4	

（4）数据处理字典库的数据结构，如表3-5所示。

表3-5 数据处理字典库的数据结构

序号	数据项名称	数据类型	数据长度	小数位
1	数据处理编号	C	7	
2	数据处理名称	C	20	

续表

序　号	数据项名称	数据类型	数据长度	小数位
3	输入数据流	C	10	
4	输出数据流	C	10	
5	数据处理逻辑	C	50	

（5）外部项字典库的数据结构，如表3-6所示。

表3-6　外部项字典库的数据结构

序　号	数据项名称	数据类型	数据长度	小数位
1	外部项编号	C	3	
2	外部项名称	C	10	
3	功能简述	C	40	
4	输入数据流	C	10	
5	输出数据流	C	10	

三、分析新的要求、改进系统模型、形成新系统的逻辑模型

分析新的要求、改进系统模型、形成新系统的逻辑模型是系统分析的主要环节。它以现行系统模型为依据，在充分了解和分析现行系统的情况和弊病的基础上，从用户的实际要求出发，分析目标系统与现行系统逻辑上的差别，明确现行系统"做什么"，对现行系统的逻辑模型（主要是数据流程图）进行扩充、修改、完善，并考虑用户的长远要求，兼顾系统的可扩展性和可修改性，保证系统功能的扩充和变更。其具体做法是综合新的信息需求，修改系统边界，增加新的处理功能模块，对不合理的处理流程要逐层修改，修改冗余部分及不一致的地方。通过改进现行系统模型，即对数据流程图自上而下地修改，并对数据字典做相应地修改，从而形成新的系统逻辑模型。下面以账务处理子系统为例进行说明。

电算化账务处理子系统建立在手工账务处理的基础上，必须遵循基本的会计理论和方法。尽管电算化会计信息系统引起了会计理论和方法的变革，但必须考虑现行会计制度的规定，不能随意改变会计工作规则、方法和程序。这些方面的变革必须通过实践逐步进行，而且必须得到理论上和政策上的确认。例如，账务处理中按账户分类核算的方法及复式记账原理等，在电算化的账务处理中必须遵循。但是这种遵循不是照搬手工方式下的多人多环节进行分散处理、重复登记的办法，也没有必要完全模仿手工方式打印出全套三种账簿作为账务模块的输出。正确的指导思想是在遵循现行会计制度和要求的前提下，充分考虑到计算机进行数据处理的特点，在保证数据正确的情况下，应尽量减少环节，采用计算机集中处理事务的方式进行。

（一）对原手工账务处理数据流程的改进

根据上述要求，对手工账务处理数据流程做以下改进。

（1）确定子系统的边界。手工账务处理是从会计人员审核原始凭证，根据原始凭证或

原始凭证汇总填制记账凭证开始的。鉴于原始凭证种类繁多，要经过审核、整理归并，进行扼要说明，确定会计科目和记账方向，明确责任人等步骤后，才能填制记账凭证，所以采用人工处理比较适宜。但对于一些固定性质的经济业务，如转账、材料发放、销售等，也可采用人工输入数据，由计算机打印机制凭证的办法进行。因此，在大多数电算化核算系统中，把操作员将记账凭证输入计算机作为账务处理的起始点，并把手工方式下的收款凭证、付款凭证和转账凭证统一为单一格式的记账凭证，由计算机根据科目编码对不同业务进行分类筛选。由会计电算化的其他子系统（如材料、薪资、固定资产、成本核算等子系统）生成的机制转账凭证，也通过该起始点进入账务子系统。

（2）在输入单元后，设置了一个记账处理单元。为了确保输入数据的正确性，在记账凭证输入后，提供了一个修改和审核凭证的环境，由两个人分别进行输入修改和审核，确认输入无误后，才能进行记账处理，记账就是将日凭证库中的数据登入当月凭证库中，以形成会计档案。经过记账处理后，凭证数据不得再进行修改，对确实有误的，必须重新编制记账凭证进行冲销和更正，即修改必须留下痕迹，以便给审计人员留下线索，保证入账数据不得随意修改。

（3）电算化的记账过程，其含义与手工会计不同。它是一个数据处理过程，使审核过的凭证成为正式会计档案，从"日凭证库"转移到"月凭证库"中存放，而且对科目发生额进行汇总，更新"科目余额发生额库文件"。其类似于手工会计的记账，即记日记账、明细账和总结账的工作，只有在用户需要的时候，临时从"月凭证库"和"科目余额发生额库"中把有关科目的经济业务分离出来，进行汇总等处理，其格式和内容在计算机中也不是永久存放的，只是在需要查询或打印时，临时快速生成的。由于计算机运算速度快，用户感觉不到是临时处理的，这样也节约了计算机中硬盘的大量存储空间。

（4）合并手工会计中记明细账和定期汇总科目记总账两条流程线，改为由"日凭证库"通过记账将数据记入"月凭证库"，同时进行分类汇总的方式。这样把分类汇总工作分散在每日进行，一旦"记账"，可随时了解各科目截至当日的借贷发生额和余额，从而可以及时了解资金运动的最新分类信息，满足了财务管理的要求。

（5）账务处理电算化后，人工需要完成的仅有输入记账凭证这一项工作，其后的全部工作都由计算机取代。计算机根据输入的凭证自动进行日记账、明细账、总账和报表的编制输出，只要凭证输入正确，就能保证各类账表迅速正确地生成。

（6）扩充用户其他需求。按照集中处理的原则，尽量把复杂烦琐的手工操作用计算机来完成。例如，银行存款的核对工作，过去由人工进行银行存款对账单与银行存款日记账的核对，并编写银行存款余额调节表，有些单位由于银行存款业务量很大，占用了很多时间和精力。在电算化账务处理中，设置了银行存款余额表查询打印处理单元，由操作员将银行对账单输入计算机，计算机自动与银行存款日记账核对后，即可打印出银行存款余额调节表，处理迅速可靠，大大提高了工作效率。

（二）确定系统的逻辑模型

通过分析手工账务处理的问题及电算化账务处理的功能要求，提出账务处理子系统的逻辑模型，即建立电算化账务处理子系统的数据流程图。

电算化账务处理子系统是以一定数量或一段时间的记账凭证作为一次输入的内容，通过输入、校验、合法性检查，建立一个临时凭证文件，一般以当日凭证为单位归集，建立一个日凭证文件，再通过记账记入当月凭证库文件中，然后进行科目分类和登账，即将凭证中的借、贷方金额按科目编码进行分类登记。账务处理子系统根据用户需求随机进行科目汇总，将从属于相同科目的所有借方和贷方金额分别相加汇总，登记到它们的上一级科目，从最低一级明细科目开始逐级汇总到最高一级科目（一级科目）。各种会计账簿和报表中的大部分数据都来自各个科目的累计数据和汇总数据。例如，库存现金日记账数据取自库存现金科目的发生额，银行存款日记账数据则取自银行存款科目的发生额，各类明细账数据分别取自其科目的发生额，总账数据取自汇总到一级科目的发生额，报表数据则分别取自总账数据、明细账数据及其他部门提供的数据。

会计账簿和报表是会计账务处理的成果，所以各类账簿和报表的输出速度是电算化会计信息系统的一个重要性能指标。为了加快会计账簿和报表的查询和打印速度，可把科目的分类登记汇总分散到每日进行，即每日记账凭证输入并审核完毕，随时可进行记账工作，然后就可查询和打印当月截至记账日的各账户的发生额和余额数据，以及有关日记账、明细账和总账数据。对于历史数据，只要硬盘上存有某个月的月凭证库等数据，就可以迅速查询或打印该月的各类账簿和报表，使资料的积累和查询更为方便。

电算化账务处理子系统的数据流程如图 3-8 所示。

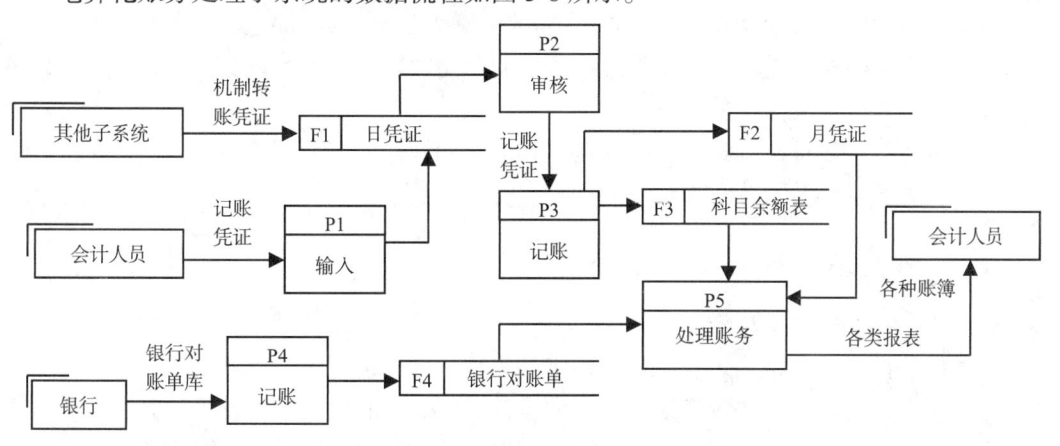

图 3-8 电算化账务处理子系统的数据流程

四、编写软件需求说明书

系统分析工作完成后，应对系统分析的结果整理成文，编写软件需求说明书、数据要求说明书和项目开发计划。对中、小型软件来说可合并写入软件需求说明书。

软件需求说明书是系统分析的产物，是用户和设计人员理解新系统的桥梁，是开发人员设计、编程和调试的依据，也是新系统的验收标准。其内容包括以下几点。

（1）引言。该内容包括系统名称、用户名称、开发单位名称、参考资料、专门术语解释等。

（2）任务概况。该内容包括系统开发目的、目标和背景、与其他子系统的关系及开发中的各种限制等。

（3）用户要求。该内容包括功能要求和性能要求。功能要求通过数据流程图和数据字典进行说明；性能要求应考虑合法性、可靠性、灵活性和易用性等。

（4）运行环境规定。该内容包括软件、硬件及操作场所等。

（5）开发进度。该内容包括开发阶段任务完成的时间和标志、人员及分工等。

任务三 系统设计

系统设计是根据系统分析确定的新系统模型而定的系统结构和具体的实施方案。它是电算化会计信息系统开发过程中最为关键的技术环节，要求技术人员在充分理解软件需求说明书的基础上，以此为依据，提出经济合理、结构良好的系统目标方案。系统设计分为总体设计和程序设计两大步骤。这里仅介绍总体设计。

一、任务

（1）根据系统分析确定的逻辑模型，设计系统的总体结构。按照结构化的设计方法，将系统层次结构划分成功能模块，确定系统结构图，并编写模块说明书。

（2）系统代码设计。对系统的各种信息统一分类编码，确定代码对象和代码方式。

（3）输入输出设计。考虑到用户的使用习惯和使用方式，设计输入、输出方式和格式。

（4）数据存储结构设计。根据系统中数据的存储内容、存储容量、存取方式及设计条件，设计数据库及文件的结构。

（5）处理过程设计。确定主要模块的处理流程和算法流程。

（6）选择系统设备。确定系统设备的配置方案等。

二、系统结构图设计

（一）结构化的设计方法

系统结构图设计就是确定系统的模块结构。它是开发过程中关键的一步，需要有一定的方法做指导，从而能够比较容易找出好的设计方法。一般采用结构化设计方法，即模块由顶向下逐步细化的设计思想。这种方法是根据数据流程图，把系统功能分解为若干个基本的具体模块。模块的划分是按层次进行的，即把系统看成是一个个模块，首先确定第一层模块，然后按功能逐步由上向下，由抽象到具体，逐层分解，得到第二层、第三层等，如此下去把系统分解为多层的模块结构。越下层的模块应越简单，最好做到一个模块只执行一种功能，即一种功能只用一个模块来实现。这样每个模块都具有较为清晰的数据界面、相对独立的处理功能和比较完善的处理过程，而且子模块之间组织起来构成整个系统。这种结构化的设计方法是系统设计的重要工具，它可以使复杂问题简单化，逻辑关系清楚，层次分明，便于实施和管理，在进行系统结构图设计时，应考虑以下几个问题。

（1）如何将系统划分为一个个模块。

（2）模块间传送什么数据。

（3）模块如何组织和调用。

（4）如何提高模块结构质量。

实现一个系统可能有许多方案，在设计阶段应尽量考虑多种可能的候选方案，并对各种方案的优缺点进行全面评价，然后从中选出一个最佳方案来。一个好的方案应能满足用户的需求，其功能、性能都符合指定要求，而且易于维护、诊断和修改，并应具备完整的文档资料。

（二）结构图常用的符号

（1）模块：用矩形框表示，框内写明模块的名称，其名称应适当反映该模块的功能。

（2）调用：从一个模块指向另一个模块的带箭头的线段，表示前一模块可调用后一模块。

（3）数据：调用指向线旁边的小箭头，表示调用时从一个模块传送给另一个模块的数据。

（三）结构图设计步骤

数据流程图表示的数据结构形式通常分为束状和线状两种。初始结构图由数据流程图导出。导出初始结构图，分别采用以事务为中心的分解法和以变换为中心的分解法进行。目前实际存在的数据流都是束状和线状两种类型的混合形式，所以两种分解方法也经常结合起来使用。例如，在电算化会计信息系统中，核算子系统的顶层采用以事务为中心的分解法，而其下一层的账务处理则采用以变换为中心的分解法。这就需要仔细分析数据流程图，了解各部分的结构特点，根据不同的类型选择合适的分解方法。结构图的绘制是一项细致的工作，不可能一次分解就把一切都安排好，需要反复进行自上而下的调整，当某层模块安排不当时，又要返回上层重新设计，经过多次修改，才能导出一个比较合理的系统初始结构图。

下面就两种不同的分解方法进行说明。

对于束状的数据流程图，采用以事务为中心的分解法，"由顶向下，逐步细化"地进行模块分解，确定它的事务中心及各种类型的事务处理逻辑，对每类事务分别建立相应的事务模块，然后找出每类事务的数据来源和处理结果。再对每类事务进行分解，建立从属于事务的下层模块，从而画出初始结构图。

对于线状的数据流程图，采用以变换为中心的分解方法来导出初始结构图，步骤如下。

1. 找出主处理、逻辑输入和逻辑输出

在数据流程图中，几股数据流的汇合处往往是数据的主处理。主处理前是逻辑输入，主处理后是逻辑输出。

2. 设计模块结构的"顶"和第一层

由顶向下设计的关键是找出"顶"在哪里，系统的主处理就确定了"顶"的位置，即树形结构中树干的位置。这样可设计一个输入模块，它的功能是向主模块提供数据；给每个逻辑输出设计一个输出模块，它的功能是将主模块提供的数据输出；为主处理设计一个变换模块，它的功能是将逻辑输入变为逻辑输出。

这样就得到结构图的顶层，主控模块控制并协调输入模块、变换模块和输出模块。主控模块是根据一些逻辑条件（分支和循环）来控制这些模块的。

3. 设计中、下层

这一步是由顶向下、逐步细化为每个模块设计它的下层。

输入模块的功能是向它的调用模块提供数据。该模块的功能主要有接受输入数据及变换所需数据两部分，所以可为每个输入模块设计两个下层模块。

同理，每个输出模块的功能主要有将其调用模块的数据输出和将数据变换为所需要的形式两部分，所以可为每个输出模块设计两个下层模块。

上述设计过程可以由顶向下进行，直到到达系统的输入端和输出端。调用模块与被调用模块之间传送的数据应同数据流程图相对应。每设计一个新模块都应给它起一个适当的名字，以反映这个模块的功能。

（四）对结构图进行修改

结构化设计方法提出了两条标准来衡量评价模块结构的质量，即模块间联系和模块内联系。

模块间联系是指模块之间的联系，用来直接衡量模块的独立性。模块之间联系越少，模块之间的独立性越高，每个模块就容易独立地被分解、编码、测试，排错和修改也比较方便。这样可以使复杂的研制工作得以简化，并可以使许多人分头并行设计不同模块，大大缩短了研制周期。此外，模块的相对独立性也可以防止错误在模块之间扩散蔓延，从而提高了系统的可靠性。

模块内联系是指一个模块内部各成分(语句和语句段)之间的联系，模块内联系越大，模块之间的相对独立性就越高。

结构化设计方法的目标是使模块间的联系最小，模块内的联系最大。事实上，模块间联系和模块内联系是同一事物的两个方面，程序中各组成部分之间是有联系的，如果将密切相关的成分分散在各个模块中，就会造成模块间联系变大；反之，如果将密切相关的成分组织在一个模块中，使模块内联系大了，模块之间的联系必然减少了。

对结构图的改进就是遵循这两条标准进行的，即减少模块间的联系或增加模块内的联系，通常采用下列技术。

（1）减少模块间联系。其中使用最多的方法是减少模块之间传送的参数。

（2）消除重复的功能。

（3）消除只传送参数而不执行其他功能的模块。

（4）如果一个模块过小，可考虑将其与调用模块合并。一般说来，模块的大小以一页左右（30~50行程序）为宜，便于阅读和理解。

（5）如果一个模块过大，可以从中抽出一些功能构成它的下层模块。

（6）尽可能研究整个结构图，而不是由几个设计人员分别考虑一张结构图的各个部分。

三、系统代码设计

在电算化会计信息系统中，代码设计是一项不可缺少的重要内容，它能帮助了解信息的需求，是进行系统分类、核对、总计及检查的关键。有时也通过设计代码来指定数据的处理方法，区别数据类型并指定计算机处理的范围和内容。编码工作不仅涉及会计科目，而且对一些单位名、人名、地名、物品名等都必须进行数字化、字符化和标准化处理，以便计算机处理识别。这对于方便记忆和存储、节约内存空间、加快运算速度、提高处理效率和精度、减少处理费用等是非常有意义的。

（一）编码原则

（1）单义性：所设计的代码必须与对象一一对应，即每个代码代表的数据项目必须具有唯一性。

（2）方便性：代码应符合逻辑性强、直观性好、方便使用的原则，尤其是要考虑使用者的方便。

（3）可扩展性：随着生产的发展和管理要求的提高，信息量必定增加，必须预先考虑代码的可扩展性。

（4）通用性、系统化：代码编制应尽量符合手工处理习惯，直观易读，一目了然，尽量做到系统化、规范化、标准化。

（5）适合计算机处理：代码应便于计算机识别和处理，并避免错误。例如，不使用易混淆的字母O、Z、I、S、V（与0、2、1、5、U相混淆）；不使用易错的代码结构，"字母—数字—字母"（如A2A）改为"字母—字母—数字"（如AA2）；当代码长于5个数字字符时，应分成小段。

（二）代码的种类

（1）顺序码：以连续的自然数表示编码对象。例如，用1代表教师，2代表学生，3代表职工等。由于这种代码定位简单，不能说明信息特征，仅用于其他编码方式的细分类码。

（2）区间码：按特性将代码对象分区间，各区间按顺序号编码，区间的位置和数字都代表一定的意义，如邮政编码、身份证编码、会计科目编码、图书分类码等。

（3）助记码：把代码对象名称或符号作为代码的一部分，用文字、数字及其组合来描述，可通过联想帮助记忆，如TV—C—29表示29寸彩电。

（4）缩写码：将习惯使用的缩写作为代码，如CM表示厘米、BJ表示北京。

（5）尾数码：代码末尾的数字具有一定意义，如05301表示530毫米，05302表示530厘米。

（三）代码结构中的校验位

代码的正确性影响数据处理的质量，特别是在重复转抄和通过键盘输入计算机时，容易发生抄写错误（如把1写成7、3写成8等）、移位错误（如把1254写成1524等）和随机错误。为了保证输入正确，有意在代码末位加一个校验位，作为代码的组成部分。校验位通过事先规定的数学计算方法计算出来，代码一旦输入，计算机就会用同样的运算方法，按输入代码数字计算出校验位，并将它与输入的校验位进行比较，以证实输入是否有错误。确定校验位的方法如下。

（1）算术级数法。

原代码： 1 2 3 4 5

各乘以权： 6 5 4 3 2

乘积之和：6+10+12+12+10=50

求校验位：用 11 去除乘积之和，余数为校验位。50÷11=4……6

确定代码：123456

（2）几何级数法。

原代码： 1 2 3 4 5

各乘以权：32 16 8 4 2

乘积之和：32+32+24+16+10=114

求校验码：用 11 去除乘积之和，余数为校验位。114÷11=10……4

确定代码：123454

（3）质数法。

原代码： 1 2 3 4 5

各乘以权：17 13 7 5 3

乘积之和：17+26+21+20+15=99

求校验位：用 11 去除乘积之和，余数为校验位。99÷11=9……0

确定代码：123450

（四）代码设计步骤

（1）明确代码目的。

（2）决定代码对象。对全部信息逐项进行研究，决定哪些项目需要代码化，如职工号、部门号、账户号、会计科目、材料号等，对已代码化的对象要整理代码调查书，以便查找并重新研究。

（3）确定已使用的代码对象。

（4）决定代码使用范围和期限。

（5）分析代码对象的特性，包括使用频率、变更周期、追加删除情况、输出要求等。

（6）确定编码方式及是否采用校验位等。

对每种代码编写代码设计书，并汇总编写代码本，规定代码管理制度，以便于代码的维护使用。

（五）代码设计举例——会计科目及编码

会计科目是对会计对象的具体内容进行分类核算的项目，会计科目是以客观存在的会计对象的具体内容为基础，根据经济管理的需要而设置的。每个单位会计科目的设置与本单位的经济业务活动和管理的范围有关。会计科目按提供核算指标详细程度分为总分类科目和明细科目两种。

总分类科目又称为总账科目或一级科目，是对会计对象的具体内容进行总括分类的科目。明细科目是对总分类科目进行明细分类的科目，其反映的经济内容和指标比较详细具体。另外，根据需要也可设置多级明细科目，如二级、三级、四级科目等，级数越多的科目提供的指标越详细。

由于人工核算的限制，不可能将明细科目划分得很细，即明细科目不可能划分很多级数，同一级中也不能设置过多的科目。实行电算化后，分类、汇总等工作由计算机进行，这样就有可能根据核算和管理的需要，对一级科目下的各明细科目进行更详细地划分，以求得更加精确的分类数据。

为了能够反映出会计科目的逻辑关系，便于计算机分类、合并、检索、处理，采用按位分组编码，一般根据核算所需设置的级数和每级下的科目数确定位数。假定会计科目分为三级，而且二级科目和三级科目中的科目数不超过99个，可采用8位数字编码。其中，第1~4位为一级科目编码，财政部对此已做了统一规定，编码首位数为"1"的是资产类科目，编码首位数为"2"的是负债类科目，编码首位数为"3"的是所有者权益类科目，编码首位数为"4"的是成本类科目，编码首位数为"5"的是损益类科目，这一规定给借贷运算处理带来了方便。第5~6位为二级科目编码，第7~8位为三级科目编码。如果二、三级科目数超过99个，则可采用3位数。另外，还可根据需要增加1位作为校验位。如果部门和行业对明细科目编码有统一要求，则按要求进行编码。一般可按本单位经济业务的具体要求进行编码。

例如，用4105表示一级科目——"制造费用"，410501表示二级科目——"制造费用——L车间"，41050101表示三级科目"制造费用——L车间——原材料"等。

有了科目编码，在输入记账凭证时，可只输入科目编码，而不输入科目名称。但为了便于校验、查询和打印报表，有时必须显示或打印对应的会计科目名称，需要建立一个会计科目字典库，其结构如表3-7所示。

表3-7 会计科目字典库的结构

序 号	字段名称	类 型	宽 度
1	KMBH（科目编号）	C	7
2	KMMC（科目名称）	C	30
3	SFMJ（是否末级科目）	L	1

这样根据科目编号，就能查出对应的会计科目名称和该科目是否有下属科目。若科目是末级科目，则没有下属科目；否则，有下属科目。

例如，1001是一级科目——"现金"，它没有下属科目，则数据项SFMJ的值为.T.；100201为二级科目——"银行结算户存款"，它没有下属科目，则SFMJ的值为.T.；410501为二级科目，因其有下属的三级科目，则SFMJ的值为.F.；41050101为三级科目，没有下属科目，则SFMJ的值为.T.。

为了使会计科目代码有可控制性和灵活性，很多软件使用科目代码的级数和每级的位数可由用户自己定义。在总长度（位数）一定的前提下，前四位为一级科目，编码不能改变，用户可按自己的需要，自行灵活地定义会计科目划分的级数及每级的位数，使账务系统的通用性大大提高。

四、输入设计

（一）输入设计的任务

输入数据的正确性和及时性，决定了输出信息的可靠程度。输入设计主要是为了满足输出要求，并保证输入准确和操作方便。

（1）内容。内容包括输入信息的名称、功能、输入周期、输入媒体、收集方式、原始信息、数据项名、位数、使用文字等。

（2）输入格式设计。输入格式设计包括屏幕显示格式和磁盘存储格式的设计。

（3）输入数据校验。输入数据校验包括静态校验，即人工复核；动态校验，即通过计算机程序进行校验，通过数字、界限、逻辑、平衡、字符等校验程序进行代码和数值的校验。

（二）输入设计举例——记账凭证输入设计

记账凭证的数据输入一般采用键盘—显示屏的人机对话方式，操作人员通过键盘输入数据，并通过显示屏观察输入数据是否正确。实践表明，系统的许多错误都是由于输入操作疏忽造成的。保证原始数据输入正确，关系到账务核算的准确程度和完整程度。因此，记账凭证的输入至关重要，为此应做好输入格式的设计和输入数据的校验工作。

1. 记账凭证的格式设计

格式设计一方面要考虑到便于会计人员填写，照顾到会计人员的现有习惯和填写方便；另一方面要便于操作人员迅速准确地输入计算机。设计时应注意以下问题。

（1）尽量减少凭证种类。把原来手工方式下的三种凭证合为统一的记账凭证，用于记录所有的经济业务，由计算机按其科目编码进行筛选分类。

（2）记账凭证输入时，在计算机显示屏上显示记账凭证的格式画面与会计人员填写的书面记账凭证格式完全一致，这会给数据输入和校验带来极大方便。

（3）尽量减少填写项目。例如，年月日及凭证号由系统自动产生，摘要栏汉字采用词组、联想等方式输入。采用回显技术，在某记账凭证输入时将前一凭证数据回显在屏幕上，让操作人员修改，如果数据相同则按 Enter 键跳过，在一借多贷或一贷多借的情况下，可大大减少摘要栏汉字的输入，加快输入速度。

记账凭证的格式如表 3-8 所示。

表 3-8 记账凭证

年　月　日　　　　　　　　　　　　　　　　　　　　第　号

摘要			附原始单据　张	
会计科目	银行凭证号	借方金额	贷方金额	
	合计			

制单：　　　　　审核：　　　　　出纳：　　　　　记账：

2. 输入数据的复核

（1）多种方法复核校验。

账务处理中有大量的记账凭证数据输入，正确的输入是正确输出的前提，输入数据的正确性是十分重要的。在输入子系统中，设置了与书面记账凭证完全相同的屏幕格式，提示用户进行操作，以免输错或遗漏。另外，为了保证数据的正确性，在输入后对数据进行三次校验。首先，在屏幕上提示操作人员"请核对输入数据"，让用户进行目测检查；其次，系统自动进行科目编码核对，显示"编码是否有错"信息，提示用户"是否要修改"；最后，对每笔凭证进行借贷平衡校验，在最后一张凭证输入完后，对本次输入的全部凭证的借贷方金额分别进行汇总，检查借贷双方是否平衡，以确定能否登账。系统还设置了审核当日全部凭证模块，对当日全部凭证的主要数据，如科目编码、金额等进行二次复核，以避免差错。审核时对每张记账凭证逐项检查，如有错误则进入查询修改子模块，修改后再检查，直到当日全部凭证复核正确为止。记账凭证经审核人签名才能进行记账，否则拒绝记账。

（2）科目编码合法性检查。

每个会计科目的编码都有一定的规定和范围，系统设置了"会计科目字典库"，存放了全部会计科目的编码、名称和是否为明细科目的数据。当输入一张记账凭证时，只要输入科目编码，系统会自动去"会计科目字典库"查询，看库中是否有这个科目，并把科目编码、名称等信息显示在屏幕上，以便核对。

另外，每笔业务只允许在明细科目发生，即如果某个一级科目下有二级科目，二级科目下又有三级科目，则只允许在三级科目上有发生额。当凭证输入时，系统利用"会计科目字典库"中"是否末级科目"的数据项的值进行校验。如末级科目为.T.，则可接收数据，否则要求重新输入科目编码。在维护模块中，设置了"会计科目字典查询修改"子模块，可根据会计核算和管理的需要，进行会计科目的增加和删除。

（三）输入记账凭证的档案管理

为了便于记账凭证数据的查询，在账务处理中设有记账凭证的档案管理模块，档案库文件可常驻在系统中，凭证数据备份在软盘上保存。档案数据包括月凭证库文件名、存放的软盘片号和当月生成凭证的数量。在查询凭证时，只要先查档案文件，即可查到软盘片号，进一步便可查到凭证数据。

当进入月凭证库备份时，系统自动提示插入软盘片号；当要查询某年某月凭证数据时，只要输入年份、月份，系统即会提示插入软盘片号，以便查询所需的凭证数据。

为了减少数据存储的冗余，账务处理子系统中仅在软盘上保留和备份月凭证库的数据。但是最好在当日凭证库全部进入月凭证库后，立即备份月凭证库的数据。这样，当硬盘上的数据因故被破坏或认为数据有误时，均可利用该月凭证备份库迅速恢复。这样只需要保存当月的记账凭证，就能得到当月账簿的全部数据，便于对当月之前各月份的账簿进行查询。

（四）输入设计应注意的问题

（1）全屏幕编辑。将光标移到凭证的任何行次和栏目，即可进行数据录入和修改。但日期和凭证号由系统自动填写，不得修改。

（2）科目联机查询选择。以多种方式提示用户，将会计科目编码及名称信息随机调出显示在屏幕上，供用户查询。

（3）摘要复制。邻近两条分录的摘要往往是相同或相似的，利用回显及复制摘要，可大大减少汉字摘要的输入量。

（4）银行结算类型和号码填写。为了便于银行对账，凡分录中涉及银行存款的业务，系统自动提示用户录入银行结算类型和号码。

（5）即编即打。输入或显示一张凭证的同时，即可打印该张凭证，而不需要退出后再打印。

（6）辅助计算器功能。凭证输入时，可随机调出一个内部模拟的计算器，帮助用户计算或复核，并可将结果送回指定栏目。

五、输出设计

输出设计即按用户要求的形式将报表、图形、画面等输出给用户使用。

1. 要求

（1）输出时提供最有效的数据，减少冗余。

（2）符合使用者习惯的输出格式，直观、易读。

（3）尽量减少使用者等待的时间，提高运行效率。

（4）能满足系统扩展和内容增减的需要。

2. 设计内容

输出设计的内容包括输出的名称、功能、周期、期限、记录媒体、方式、文字、校验、组成信息的数据项名称和位数，是否保密，以及使用后的处理、保存、销毁等。

3. 设计步骤

（1）确定输出要求，包括必须输出的报表、每种报表中必须的数据项、报表的份数及产生周期等。

（2）选择输出方式、输出媒体和输出设备，如屏幕显示、打印输出和图形输出等。

（3）设计输出报表格式，满足管理的要求。

4. 输出形式

各种账簿和报表是账务处理子系统的输出结果。输出形式必须满足管理的需求，而且力求做到及时准确，一般包括屏幕显示、打印输出、磁盘存储或通过网络传输等形式。

在电算化账务处理中，日记账、明细账和总账的原始数据都来自记账凭证，是同一数据经多次调用处理后以不同的要求显示的结果。因此，日记账、明细账和总账之间的核对已失去了意义。多种账簿的设置只是为了满足现行会计制度分类核算的要求，是否一定需要打印出书面的全套账簿，应按照管理的需要来决定。

对于日记账，由于出纳工作的需要，不仅要设置，而且可按手工核算的银行存款及库存现金日记账形式进行每日打印输出。由于每月全部打印输出量很大，打印出的书面账簿又不便于迅速查询，而明细账用来记载明细分类数据，主要用于查询，所以全部打印成书面账簿的必要性不大。但当前审计人员中懂计算机的人员比较少，而且尚未形成电算化审计管理办法，审计要求凭证、账簿和报表都要以书面形式给出，所以在输出设计时，对明细账的屏幕显示查询和打印两种功能同时给出，一般尽可能采用查询方式，必要时也可进行打印。对于总账也可依照明细账的办法进行设计，但由于系统提供每日或定期打印"科目试算表"的功能，则月底打印的"科目试算表"即可代替总账。因此，总账账簿一般也不必打印。

报表的输出形式既可以在屏幕上显示查询，也可以打印成书面文件保存并上报，还可以存储在磁盘上并上报。为了加快信息交流，可以与上级主管部门建立传输网络，将报表内容传输给主管部门。

5. 输出格式

账簿和报表的输出格式应尽可能按照用户管理的需求和上级主管部门的标准来进行设计。一般打印的书面账簿报表应尽可能依照手工处理格式，以便会计人员使用。应用颜色变化、"窗口"技术等在屏幕中显示账簿和报表，既可照顾到现有会计人员的习惯，又力求做到直观醒目。另外，进入查询和打印子模块后，应提示用户并显示当前已记账的凭证日期，便于用户正确选择日期范围。为了用户查询和系统迅速响应，对输出信息的查询应采用多种方式进行，例如，对凭证和各种账簿可提供按日期、凭证号、借贷方科目、金额等多类方式查询。

六、数据存储结构设计

目前，电算化会计信息系统的数据存储都采用数据库的存储方式，便于各子系统和功能模块实现数据共享。库文件设计应按照数据流程图和数据字典的要求及选用的计算机所能提供的数据库管理系统模式进行。对系统内每个库文件都必须明确以下内容：文件名称、类别、编制方法、记录类型、记录个数、每条记录的字符数、更新周期、更新办法、文件的数据项名、类型、长度、使用文字，以及每个文件的存储容量等。

电算化会计信息系统中的账、证、表数据必须存放在计算机的外存储器中，为了有效地进行存放及调用，必须对存入数据的库文件的结构和组织方式进行设计。系统中的主要文件有：会计科目字典库文件、日凭证库文件、月凭证库文件、科目余额发生额库文件、企业对账单库文件、银行对账单库文件。

以上六种文件是账务处理子系统的主文件。系统除主文件外，还有密码文件、日志文件及其他临时中间文件，这些文件称为辅助文件，其结构不再介绍。下面仅介绍几种主要文件。

1. 日凭证库文件

日凭证库文件用来存放已输入但未记账的所有凭证。同时，它也是账务处理子系统与其他子系统的接口文件，有关业务子系统自动编制的机制凭证可直接传输到该文件。日凭证库中的数据是非正式会计文档，可以对其进行修改。但经过审核和记账后，凭证数据就从"日凭证库"转移到"月凭证库"中存放，"日凭证库"中的凭证数据就被删除。正式数据和永久档案的分开存放，对数据管理、数据操作、安全控制和数据资源的共享非常有益。

为产生明细账、日记账并满足银行对账，日凭证库应包括以下字段：凭证号、日期、附件张数、摘要、科目代码、借方金额、贷方金额、银行凭证类型号码、制单人、审核人等。手工方式下的凭证在电算化后，用库文件的一组记录存储，这组记录的个数就是凭证上借贷方分录最多的行数。对于一借一贷的分录，至少需要两条记录存放，而对于一借多贷或一贷多借的分录则需要多条记录存放。在每条记录中，凭证号、日期、附件张数、摘要、制单人、审核人等字段的内容是相同的，只有科目代码、借方金额、贷方余额、银行凭证号码等字段是不同的。如果把所有字段存放在一个库文件中，对于一张凭证中有多条记录的多个字段存储（如日期、附件数、摘要等），则浪费了大量存储空间。

现采用双文件设计，把记录中的重复字段存放在一个库文件中，称为日凭证项目文件；把借贷业务内容字段存放在另一个库文件中，称为日凭证内容文件。两个文件均具有"凭证号"字段，并通过该字段进行关联，对两个库文件的相关记录进行操作，其库文件结构分别如表 3-9 和表 3-10 所示。

表 3-9　日凭证项目文件结构

序 号	字段名称	类 型	宽 度
1	PZH（凭证号）	C	6
2	RQ（日期）	D	8
3	FJS（附件数）	N	3
4	ZY（摘要）	C	30
5	ZD（制单人）	C	8
6	SR（输入人）	C	8
7	SH（审核人）	C	8

表 3-10　日凭证内容文件结构

序 号	字段名称	类 型	宽 度
1	PZH（凭证号）	C	6
2	KMDM（科目代码）	C	8
3	JFJE（借方金额）	N	12, 2
4	DFJE（贷方金额）	N	12, 2
5	YHPZH（银行凭证类型号）	C	10

2. 月凭证库文件

月凭证库用来存放已经记账的所有凭证，属正式会计文档，不能进行直接修改。它由记账程序进行更新，用于产生日记账、明细账、总账和报表。

月凭证库结构与日凭证库结构完全相同，月凭证库文件名后四位用年和月份表示，如 1999 年 5 月的月凭证项目库用文件名"PZXM9905"表示，而该月的月凭证内容库用文件名"PZNR9905"表示。这样不仅容易区分日凭证库和月凭证库，而且便于对月凭证库进行检索。

月凭证库文件的组织方式除按"凭证号"建立索引，便于关联外，还需按"科目代码"建立索引文件，因为明细账、日记账均是对其一级科目发生的所有经济业务的集合，当需要产生明细账或日记账时，只有检索按照"科目代码"为关键字的索引文件，才能迅速定位并提取同一科目的所有业务，生成明细账或日记账。

3. 科目余额发生额库文件

一个科目反映一类经济业务，科目的期初余额、本期发生额、期末余额、本年累计发生额是对该类业务的汇总性描述。在编制会计报表或进行企业经营管理、财务分析等工作中，往往需要查询每个科目的余额及发生额汇总数。它们在账务处理中有着特殊的意义和重要作用。将所有科目余额和发生额数据存放在"科目余额发生额库文件"中，主要提供某个时点的科目余额数据。每次进行"记账"操作，该库中的数据就会被更新，保留着截至记账当日的科目余额发生额的最新数据。库中不仅有一级科目余额（相当于手工会计的总账），而且包括所有科目（二级、三级）的余额。在初始设置时，需要将各个明细科目的期初余额输入到该库文件中，系统启用后，各科目发生额根据记账凭证自动产生，并自动计算科目余额。

期末余额=期初借方余额 − 期初贷方余额+借方发生额 − 贷方发生额

如结果大于零，则期末余额为借方；反之则为贷方。

科目余额发生额库文件结构如表 3-11 所示。

表 3-11　科目余额发生额库文件结构

序　号	字段名称	类　型	宽　度
1	KMDM（科目代码）	C	7
2	KMSX（科目属性）	C	2
3	QCJFYE（期初借方余额）	N	12, 2
4	QCDFYE（期初贷方余额）	N	12, 2
5	JFFSE（借方发生额）	N	12, 2
6	DFFSE（贷方发生额）	N	12, 2

每月设置一个库文件，文件名的后四位用年、月份表示。为操作方便，要建立以科目代码为关键字的索引文件。

4. 企业对账单库文件

企业对账单库文件是专为银行对账设置的，用于存放没有对上账的银行业务。在记账时，凭证中有关银行业务同时在月凭证库和企业对账单库中登记。在月凭证库中登记的银行业务用于产生银行日记账，需要永久保留。在企业对账单库中登记的银行业务是新发生的未达账项，一旦与银行对账单的业务对上账，就可以删除。该库文件按月设置，月末结账后，将未达账项转入下月库文件。其库文件结构如表 3-12 所示。

表 3-12　企业对账单库文件结构

序　号	字段名称	类　型	宽　度
1	KMDM（科目代码）	C	7
2	RQ（日期）	D	8
3	PZLX（凭证类型）	C	4
4	PZH（凭证号）	C	6

续表

序 号	字段名称	类 型	宽 度
5	ZY（摘要）	C	30
6	YHPZH（银行凭证类型号码）	C	10
7	JHD（借或贷）	C	2
8	JE（金额）	N	12，2
9	YDBZ（已达标志）	L	1

5．银行对账单库文件

该文件也是专为银行对账设计的，用于存放银行送达企业的银行对账单，其内容一般由人工输入，也有通过软盘传送的。在银行对账后，对上账的已达账项必须定期删除。其库文件结构如表3-13所示。

表3-13　银行对账单库文件结构

序 号	字段名称	类 型	宽 度
1	KMDM（科目代码）	C	7
2	RQ（日期）	D	8
3	ZY（摘要）	C	10
4	ZPJSDJH（支票号／结算单据号）	C	10
5	SHF（收／付）	C	2
6	JE（金额）	N	12，2
7	YDBZ（已达标志）	L	1

七、电算化会计信息系统的主要处理过程设计

（一）记账

记账是账务处理子系统最关键的处理功能。它使得存放在"日凭证库"中的非正式会计档案——记账凭证，成为存储于"月凭证库"中的正式会计档案。记账后的凭证是产生各类账簿和报表的唯一的数据来源。

记账是一种成批数据的处理过程，可以一天记一次账、一天记多次账，或者多天记一次账。其处理过程如下。

（1）保护记账前的数据，以便记账失败时恢复到记账前的状态。

（2）选取"日凭证库"中已审核的凭证记录，存入"月凭证库"。

（3）根据凭证记录中的科目代码，更新"科目余额发生额库文件"中相应的科目发生额，并将其汇总至上级科目。

（4）如果取出的记录属于"银行存款"科目，则将该业务记入"企业对账单库文件"。

（5）从"日凭证库"中删除该记录。

（6）选取"日凭证库"中下一个已审核记录，转入第二步。如果没有，则记账结束。

记账过程是根据"日凭证库"中的已审核凭证逐个进行记录的，需要一定的计算处理

时间，如果在记账过程中出现断电或人为中断，会导致转移到"月凭证库"中的凭证不完整，造成记账失败。为防止此情况发生，可以安装不间断电源，或者在记账前自动做一次强制备份，将记账前的数据备份到硬盘上，如果记账不成功，可由计算机自动恢复到记账前的状态，然后重新再记账。

（二）结账

结账实际上是计算和结转各科目的本期发生额和余额，并终止本期的账务处理工作。结账分为月结和年结：月结是指终止当月业务处理并对下月账簿进行初始化，所以每月只能结账一次；年结即 12 月底的结账，是终止当年的业务处理并对下年账簿进行初始化，如产生下年各数据库文件结构，并结转年初余额等。结账处理的步骤如下。

（1）保护结转前的数据，以便结账中断时系统自动根据结账前数据恢复到结账前的状态。

（2）结账前检查：①检查本月凭证是否全部入账，有未记账的凭证不能结账；②检查上月是否结账，上月未结账，则本月不能结账；③核对总账与明细账，如果不一致，则本月不能结账；④损益类账目未全部结转完毕，则本月不能结账。

（3）通过检查后进行结账处理：①月结账，做月结标志；②年结账，做年结标志。产生下年度数据库文件结构，结转年度余额。

在手工方式下，必须结完上月的账才能记下月的账。在电算化条件下，也遵循此要求，但是允许在上月未结账的情况下输入下个月的凭证，但不得记账，当然也不能结下个月的账。另外，如果是年中初次使用系统，还必须把年内以前各月份的空账进行结账处理后，才能进行本月的结账处理。

（三）银行对账

企业单位都有一定的银行存款收付业务，由于企业与银行记账时间不一致，往往会造成未达账项。为了准确掌握银行存款的实际余额，企业必须定期将银行存款日记账与银行出具的对账单进行核对，并编制银行存款余额调节表，这是货币资金管理的主要内容。其处理的步骤如下。

（1）输入银行对账单。将银行对账单的数据输入计算机，存入"银行对账单库文件"，也可以通过软盘或计算机网络传输数据。

（2）初始化日记账。将此前存在的"银有我无"业务，从银行存款余额调节表上摘录下来，存入"银行对账单文件"；将"我有银无"业务，存入"企业对账单文件"。

（3）自动对账。由计算机按照"结算方式+方向+结算号+金额"相同的匹配标准，进行自动核对、勾销。

（4）手工核销。下列情况下，仅第一种情况计算机能自动核销，后三种情况必须由人工帮助挑选相应业务，用强制方式核销。

①"银行对账单文件"中的一条业务记录，与"企业对账单文件"中的一条业务记录相同。

②"银行对账单文件"中的一条业务记录，与"企业对账单文件"中的多条业务记录相同。

③"银行对账单文件"中的多条业务记录，与"企业对账单文件"中的一条业务记录相同。

④"银行对账单文件"中的多条业务记录，与"企业对账单文件"中的多条业务记录相同。

（5）输出余额调节表。对账完成后，计算机自动汇总未达账和已达账，生成银行存款余额调节表。

（四）自动转账

在会计业务中，存在着一类凭证（多为转账类凭证），它们每月有规律地重复出现。一般情况下，它们的摘要、借贷方科目固定不变，金额的来源或计算方法也基本不变，可把此类凭证的摘要、借贷方科目、金额的计算方法作为"自动转账分录"存入计算机的"自动转账分录库文件"。

每月调出自动转账分录，根据预先定义的金额计算方法由计算机自动填制金额，产生"机制转账凭证"，并进行自动转账。这样，不必每月重复输入此类凭证，减少了输入工作量。

自动转账分录可分为两类。第一类分录的金额大小与本月发生的任何经济业务无关，称为独立自动分录，例如，每月提取折旧费和预提修理费等，此类分录可在每月的任何时候用于编制机制凭证，产生机制凭证的金额也是不变的，但每月只允许使用一次，产生一张机制凭证，进行一次转账业务。第二类分录的金额大小与本月发生的业务有关，称为相关自动分录，例如，每月缴纳营业税和月底结转企业管理费，缴纳营业税的多少与当月的销售收入有关，结转企业管理费与当月发生的费用有关。此类分录必须在相关业务发生后才能编制机制凭证，一般放在月末编制，此时所有自动分录之间也具有相关性，某一相关自动分录产生的机制凭证，会影响另一相关自动分录产生的凭证金额，因而就需要对相关自动分录按顺序排列，形成相关链，按相关链的次序逐一编制机制凭证。

1. 自动转账分录

自动转账分录就是在"自动转账分录库文件"中存放分录，包括增加分录、修改分录、删除分录和查询打印分录等。"自动转账分录库文件"的结构如表3-14所示。

表3-14 自动转账分录库文件结构

序 号	字段名称	类 型	宽 度
1	FLH（分录号）	C	4
2	ZY（摘要）	C	30
3	JHD（借或贷）	C	2
4	KMDM（科目代码）	C	7
5	JEJSGS（金额计算公式）	C	30
6	SYRQ（最后一次使用日期）	D	8
7	XGBZ（相关性标志）	C	4
8	XGLXH（相关链序号）	N	3

金额计算公式用来描述金额计算方法，在产生机制凭证时，计算机根据此公式计算出金额，存入机制凭证金额栏。设计金额计算公式是自动转账的关键，公式设计得好，自动转账应用的范围就大，几乎所有的结账业务，甚至简单的成本计算都可用自动转账来实现。

2. 机制转账凭证的编制和自动结转

机制转账凭证是根据"自动转账分录"来编制的。独立自动分录直接用于编制转账凭证，可在凭证输入模块下设一个子模块，完成机制转账凭证，并输入"日凭证库"。相关自动分录要分次分批编制机制凭证，将所有的机制凭证经记账处理后，完成结转。

自动转账机制凭证可单独编号，收付款凭证等序列号，也可与转账类凭证一同编号。机制凭证是否需要审核入账，关键在于自动分录定义是否正确，只要审核自动转账分录的定义正确无误，机制转账凭证记账前可不进行审核。

3. 自动转账的扩大应用

自动转账是会计电算化出现的新概念，国外已广泛应用。自动转账系统设计得好，可使每月转账凭证的输入降低到最少。

（1）结转工作的重要任务是编制结账凭证，通常结账凭证均可定义为自动分录，可用自动转账来取代每月月底编制结账凭证的做法，提高结账效率。

（2）成本计算实际上是费用的归集和分配。如果把科目设定到成本项目，成本计算就变成把费用归集到有关科目的处理。对于产品比较单一稳定的企业，可定义一系列费用分配分录，使用自动转账的方法进行成本计算。

（3）在电算化会计信息系统中，账务处理子系统之外的其他子系统，每月都要通过凭证向账务处理子系统传递数据，这些凭证都可以设计成自动分录，通过自动转账来实现。

自动转账的使用极大提高了账务处理系统的使用效率，随着会计电算化应用的深入，它将会得到越来越广泛的应用。

八、编写模块说明书

模块说明书是程序员编写程序的依据，对每个模块都应简单、明了、准确地表达该模块的处理要求及内容。说明书内容如下。

（1）模块说明：说明系统名称、子系统名称及模块名称、使用计算机及语言等。

（2）模块接口：模块调用关系，即说明调用模块名称和被调用模块名称；输入、输出数据关系，即输入文件名、输出文件名或其他数据的数据项；内存变量命名及使用说明等。

（3）处理概要说明：说明处理功能、过程和方法等。

九、编写系统设计报告

系统设计报告是系统的实施方案，是面向系统管理人员的技术手册，也是程序设计的依据，其内容是系统的物理模型，包括以下几个方面。

（1）引言：说明项目名称、编写目的、读者范围、设计方法及参考资料等。

（2）模型结构：用系统结构图或其他图表说明系统的总体结构及每个模块的功能、接口及控制关系说明等。

（3）代码设计、输入设计、输出设计、数据库结构设计及处理过程设计等。

（4）系统实施的具体计划：设备购置、安装调试，程序设计、调试初试运行、用户培训、组织机构调整、人员安排及进度计划，实施阶段费用概算等。

任务四　程序设计

"程序设计"又称为"编码"，是将系统设计得到的结果，如系统模块结构图、IPO 图、模块说明书、流程图等转换为程序设计语言，写出可在计算机上编译并执行的源代码。

相对于需求分析和系统设计，编码工作容易一些，普通的程序员即可胜任。需求分析和系统设计已为程序设计工作打下良好的基础，如计算机的处理过程设计，在分析每个模块输入、处理、输出功能的基础上，用 IPO 图等简明易懂的形式表达了程序的处理过程。编程无非是把处理过程设计的结果用选定的程序设计语言进行替换。程序设计的具体内容读者应在程序设计语言课程中学习过，这里仅仅就程序设计中应注意的几个问题进行讨论。

一、程序设计的基本要求

程序设计应达到两项基本要求，即正确性和可读性。正确性是指程序的语法正确和逻辑功能正确，这是对软件质量的最基本的要求，只有程序正确无误，才能保证软件完成指定的逻辑功能。可读性反映了程序被人读懂、被人理解的程度，可读性好的程序易于理解，易于测试、纠错和维护。提高可读性的关键在于程序要"简单""清晰"，可采用结构化的程序设计技术和良好的编码风格来实现。

二、提高程序可读性通常采取的措施

1. 采用结构化程序设计方法

程序由顺序、选择和循环三种基本结构组成，其只有一个入口和一个出口，结构内没有死循环，也没有执行不到的语句。

2. 对标识要合理命名

对变量名、标号、子程序名、过程名、文件名等的命名要"见名知义"，如采用汉语拼音字符字头缩写。

3. 在源程序中加入注释内容

在程序首部加序言性注释，主要描述模块功能、接口、有关数据的说明、开发历史等；源程序内部加功能性注释，用于描述处理功能或说明数据的状态，要注意注释与程序一致，当程序修改时，需要相应修改注释；注释应提供难以从语句中得到的信息，而不是对语句的重复性说明。

4. 用简单、清晰的方式实现功能

每个语句占一行，每行内不要书写多个语句；避免使用否定的逻辑条件，如 IF〔NOT（A>B）〕改为 IF（A<=B）；避免大量使用循环嵌套和条件嵌套，利用括号清晰直观表达逻

辑表达式或算术表达式的执行次序,如 IF〔(A>B)AND(A>C))OR〔(A<B)AND(A<C)〕。

5. 用层次反映程序的结构

程序段与程序段之间加空行；向右缩格，以锯齿形反映程序段内语句的层次关系，同一层次语句对齐。

三、当前编程主要采用的开发工具及特点

当前 Windows 应用程序所采用的开发工具主要是 Visual Studio 6.0，它是软件界霸主美国微软公司在 1998 年推出的一个可视化开发工具组件，其中包括 Visual C++6.0、Visual Basic 6.0、Visual Foxpro 6.0 等。他们具有"面向对象""可视化"等特点，给编程人员提供方便实用的"傻瓜"式开发环境，编程人员不需要输入程序代码，只要通过鼠标再结合系统提供的图形"控件"，即可根据需要组合完成自己的应用程序，从而提高了开发 Windows 应用程序的效率和速度。

该开发工具除具有面向对象的基本特征外，还具有以下特点。

（1）采用事件驱动编程机制，是一种方便易学、可视化的设计工具。

（2）充分利用 Windows 的图形功能完备、界面美观的特点，使开发人员能快速地构建功能强大的应用系统。

（3）用一种非常巧妙的方法，将 Windows 的编程难度封装起来。

（4）提供了 ADO 数据控件、数据环境设计器、集成的数据库工具、数据报表设计器、数据窗体向导等，可轻松实现对各类数据库的访问和操作。

（5）提供了更多的图形"控件"，支持 Active X 控件和用户自己开发的控件。

本项目小结

本章以账务处理子系统为例，对电算化会计信息系统的分析及设计流程进行了详细的说明。对于程序设计、程序测试、系统调试、系统运行及维护，读者应在其他程序设计课程中学过，并没有太大的特殊性，本章不再赘述。本章主要是让读者掌握电算化会计软件的系统分析和系统设计的基本方法。系统分析是建立系统的逻辑模型，解决"做什么"的问题，而系统设计是建立系统的物理模型，解决"怎样做"的问题。

任何一个系统的开发首先要进行可行性论证，要从技术、经济、组织等方面进行论证，在确认该系统的开发切实可行的基础上，才能进入系统分析阶段；系统分析又称为需求分析，首先要对现行系统的组织结构、业务流程和信息流进行详细调查，在此基础上采用数据流程图描述系统的数据流、数据处理和数据存储，用数据字典来描述系统的数据结构，以此得到现行系统的逻辑模型，然后按照电算化会计信息系统的要求及用户需求进行修改，形成将要开发的新系统的逻辑模型。

系统设计是根据系统分析确定的逻辑模型设计系统的总体结构，确定系统结构图和主要模块的功能，并对系统中的代码、输入、输出、数据存储结构、数据处理进行详细设计，从而建立系统的物理模型。系统设计采用的主要工具是数据结构图，但在设计中由于每个

人的思路不同，得到的结果不是唯一的，经验往往起着重要作用，采用面向对象的开发方法，在系统设计（系统构造）中通过组件结构分析及定义组件的相互关系，来进行系统的分析、抽象、简化和描述，是当前广泛应用的一种方法。

系统代码设计的特点主要是代码对象多、工作量大，一般多采用区间码。输入设计主要是人机界面设计，要求界面友好，便于用户操作及自动对输入数据的正确性进行检验。输出设计主要应满足用户的多种方法查询、数据传输和账表打印格式的要求，数据存储结构设计主要是对系统内的主文件、中间文件和处理文件的存储结构进行设计。账务处理子系统中，"月凭证库"和"科目余额发生额库"是最重要的两个主文件，其他账表文件的数据主要来自这两个文件。模块说明书是采用 IPO 图对每个模块的功能进行的详尽描述。

了解系统分析和系统设计的流程和方法，对读者从事软件应用中的二次开发、了解软件的内部结构、提出问题和解决问题将会有很大帮助。

关键概念

系统分析　系统设计　数据流程图　数据字典　模块结构图　校验位

课堂讨论题

（1）系统开发一般有哪几种方法？各有什么特点？
（2）画出手工账务处理系统的数据流程图，要实现电算化，应该如何进行修改？
（3）什么是系统的逻辑模型？它由哪些部分组成？
（4）什么是系统的物理模型？它由哪些部分组成？

复习思考题

（1）试比较生命周期法与原型法的优缺点。
（2）信息系统的开发有哪些基本要求？
（3）简述数据流程图的符号及绘制步骤。
（4）数据字典应建立哪些数据库？每个数据库要建立哪些数据项？
（5）从数据流程图中导出模块结构图有哪两种分解方法？如何进行分解？
（6）代码设计中的校验位有什么作用？如何产生？
（7）输入设计和输出设计应注意哪些问题？
（8）账务处理子系统有哪些主文件？如何考虑每个文件的结构？
（9）IPO 图有什么作用？绘制时应注意哪些问题？

实训操作题

（1）以本章提供的账务处理子系统的分析设计为例，对一个中小企业的薪资管理子系统进行分析和设计，编写薪资管理子系统软件需求说明书和薪资管理子系统设计报告。
（2）利用 Windows Visio 绘图软件绘制系统分析和设计中用到的各种图形，如组织结构图、业务流程图、数据流程图、系统结构图、网络系统拓扑图等。

项目四

用友 U8V10.1 的系统管理和基础设置

学习目标

（1）了解用友 U8V10.1 的系统构成和应用模式。
（2）了解用友 U8V10.1 的运行环境和系统安装。
（3）掌握用友 U8V10.1 的系统管理功能和系统管理应用。
（4）掌握用友 U8V10.1 的企业应用平台功能和系统初始设置。

任务一 用友 U8V10.1 概述

用友 U8V10.1 是用友公司历经了 20 年开发及服务历程，在 40 余万用户应用经验基础上开发和完善起来的 ERP 系统。该系统以销售订单为导向，以企业计划为主轴，其业务应用涵盖各行业的财务物流、生产制造、客户关系管理、行政办公、管理会计、决策支持、网络分销、人力资源、集团应用及企业应用集成等。

用友 U8V10.1 是一个企业综合运营平台，针对各级管理者的不同要求提供信息：为高层经营管理者提供大量收益与风险的决策信息，辅助制定企业长远发展战略；为中层管理人员提供企业各个运作层面的运作状况信息，实现对事件的监控、发现、分析、解决、反馈等，使投入产出达到最优配比；为基层管理人员提供便利的作业环境、简易的操作方式，使其实现工作职能的有效履行。

一、用友 U8V10.1 的产品特点

（1）用友 U8V10.1 定位于中国企业管理软件的中端应用市场，适用的企业类型是单一企业或兼有外地办事处的企业，适用的销售模式为直销或分销。

（2）用友 U8V10.1 以"整合业务、驾驭变化"为核心应用理念，为中小型企业提供全面完整的整体解决方案，以集成的信息管理为基础，以规范企业运营、改善经营成果为目

标，帮助企业实现面向市场的营利性增长。

（3）用友U8V10.1充分体现了以精确管理为基础、以规范业务为导向、以改善经营为目标的管理特征。

（4）用友U8V10.1采用大量微软Microsoft.Net平台技术，凭借着多种应用服务器的支撑及高端硬件产品的支持，极大地提升了高并发、高负载、高可用性等企业级应用指标。

二、用友U8V10.1的系统构架

根据业务范围和应用对象的不同，用友U8V10.1分为财务管理、供应链管理、生产制造管理、客户关系管理、人力资源管理、行政办公、决策支持、网络分销等系列产品，由50多个子系统构成，各子系统之间的信息高度共享。

1. 财务管理

财务管理以预算管理为工具，以成本管理为基础，以资金管理为核心，通过对业务流转的过程控制、绩效分析与考核，使企业财务管理的重心由财务核算转向预算管理，进一步挖掘企业内部资源，提高财务核算效率和财务管理水平。

2. 供应链管理

供应链管理是在实现内部业务流程一体化运作的基础上，与上下游企业协同运作，协助企业整合上下游资源，提高预测的准确性，减少库存，缩短工作流程周期，降低供应链成本，减少总体采购成本，提高整个供应链的竞争力。

3. 生产制造管理

生产制造管理是以销售为主导的完整、灵活的计划体系，它将企业的销售生产、采购管理整合为一个有机整体，提供多种形式的物料清单，支持为订单生产或是为库存生产的不同生产管理模式，提高工厂的制造柔性，加快生产周转速度，更好地适应市场的敏捷性需求。

4. 客户关系管理

客户关系管理是从客户向企业表达意向开始，到商机挖掘、销售过程追踪、交易达成直至决策的业务过程的完整管理，包括基础管理、客户管理、销售自动化、市场管理和统计分析等，把管理范围从后台内部业务延伸到前台外部业务。

5. 人力资源管理

按照人力资源的战略部署，针对不同的角色配置功能、报表和预警及综合分析实现主动管理，既可以满足日常人事业务的需要，还可以根据业务需求进行人力资源的适应性储备和配置，有力地支持了企业经营发展对于"人"的要求。

6. 行政办公

行政办公为企业提供了及时沟通与协作的手段，高效办公和知识管理的工具帮助企业建立起高效运作的规范管理平台，促使企业管理体系持续改进，提升企业的管理竞争力。

7. 决策支持

决策支持是指基于数据仓库技术，通过充分挖掘各业务系统的数据资源，及时捕获、分析信息，成为企业中、高层管理者的决策信息平台。

8. 网络分销

网络分销，面向工作流设计，完整描述业务过程，实现对分销业务的全过程监控，减少销售黑洞，建立透明的分销体系以实现对分销商的有效管理和及时激励，提升分销渠道的满意度与忠诚度。

三、用友 U8V10.1 的应用模式

1. 支持多种应用与部署方式

用友 U8V10.1 应用系统提供了以下三种部署方式支持集团对下属企业的管理：分布式集中、分布式、集中式。对这三种部署方式的比较，如表 4-1 所示。

表 4-1 三种部署方式的比较

应用方式	分布式集中	分布式	集中式	
适用情形	集团对下属企业：紧密型管理	集团对下属企业：松散型管理	集团对下属企业：完全管理	企业对异地分支机构：远程管理
技术实现	数据分布式存储，下属业务组织在本地进行业务处理，定期将业务数据复制到总部，实现总部对下属业务组织的统一管理	数据分布式存储，下属业务组织在本地进行业务处理，通过业务协同实现组织内部业务处理，总部通过绩效指标及预算实现对下属组织的管理	数据集中式存储，下属业务组织直接通过互联网访问应用服务器处理业务	非独立核算的分支机构通过 Web 进行异地业务操作，集团通过 Web 对独立核算的分支机构业务状况进行远程查询

2. 单一企业对异地分支机构的管理

通过采用 Web 财务、Web 业务、Web 资金实现业务协同。根据分支机构是否独立核算，用友 U8V10.1 应用系统分别支持两种应用情形：如果分支机构独立核算，则分支机构通过 Web 功能向企业传递数据；如果分支机构不独立核算，则企业通过 Web 对分支机构进行查询。

任务二 用友 U8V10.1 的安装

以下安装步骤以 Windows 7 旗舰版系统为例，安装时将防火墙和杀毒软件关闭。

一、安装 IIS

（1）打开控制面板，找到"程序"，点进去，单击"打开或关闭 Windows 功能"按钮，如图 4-1 所示。

（2）找到"Internet 信息服务"，如图 4-2 所示。

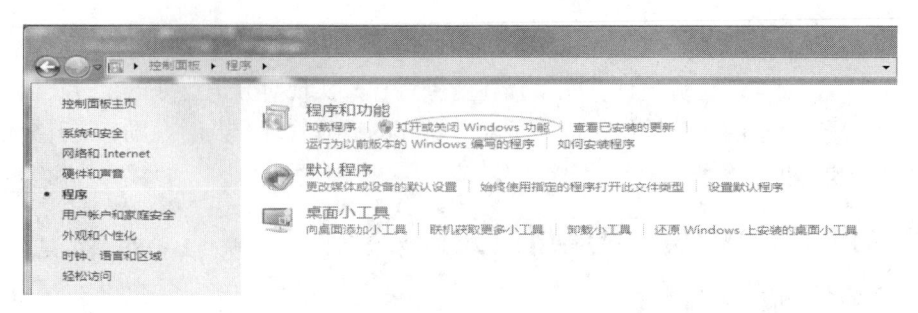

图 4-1　安装 IIS（1）

图 4-2　安装 IIS（2）

（3）按下图勾选即可，如图 4-3、图 4-4 所示。

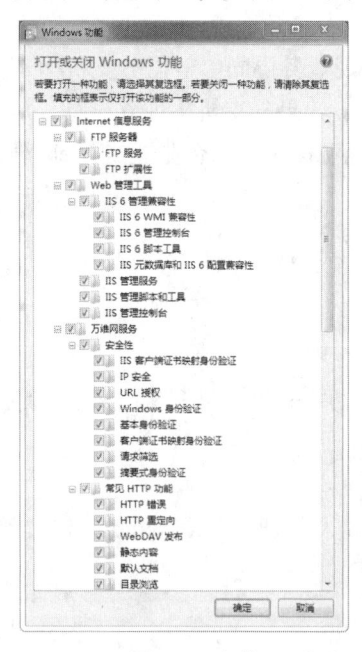

图 4-3　安装 IIS（3）　　　　图 4-4　安装 IIS（4）

（4）单击"确定"按钮，等待安装完成，如图 4-5 所示。

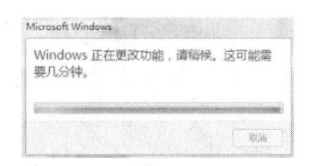

项目四 | 用友 U8V10.1 的系统管理和基础设置

图 4-5 安装 IIS（5）

二、安装.NET Framework4

（1）运行 dotNetFx40_Full_x86_x64.exe 应用程序进入图 4-6，选择"我已阅读并接受许可条款（A）"选项，单击"安装"按钮。

（2）程序安装正常，出现如图 4-7 所示对话框，单击"完成"按钮即可。

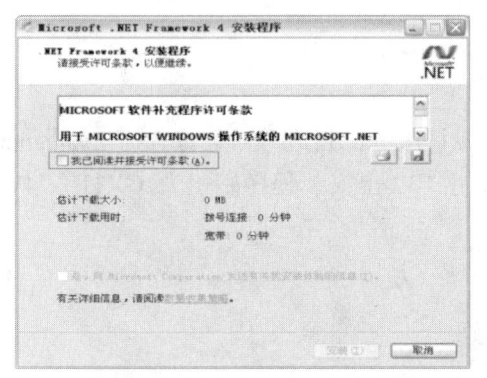

图 4-6 安装.NET Framework4（1） 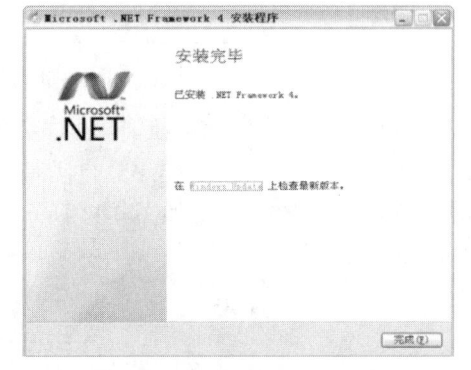　　　　图 4-7 安装.NET Framework4（2）

三、安装 SQL Server 2008 R2

（1）单击 SQL Server 2008 R2 文件夹，找到 setup.exe 文件，如图 4-8 所示，单击"安装"按钮。

（2）运行后出现"SQL Server 安装中心"，在左侧的目录树下单击"安装"按钮，在右侧的选择项中，选择"全新安装或向现有安装添加功能"选项，如图 4-9 所示，然后进入安装程序。

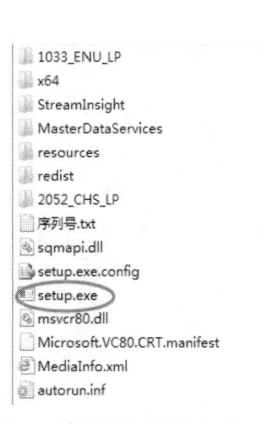

图 4-8 安装数据库（1） 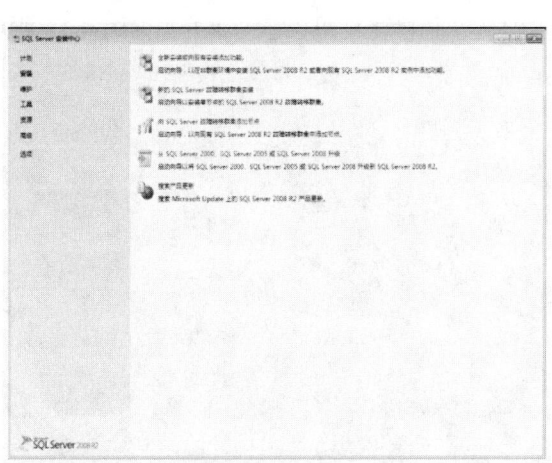　　　　图 4-9 安装数据库（2）

（3）安装程序支持规则全部通过，如图4-10所示，单击"确定"按钮。

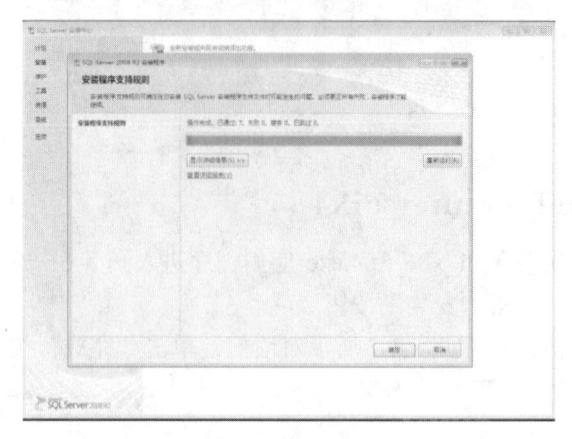

图4-10 安装数据库（3）

（4）指定可用版本（64位安装程序会自动默认版本，32位安装程序选择 Evaluation），输入产品密钥（64位安装程序会自动带出密钥，32位安装程序密钥为 CXTFT-74V4Y-9D48T-2DMFW-TX7CY），如图4-11所示，单击"下一步"按钮。

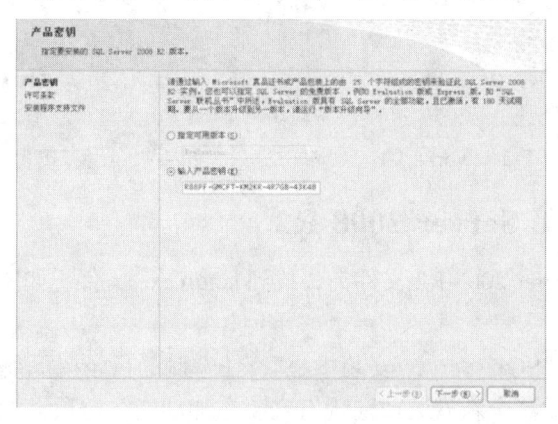

图4-11 安装数据库（4）

（5）勾选"我接受许可条款（A）"，如图4-12所示，单击"下一步"按钮。

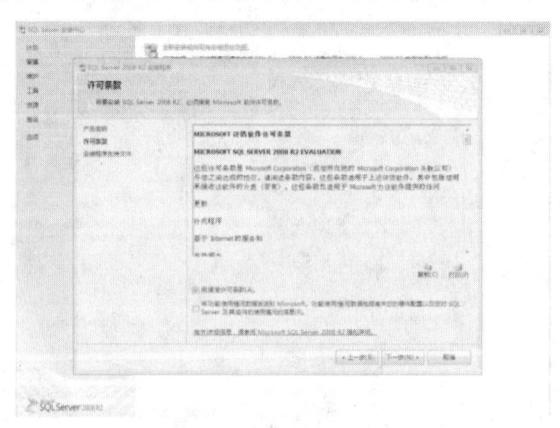

图4-12 安装数据库（5）

（6）安装程序支持文件运行完毕，如图 4-13 所示，单击"安装"按钮。

图 4-13　安装数据库（6）

（7）安装程序支持规则通过，如图 4-14 所示，单击"下一步"按钮。

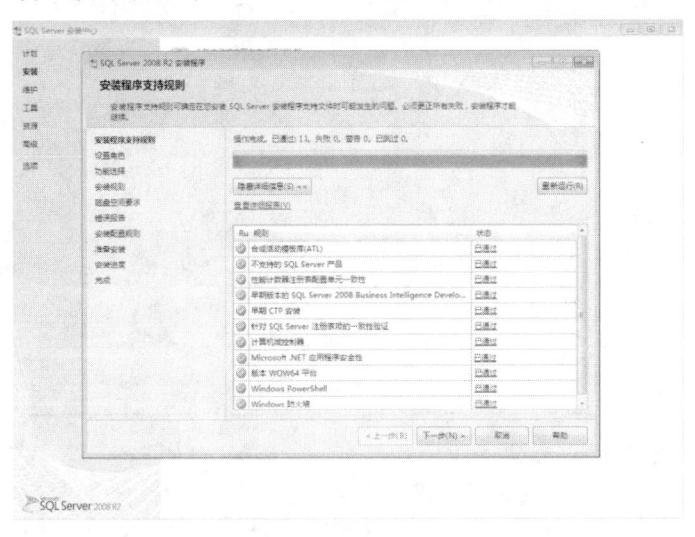

图 4-14　安装数据库（7）

（8）设置角色，选择"SQL Server 功能安装（S）"选项，如图 4-15 所示，单击"下一步"按钮。

（9）功能选择，单击"全选"按钮，全部选择，如图 4-16 所示，单击"下一步"按钮。

（10）安装规则通过，如图 4-17 所示，单击"下一步"按钮。

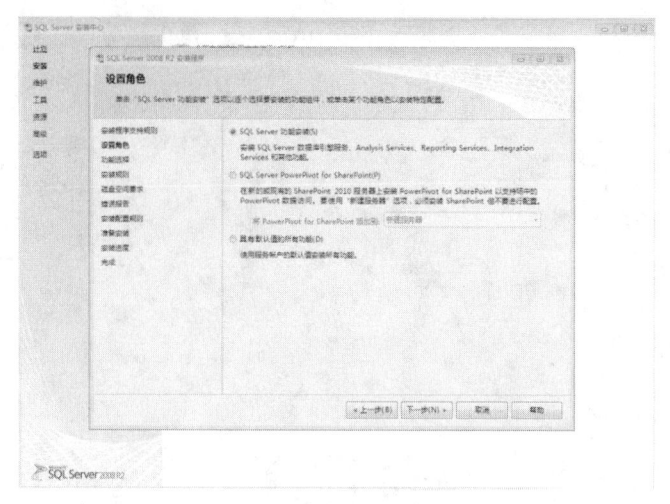

图 4-15　安装数据库（8）

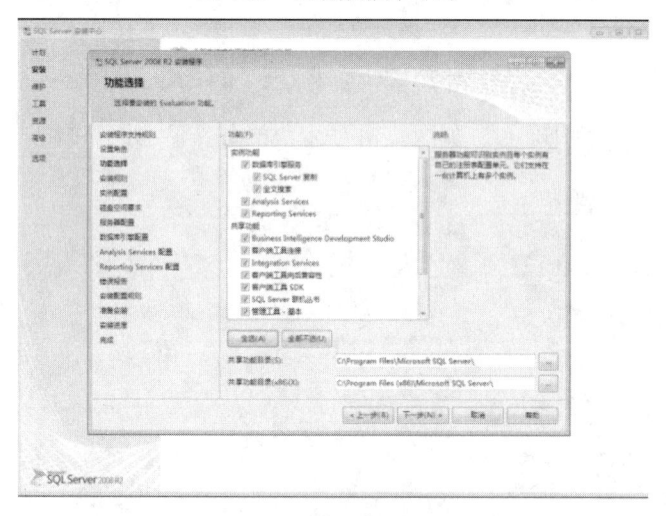

图 4-16　安装数据库（9）

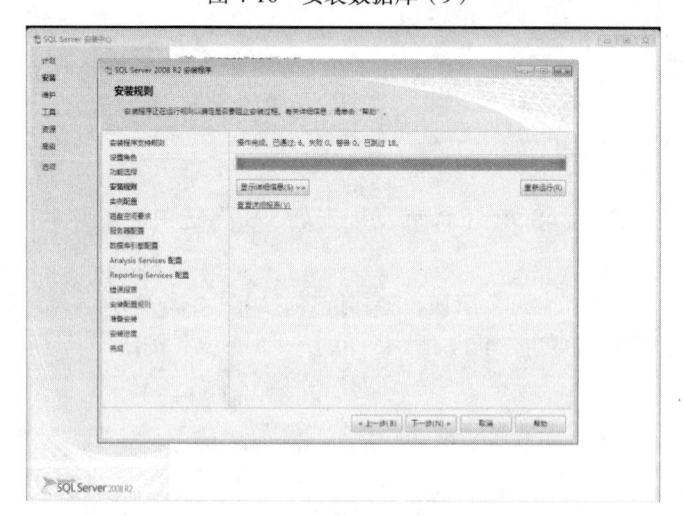

图 4-17　安装数据库（10）

（11）实例配置，选择"默认实例（D）"选项，如图 4-18 所示，单击"下一步"按钮。

图 4-18　安装数据库（11）

（12）"磁盘空间要求"显示安装所需的空间大小，如图 4-19 所示，单击"下一步"按钮。

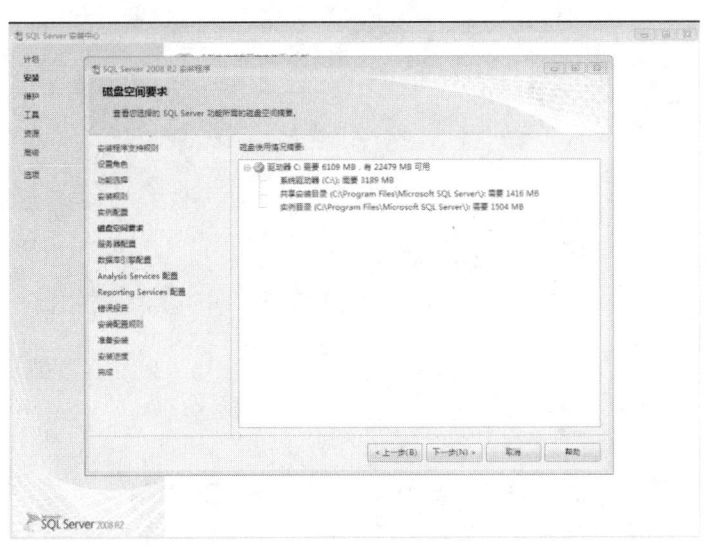

图 4-19　安装数据库（12）

（13）服务器配置，选择"对所有 SQL Server 2008 R2 服务使用相同账户"选项，如图 4-20、图 4-21 所示，操作完成后单击"下一步"按钮。

（14）使用混合模式身份验证，设置自己的用户密码。然后添加一个本地账户方便管理即可；依次设置数据目录和 FILESTREAM，如图 4-22 所示，单击"下一步"按钮。

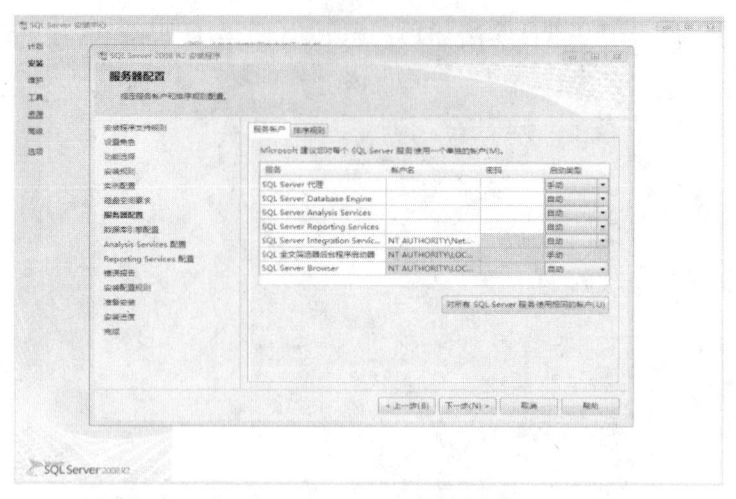

图 4-20 安装数据库（13）

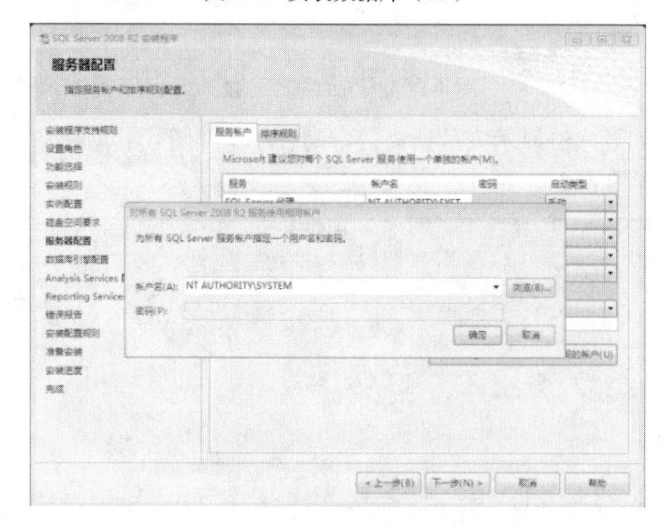

图 4-21 安装数据库（14）

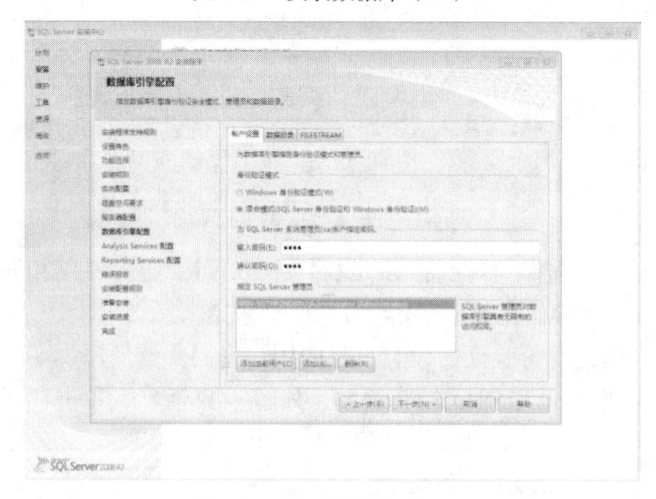

图 4-22 安装数据库（15）

（15）下面的步骤比较简单，如图 4-23 至图 4-26 所示，都是单击"下一步"按钮，等待安装即可。

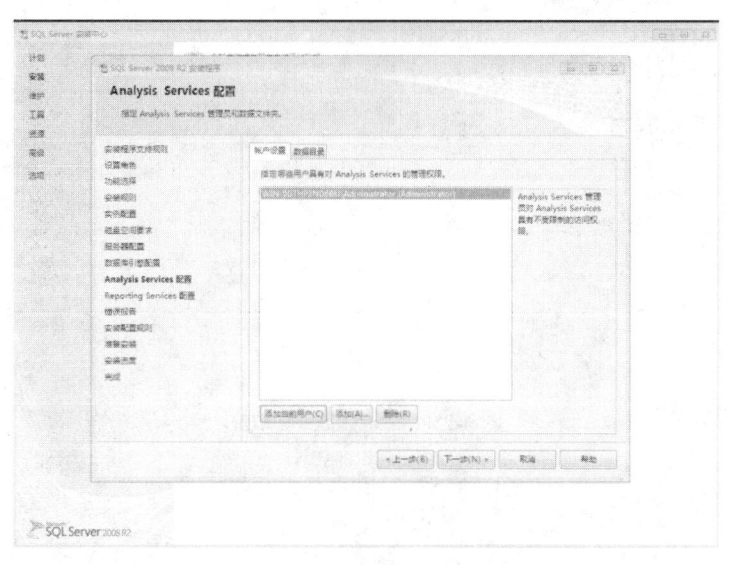

图 4-23　安装数据库（16）

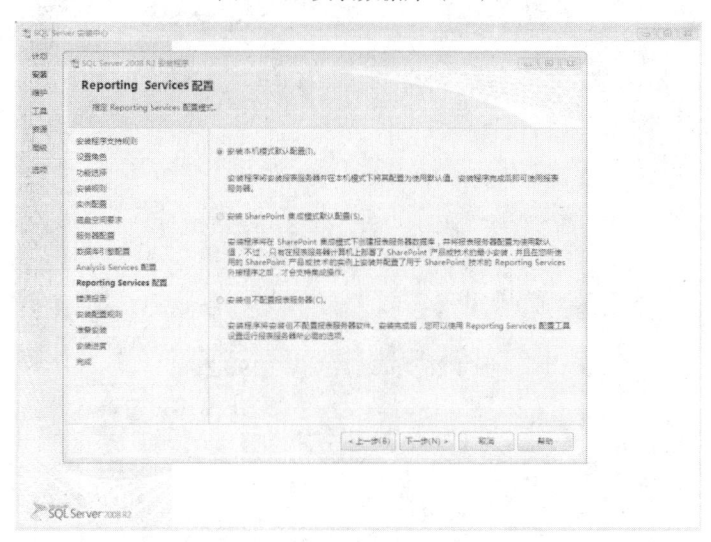

图 4-24　安装数据库（17）

（16）单击"安装"按钮，如图 4-27 所示。
（17）安装完成，如图 4-28 所示，单击"关闭"按钮。

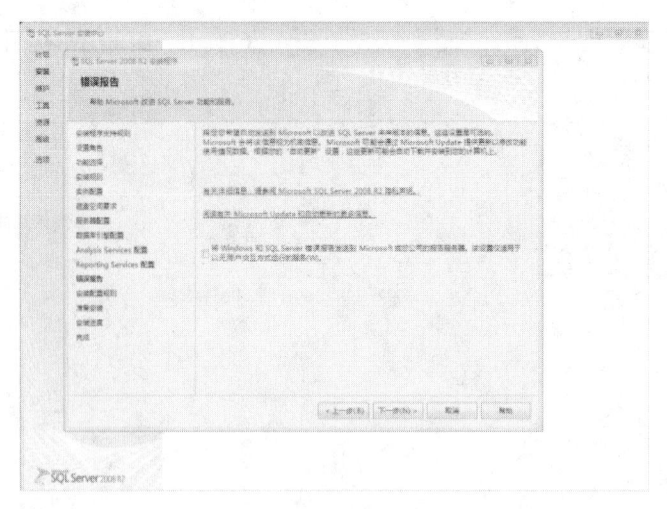

图 4-25　安装数据库（18）

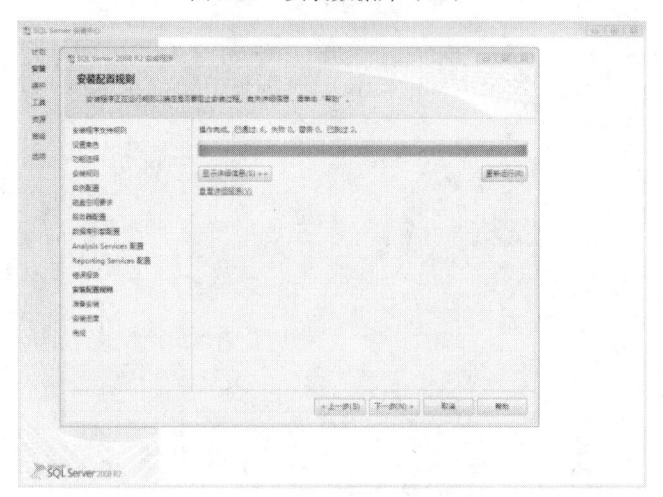

图 4-26　安装数据库（19）

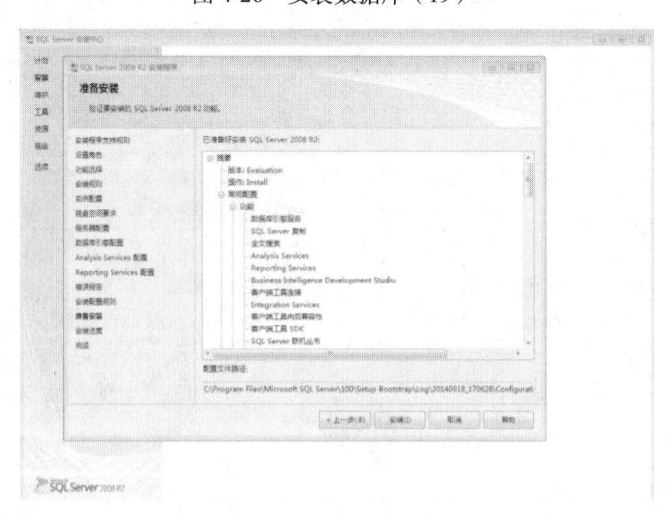

图 4-27　安装数据库（20）

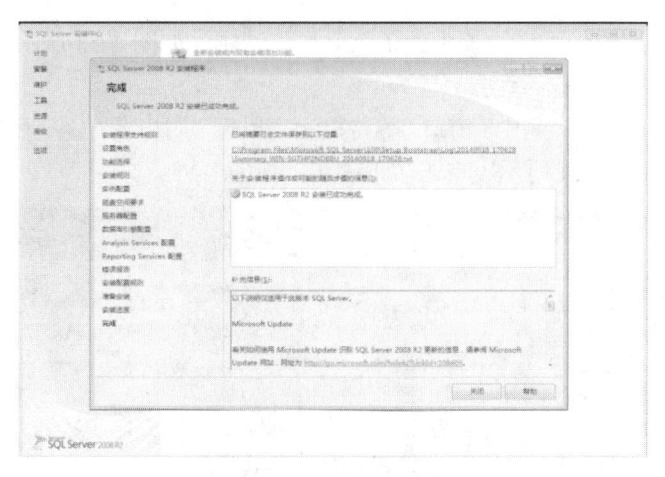

项目四 | 用友 U8V10.1 的系统管理和基础设置

图 4-28　安装数据库（21）

四、安装用友 U8V10.1

（1）单击用友 U8V10.1 文件夹，找到 setup.exe 文件，如图 4-29 所示。

（2）双击 setup.exe 文件，弹出"打开文件-安全警告"窗口，如图 4-30 所示，单击"运行"按钮。

图 4-29　安装用友 U8V10.1（1） 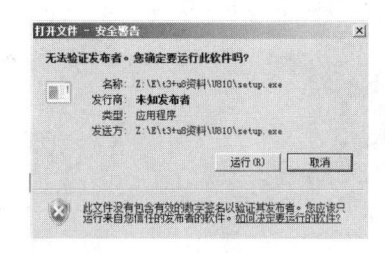　　　　　图 4-30　安装用友 U8V10.1（2）

（3）弹出"用友 U8V10.1 安装"窗口，等待安装，如图 4-31、图 4-32 所示，单击"下一步"按钮。

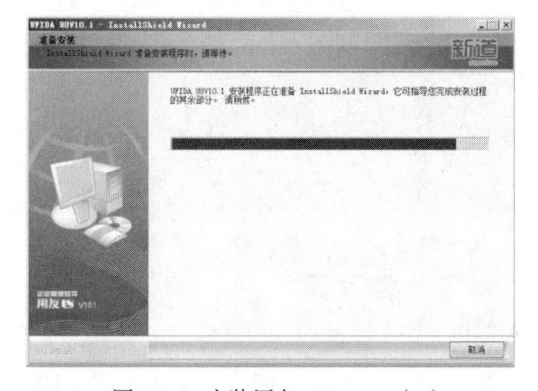

图 4-31　安装用友 U8V10.1（3） 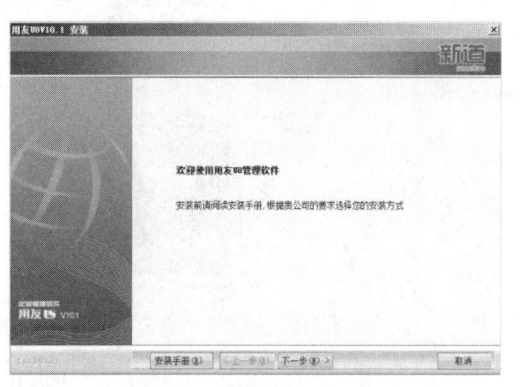　　　　　图 4-32　安装用友 U8V10.1（4）

（4）选择"我接受许可证协议中的条款（A）"选项，如图4-33所示，单击"下一步"按钮。

（5）弹出"历史版本检测中"窗口，等待检测完出现"用户名（U）"和"公司名称（C）"，采用系统默认，如图4-34所示，单击"下一步"按钮。

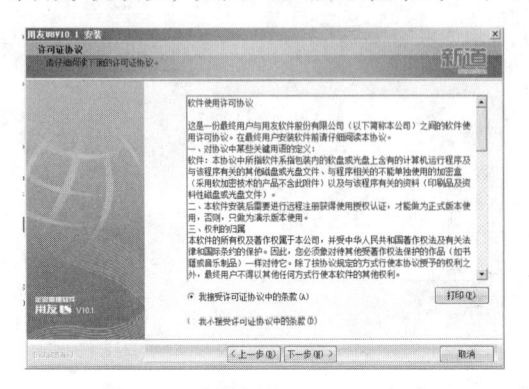

图4-33　安装用友U8V10.1（5） 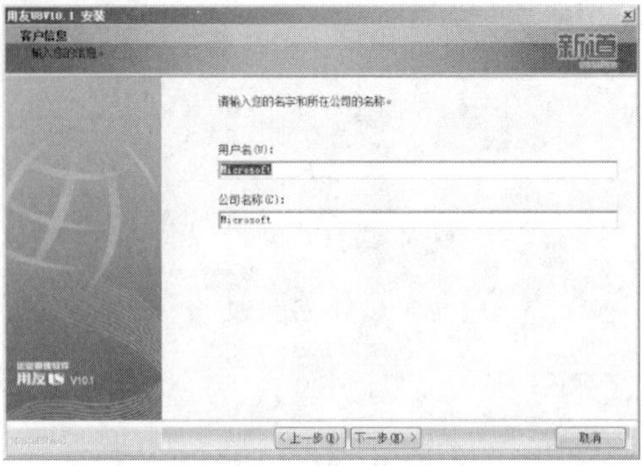　　　　　图4-34　安装用友U8V10.1（6）

（6）安装路径采用系统默认，如图4-35所示，单击"下一步"按钮。

（7）选择"全产品"选项，其他默认，如图4-36所示，单击"下一步"按钮。

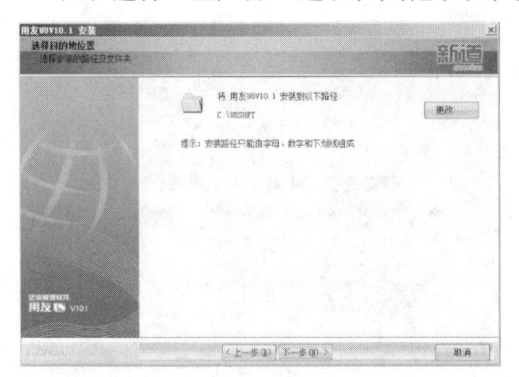

图4-35　安装用友U8V10.1（7） 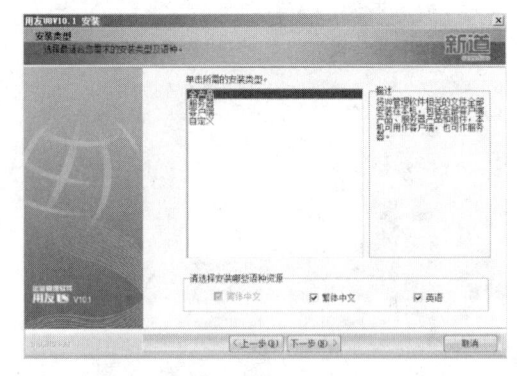　　　　　图4-36　安装用友U8V10.1（8）

（8）单击"检测"按钮，如图4-37所示。

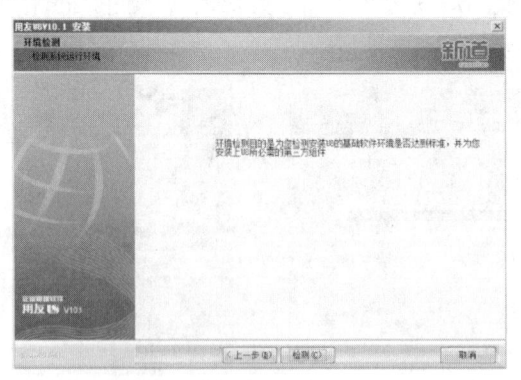

图4-37　安装用友U8V10.1（9）

（9）弹出"系统环境检查"窗口，基础环境出现"数据库"不符合的，找到用友U8V10.1

安装文件下的"3rdProgram"文件夹中的"SQLServer2005_BC_x64"文件，根据操作系统的位数选择安装，如图4-38至图4-40所示。

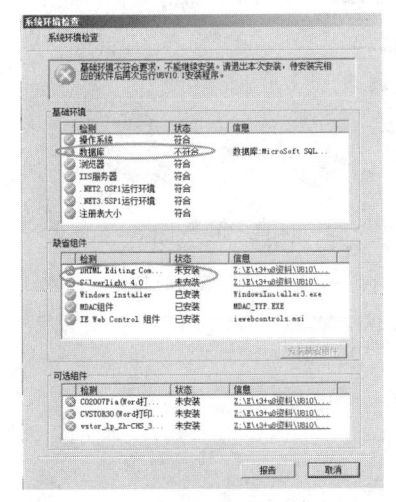

图4-38　安装用友U8V10.1（10）

图4-39　安装用友U8V10.1（11）

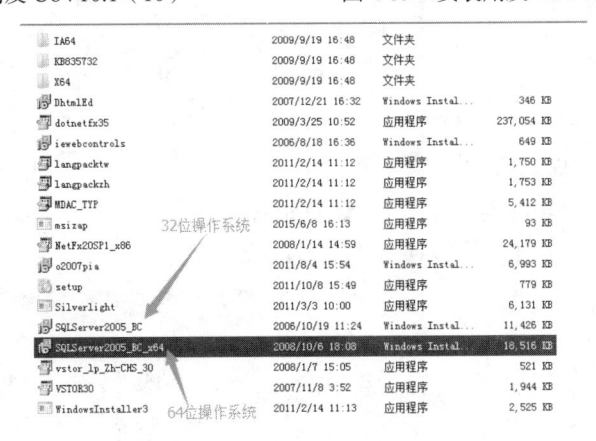

图4-40　安装用友U8V10.1（12）

（10）单击"运行""Next>"按钮，都采用系统默认设置，单击"Install"按钮，等待软件安装，单击"Finish"按钮，安装完成，如图4-41至图4-47所示。

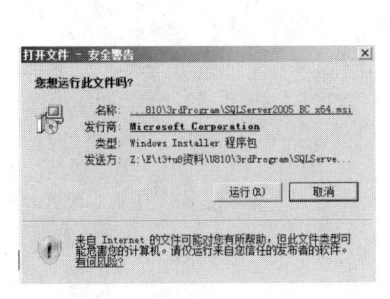

图4-41　安装用友U8V10.1（13）

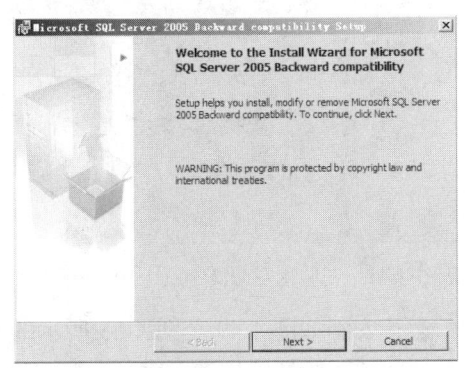

图4-42　安装用友U8V10.1（14）

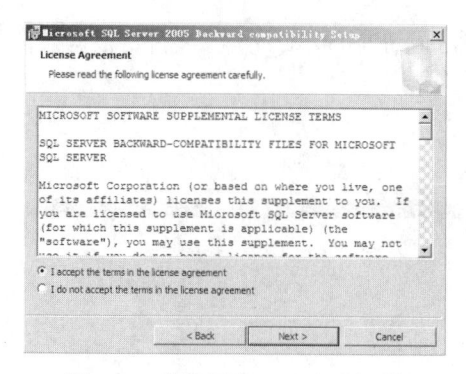

图 4-43　安装用友 U8V10.1（15） 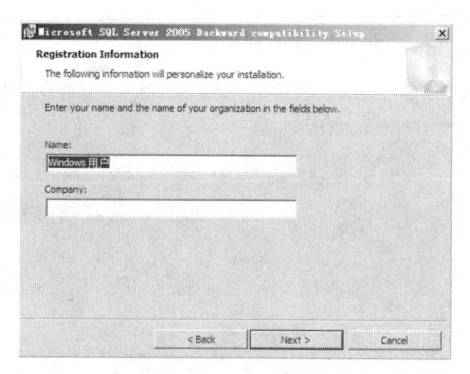　　　图 4-44　安装用友 U8V10.1（16）

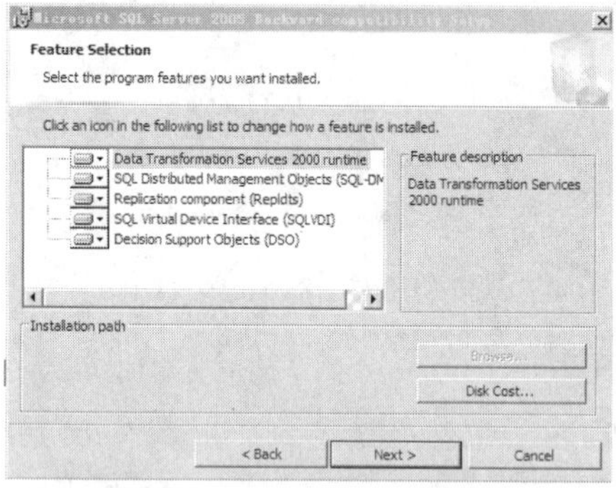

图 4-45　安装用友 U8V10.1（17） 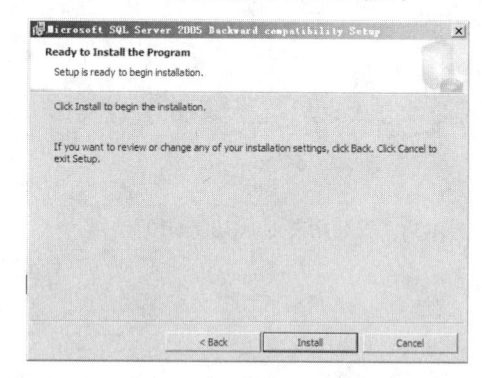　　　图 4-46　安装用友 U8V10.1（18）

（11）返回"系统环境检查"窗口，"缺省组件"处未安装的，如图 4-48 所示，单击信息下的文件路径安装，会自动跳转到需要安装的文件。

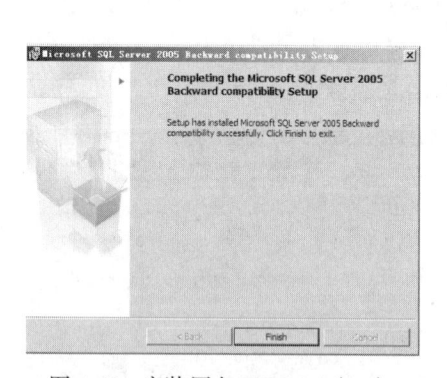

图 4-47　安装用友 U8V10.1（19） 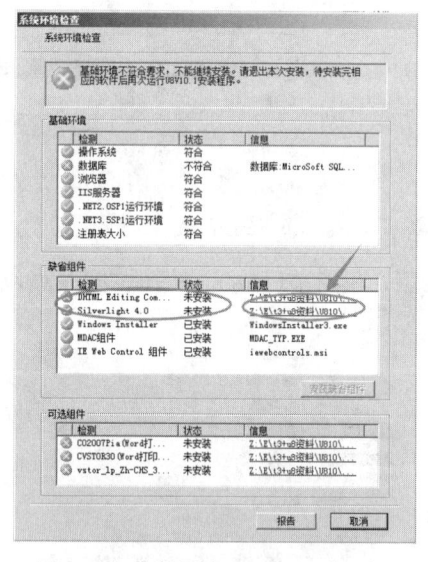　　　图 4-48　安装用友 U8V10.1（20）

（12）运行安装如图 4-49 至图 4-55 所示的两个程序，采用默认设置。
（13）返回"系统环境检查"窗口，"可选组件"处显示未安装的可以不进行安装，如图 4-56 所示，单击"取消"按钮。

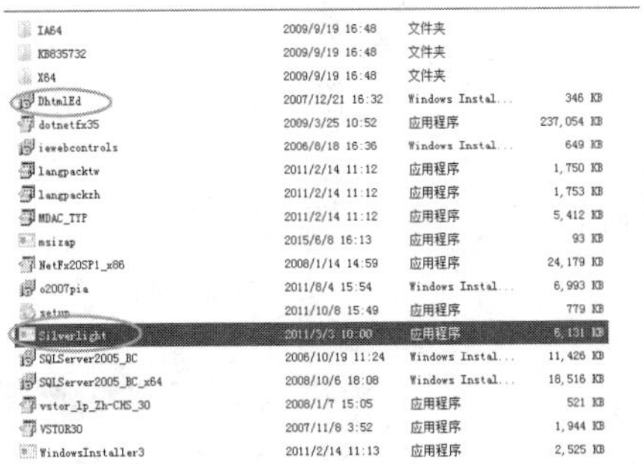

图 4-49　安装用友 U8V10.1（21）

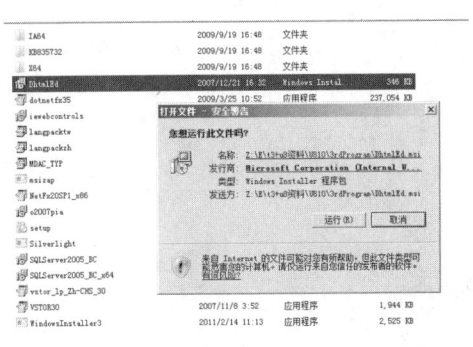

图 4-50　安装用友 U8V10.1（22）

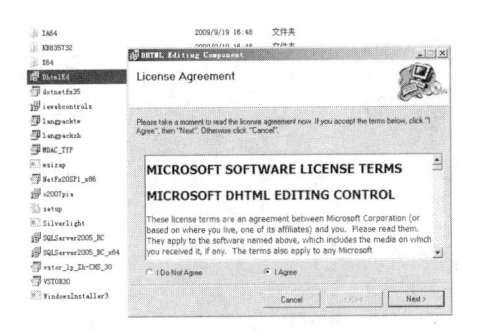

图 4-51　安装用友 U8V10.1（23）

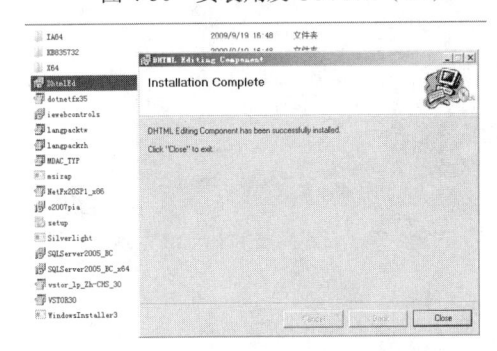

图 4-52　安装用友 U8V10.1（24）

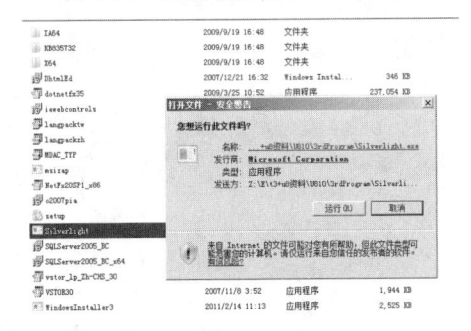

图 4-53　安装用友 U8V10.1（25）

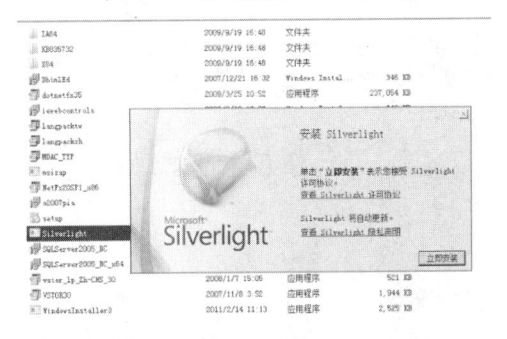

图 4-54　安装用友 U8V10.1（26）

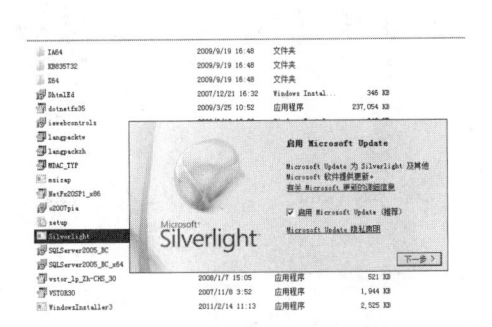

图 4-55　安装用友 U8V10.1（27）

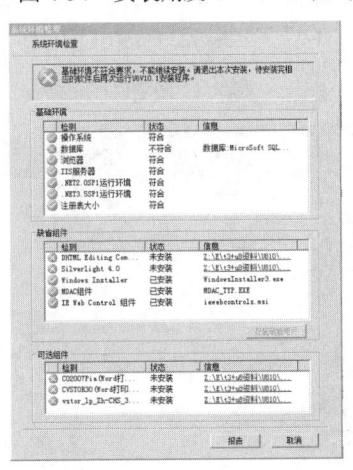

图 4-56　安装用友 U8V10.1（28）

（14）弹出"退出安装"窗口，单击"否"按钮，返回到"安装类型"界面，选择"全产品"选项，单击"下一步"按钮，在"环境检测"界面单击"检测"按钮，如图 4-57 至图 4-59 所示。

（15）弹出"系统环境检查"窗口，提示"可以直接安装 U8"即可，如图 4-60 所示，单击"确定"按钮。

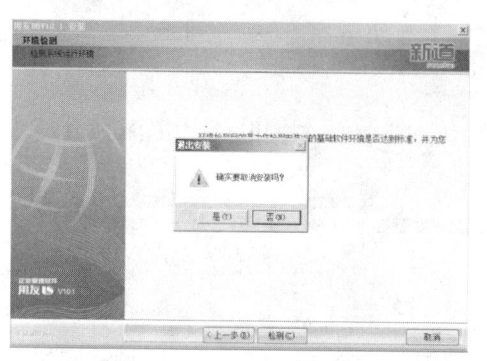

图 4-57　安装用友 U8V10.1（29）

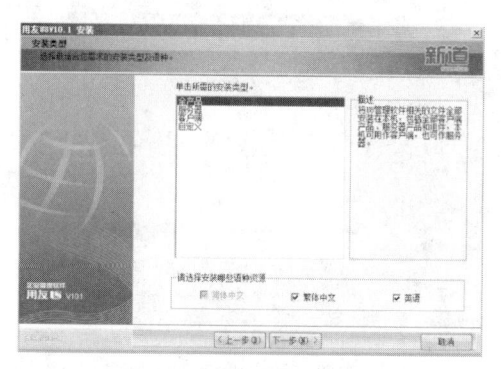

图 4-58　安装用友 U8V10.1（30）

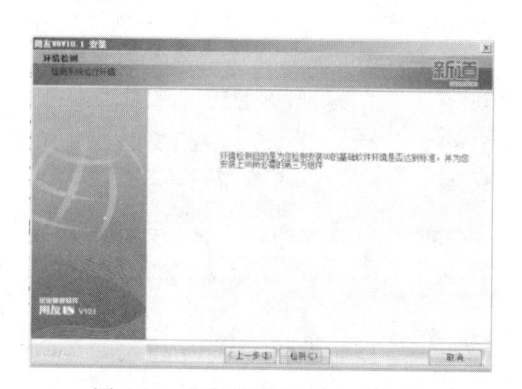

图 4-59　安装用友 U8V10.1（31）

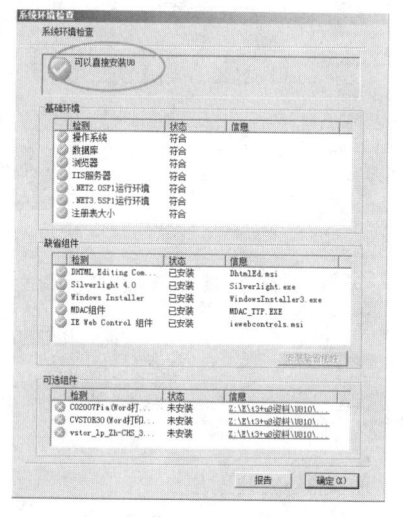

图 4-60　安装用友 U8V10.1（32）

（16）单击"安装"按钮，等待软件安装，如图 4-61、图 4-62 所示。

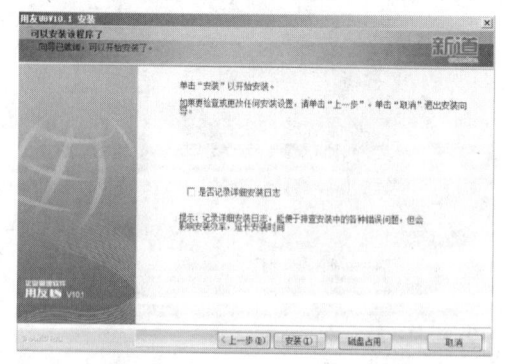

图 4-61　安装用友 U8V10.1（33）

图 4-62　安装用友 U8V10.1（34）

项目四 │ 用友 U8V10.1 的系统管理和基础设置

（17）安装完成后，将电脑重启，单击"完成"按钮，如图 4-63 所示。

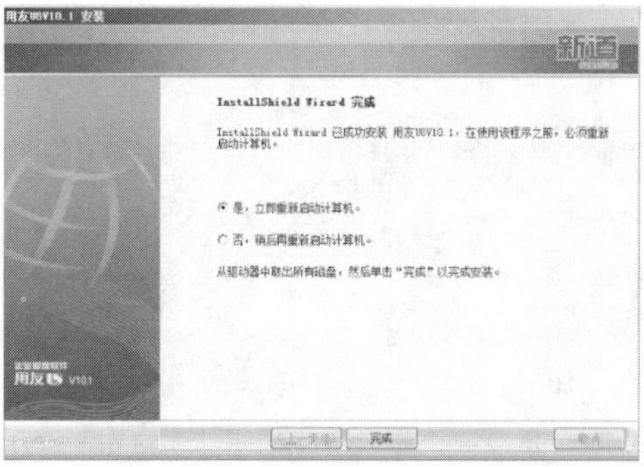

图 4-63　安装用友 U8V10.1（35）

（18）重启电脑后，弹出"数据源配置"窗口，"数据库"输入"127.0.0.1"，"SA 口令"输入安装数据库时设置的密码，单击"测试连接"按钮，提示"测试成功"即可，单击"确定"按钮后，单击"完成"按钮，如图 4-64、图 4-65 所示。

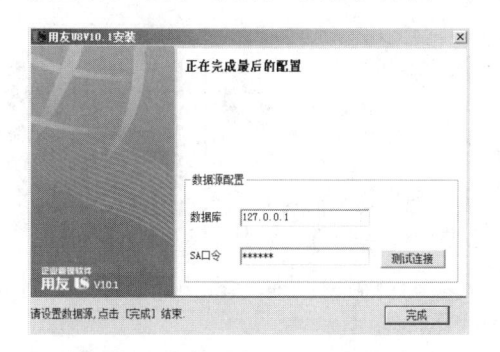

图 4-64　安装用友 U8V10.1（36） 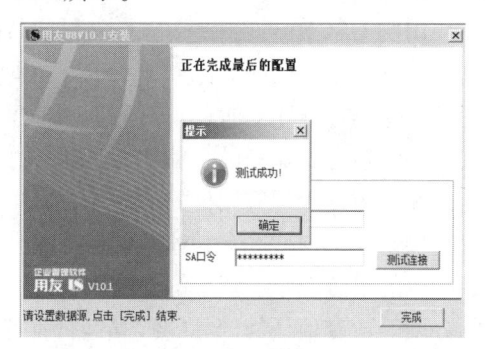　　　　图 4-65　安装用友 U8V10.1（37）

（19）弹出"欢迎使用用友软件！请插加密狗进行远程注册获得使用授权"窗口，如图 4-66 所示，单击"取消"按钮。

（20）弹出"您现在需要初始化数据库吗？"窗口，如图 4-67 所示，单击"是"按钮，软件自动初始化数据库，如图 4-68 所示。

（21）弹出"登录"界面，单击"账套"按钮，能读取到"（default）"，如图 4-69 所示，单击"登录"按钮，能正常登录即安装成功。

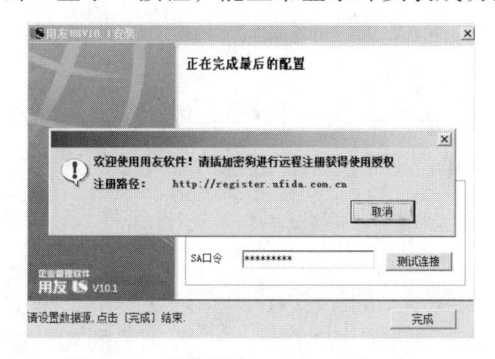

图 4-66　安装用友 U8V10.1（38） 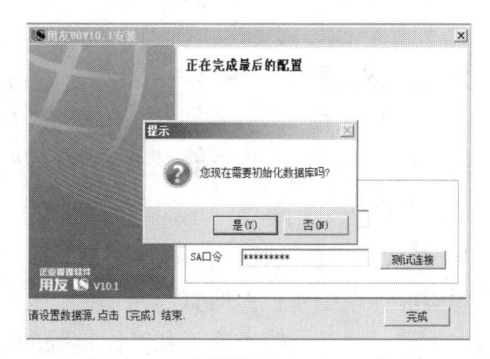　　　　图 4-67　安装用友 U8V10.1（39）

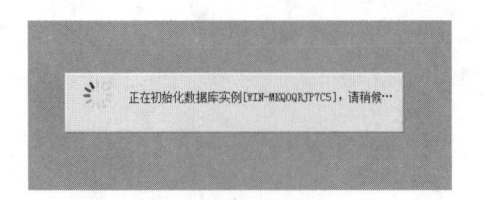

图 4-68　安装用友 U8V10.1（40）　　　图 4-69　以系统管理员的身份注册系统管理

任务三　系统管理

一、系统管理功能概述

用友 U8V10.1 应用系统由多个子系统组成，各个子系统服务于同一主体的不同层面。各个子系统既相对独立，又紧密联系，它们共用一个企业数据库，拥有公共的基础信息、相同的账套和年度账，为实现企业财务、业务的一体化管理提供了基础条件。

在一体化管理应用模式下，用友 U8V10.1 应用系统为各个子系统提供了一个公共平台，对整个系统的公共任务进行统一管理，如基础信息的设置，企业账套的建立、修改、删除和备份，操作员的建立、角色的划分和权限的分配等，其他任何产品的独立运行都必须以此为基础。

系统管理模块的主要功能是对用友 U8V10.1 应用系统的各个产品进行统一的操作管理和数据维护，包括以下几个方面。

1. 账套管理

账套指的是一组相互关联的数据，每个企业（或每个核算部门）的数据在系统内都体现为一个账套。换句话讲，在用友 U8V10.1 应用系统中，可以为多个企业（或企业内多个独立核算的部门）分别立账，且各账套数据之间相互独立、互不影响，使资源得到最大限度的利用。系统最多允许建立 999 个账套。账套管理包括账套的建立、修改、引入、输出等。

2. 年度账管理

在用友 U8V10.1 应用系统中，每个账套里都存放有企业不同年度的数据，称为年度账。为方便管理，系统可以将年度账作为操作的基本单位。年度账管理包括年度账的建立、引入、输出，结转上年数据，清空年度数据等。

3. 系统操作员及操作权限的集中管理

为了保证系统及数据的安全与保密，系统管理模块提供了操作员及操作权限的集中管理功能。通过对系统操作分工和操作权限的管理，一方面可以防止与业务无关的人员进入系统，另一方面可以对系统包含的各个子产品的操作进行协调，保证其各尽其职。操作权限的集中管理包括定义角色、设定系统用户和设置功能权限。

4. 设立统一的安全机制

对企业来说，系统运行安全、数据存储安全是必需的。为此，用友 U8V10.1 应用系统设立了强有力的安全保障机制。

在系统管理模块中，用户可以监控并记录整个系统的运行过程，可以设置数据自动备份、清除系统运行过程中的异常任务等。

二、系统管理应用指南

（一）登录系统管理

系统允许以两种身份登录进入系统管理：一是以系统管理员的身份；二是以账套主管的身份。

1. 以系统管理员的身份登录系统管理

系统管理员负责整个应用系统的总体控制和维护工作，管理该系统中所有的账套，以系统管理员的身份登录进入，可以进行账套的建立、引入和输出，设置用户、角色和权限，设置备份计划，监控系统运行过程，清除异常任务等。

以系统管理员的身份登录系统管理，操作步骤如下。

（1）选择"开始"→"程序"→"用友 U8V10.1"→"系统服务"→"系统管理"菜单命令，进入"用友 U8［系统管理］"窗口。

（2）选择"系统"→"登录"菜单命令，打开"登录系统管理"对话框。

（3）选择服务器。单击"登录到"文本框中的下三角按钮，打开"网络计算机浏览"对话框。如果在客户端登录，则选择服务端的服务器名称；如果本身就在服务器端或是单机用户，则选择本地服务器。

（4）输入操作员及密码。单击"操作员"文本框，输入用友 U8V10.1 默认的系统管理员"Admin"。单击"密码"文本框，用友 U8V10.1 默认系统管理员的密码为空。

注意：

- 系统管理员（Admin）无预设口令，即系统管理员的初始口令为空。在实际工作中应及时为系统管理员加设口令，而在教学过程中，由于多人共用一套系统，为了避免由于他人不知道系统管理员口令而无法以系统管理员身份进入系统管理功能的情况出现，建议在教学中不给系统管理员加设口令。
- 系统管理员是用友 U8V10.1 应用系统中权限最高的操作员，他对系统数据安全和运行安全负责。因此，企业安装用友 U8V10.1 应用系统后，应该及时更改系统管理员的密码，以保障系统的安全性。
- 设置（更改）系统管理员密码的方法是：在系统管理员"登录系统管理"对话框中，输入操作员密码后，单击"修改密码"复选框，单击"确定"按钮，打开"设置操作员口令"对话框，在"新口令"文本框中输入要设置的系统管理员的密码，在"确认新口令"文本框中再次输入相同的密码，单击"确定"按钮进入"用友 U8［系统管理］"窗口。

（5）单击"确定"按钮，即以系统管理员的身份进入"用友 U8［系统管理］"窗口，如图 4-70 所示。

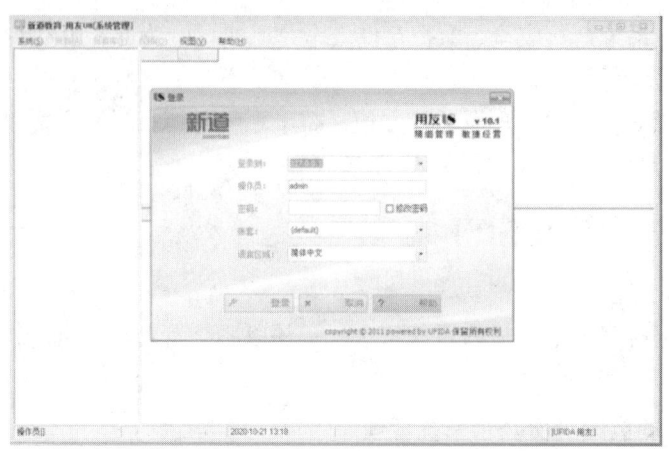

图 4-70 以系统管理员身份进入"用友 U8［系统管理］"窗口

2. 以账套主管的身份登录系统管理

账套主管负责所选账套的维护工作，包括对所管理的账套进行修改、对年度账的管理（包括创建、清空、引入、输出及各子系统的年末结转），以及该账套操作员权限的设置。

以账套主管的身份登录系统管理，操作步骤如下。

（1）选择"开始"→"程序"→"用友 U8V10.1"→"系统服务"→"系统管理"菜单命令，进入"用友 U8［系统管理］"窗口。

（2）选择"系统"→"登录"菜单命令，打开"登录系统管理"对话框。

（3）输入操作员及密码。单击"操作员"文本框，输入要登录系统的账套主管的姓名或编号，单击"密码"文本框，输入账套主管的密码。

（4）选择账套。输入操作员之后，系统会在"账套"下拉列表中，根据当前操作员的权限，显示该操作员可以登录的账套号。操作员只能从下拉列表中选择某账套。

（5）输入操作日期。操作员应在"操作日期"文本框内输入操作时间，输入格式为"yyyy－mm－dd"，也可单击">"按钮选择输入操作日期。

（6）单击"确定"按钮，即以账套主管的身份进入"用友 U8［系统管理］"窗口。

注意：

- 如果是初次使用本系统，第一次必须以系统管理员身份登录系统管理，建立账套和指定相应账套主管后，才能以账套主管身份登录系统管理。
- 系统自动根据"模块+站点"保存最后一次登录的信息。
- 系统管理员和账套主管看到的系统管理登录界面是有差异的。系统管理员登录界面只包括服务器、操作员、密码、账套和语言区域五项，而账套主管登录界面则包括服务器、操作员、密码、账套、语言区域和操作日期六项，如图 4-71 所示。

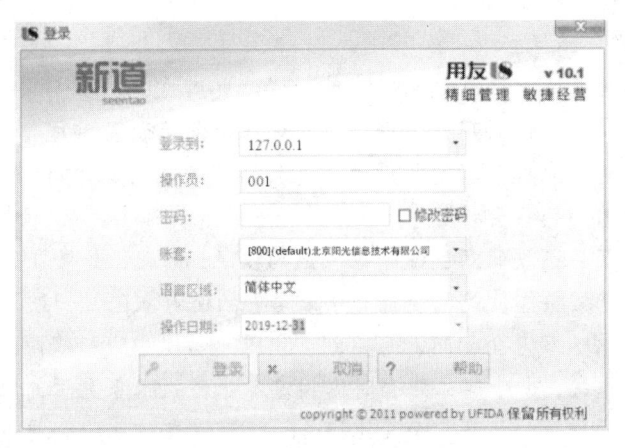

项目四 | 用友 U8V10.1 的系统管理和基础设置

图 4-71 以账套主管的身份进入用友 U8［系统管理］后的"登录"界面

（二）设置操作员

设置操作员的工作应由系统管理员在"系统管理"功能中完成，操作步骤如下。

（1）选择"开始"→"程序"→"用友 U8V10.1"→"系统服务"→"系统管理"菜单命令，打开"系统管理"窗口。

（2）在"系统管理"窗口中，选择"系统"→"登录"菜单命令，出现"登录系统管理"对话框。

（3）在"登录系统管理"对话框中，确保操作员为"Admin"，单击"确定"按钮。

（4）选择"权限"→"用户"菜单命令，打开"用户管理"对话框。

（5）在"用户管理"对话框中，单击"增加"按钮，出现"操作员详细情况"对话框，录入编号、姓名等信息，单击"账套主管"前的复选框，选中账套主管，如图 4-72 所示。

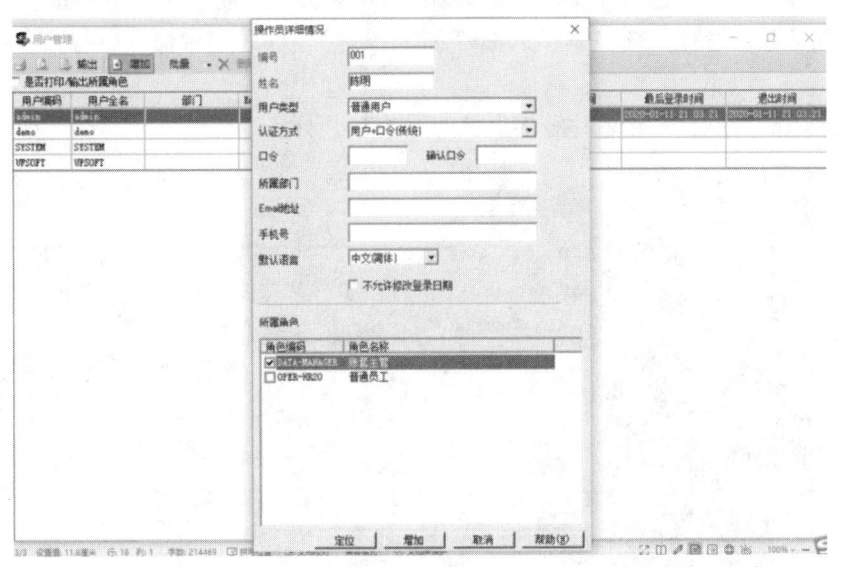

图 4-72 设置操作员

（6）单击"增加"按钮。按此方法依次设置其他的操作员。

注意：
- 只有系统管理员才有权在"系统管理"中设置用户。
- 可以在设置角色前设置用户，也可以在设置角色后设置用户。
- 在设置用户时可以直接指定所设操作员属于哪个角色，如周健的角色为"账套主管"、王东的角色为"总账会计"。
- 由于系统已经为预设的角色赋予了相应的权限，因此，如果在设置操作员时就指定了角色，那么该操作员就已经拥有了该角色的所有权限。如果该用户所拥有的权限与该角色的权限不完全相同，可以到"权限"功能中进行修改。
- 初次使用本系统，由于建立账套时需指定本账套的账套主管，担任账套主管的操作员可在设置操作员时设置；而其他操作员既可以在建立账套前设置，也可以在建立账套后设置。
- 操作员的角色可以在设置操作员时设置，也可以在设置角色并给相应角色赋权后再指定该用户的角色，以便使其直接拥有该角色的相应权限。
- 用户的设置是在用户功能中的增加状态中完成的，每增加一位用户后，单击"增加"按钮即保存。
- 用户编号不允许重复或修改，因此，在多人共用一套系统练习时，可以自行设置操作员的编号（操作员编号最多为10位数字）。
- 用户被启用后将不允许删除。

（三）建立账套

建立账套的工作应由系统管理员在"系统管理"功能中完成，包括设置账套信息、单位信息、核算类型、基础信息及确定分类编码方案和数据精度，操作步骤如下。

（1）在"系统管理"窗口中，选择"账套"→"建立"菜单命令，打开"账套信息"对话框。

（2）录入账套号、账套名称等信息，如图4-73所示。

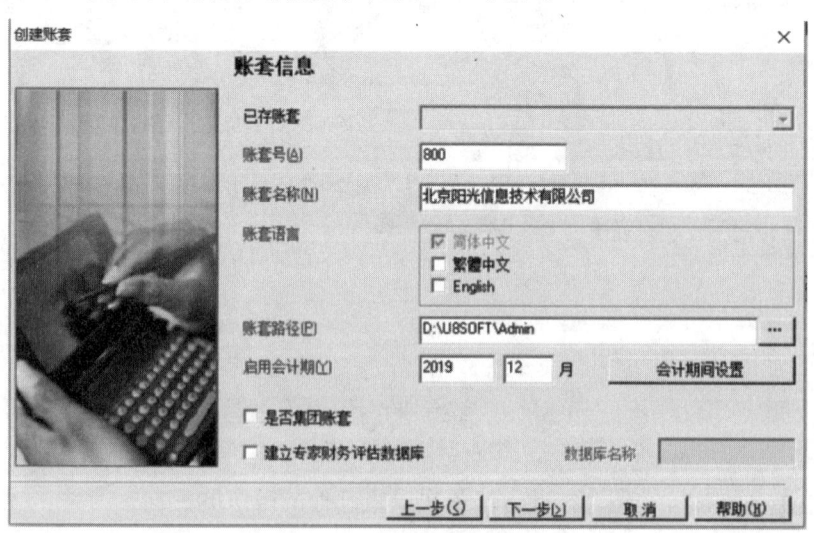

图4-73 "账套信息"对话框

注意：

- 账套号用以标识账套，可以自行设置三位数字，但不允许与已存账套的账套号重复，账套号设置后将不允许修改。
- 如果所设置的账套号与已存账套的账套号重复，则无法进入下一步的操作。
- 账套名称用以标识账套，它与账套号一起显示在系统运行的屏幕上。账套名称可以自行设置，并可以由账套主管在修改账套功能中进行修改。
- 系统默认的账套路径是"E：\U8SOFT \ Admin \ "可以进行修改。
- 建立账套时系统会将启用会计期自动默认为系统日期，应注意根据所给资料修改，否则将会影响企业的系统初始化及日常业务处理等内容的操作。

（3）单击"下一步"按钮，打开"单位信息"对话框。
（4）录入单位信息，如图 4-74 所示。

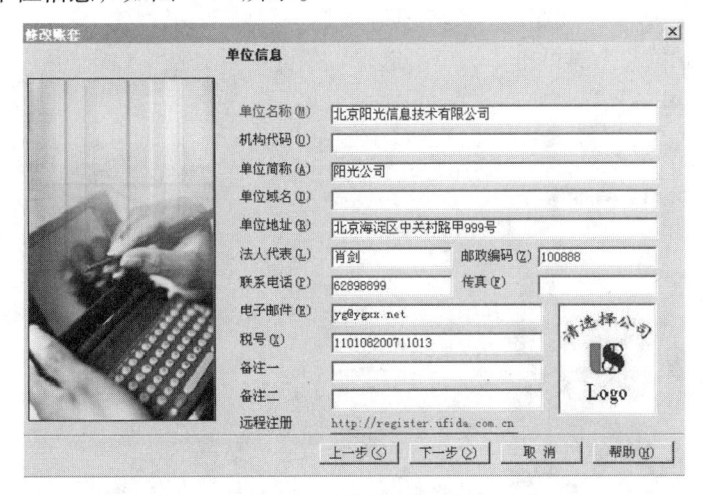

图 4-74 "单位信息"对话框

注意：

- 单位信息中只有"单位名称"是必须录入的。
- 单位名称应录入企业的全称，以便打印发票时使用。

（5）单击"下一步"按钮，打开"核算类型"对话框。
（6）单击账套主管栏下的三角按钮，选择"（001）陈明"选项，如图 4-75 所示。

注意：

- 默认预置的本币代码及本币名称。
- 默认系统提供的企业类型为"工业"，行业性质为"2007 年新会计制度科目"。
- 行业性质将决定系统预置科目的内容，必须选择正确。
- 账套主管应按企业的情况进行选择。如果预设置为账套主管的操作员还未在用户设置中设置，则应先在用户设置中补充设置后再开始建立账套，也可以先选择一个操作员作为该账套的主管，待账套建立完成后再到权限功能中修改账套主管。
- 默认按行业性质预置科目。

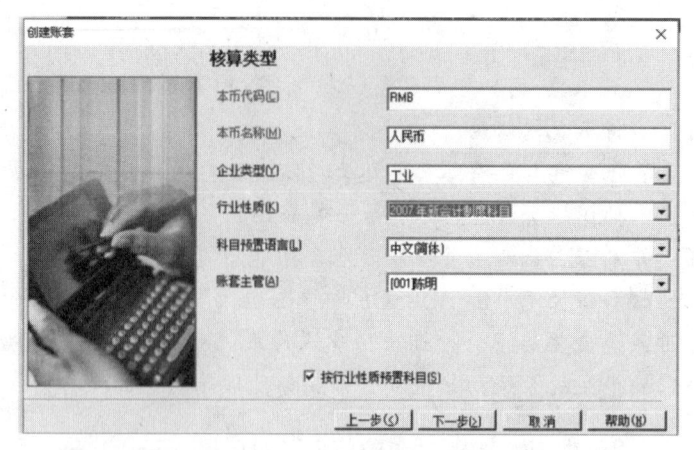

图 4-75 "核算类型"对话框

（7）单击"下一步"按钮，打开"基础信息"对话框。

（8）在"基础信息"对话框中，单击选中"存货是否分类（V）""客户是否分类（C）"等复选框，如图 4-76 所示。

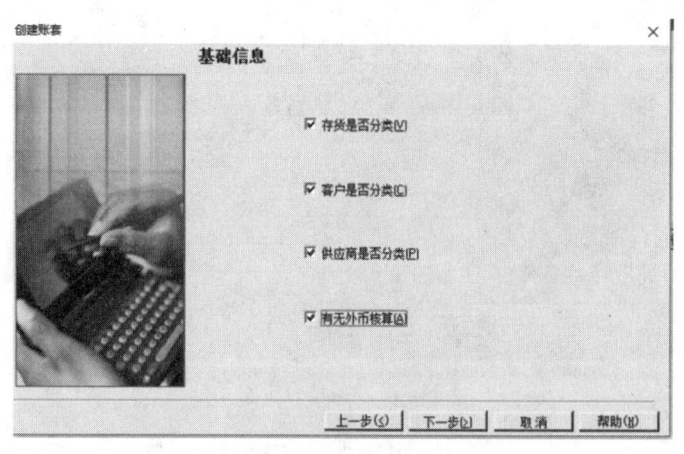

图 4-76 "基础信息"对话框

注意：

- 是否对存货、客户及供应商进行分类将会影响其档案的设置；有无外币核算则将会影响基础信息的设置及日常业务处理的有无外币的核算内容。
- 如果基础信息设置错误，可以由账套主管在修改账套功能中进行修改。

（9）单击"完成"按钮后，单击"创建账套"对话框中的"是"按钮，打开"编码方案"对话框。

（10）按所给资料修改分类编码方案，如图 4-77 所示。修改后的科目编码方案，如图 4-78 所示。

注意：

- 编码方案的设置，将会直接影响基础信息设置中相应内容的编码级次及每级编码的位长。

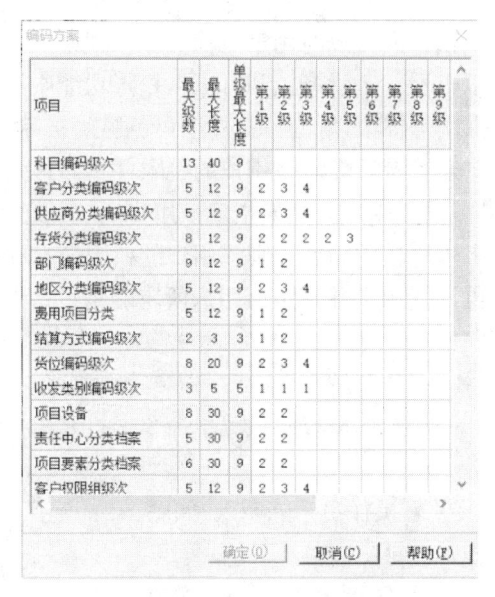

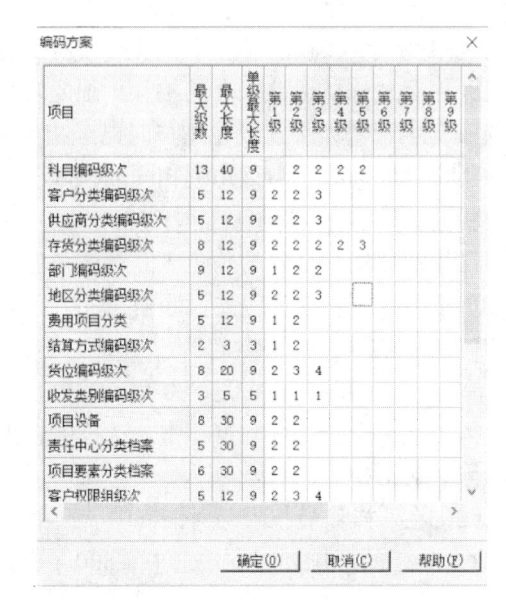

图 4-77 "编码方案"对话框（1）　　　图 4-78 "编码方案"对话框（2）

（11）单击"取消"按钮进入"数据精度"对话框，如图 4-79 所示。

注意：
- 默认机内预置的数据精度的设置。

（12）在"数据精度"对话框中单击"确定"按钮后，出现"创建账套"提示对话框，如图 4-80 所示。

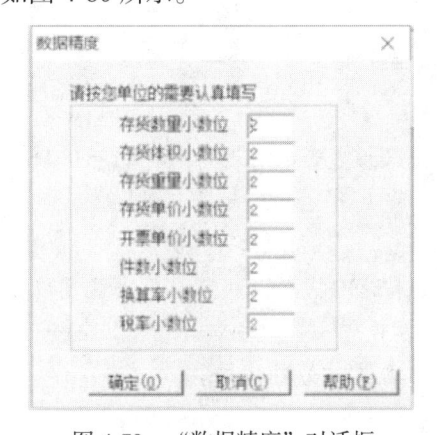

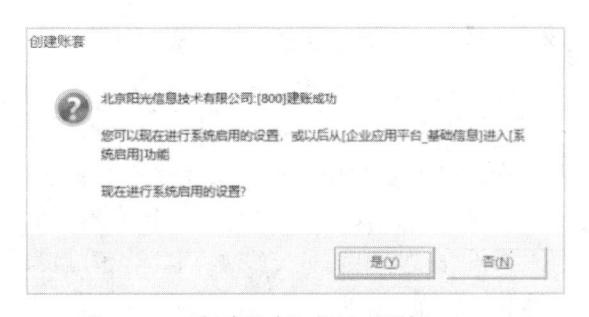

图 4-79 "数据精度"对话框　　　图 4-80 "创建账套"提示对话框

注意：
- 此时可以直接进行"系统启用"的设置，也可以单击"否"按钮先结束建账过程，之后在企业应用平台中的基础信息中再进行设置。

（13）单击"否"按钮，结束建账过程。

（四）设置操作员权限

设置操作员权限的工作应由系统管理员或该账套的主管，在"系统管理"功能中的权限功能中完成。在权限功能中，既可以对角色赋权，又可以对用户赋权。如果在设置账套时已经正确地选择了该账套的主管，则此时可以查看；若没有，则可以在权限功能中重新选择账套主管，如果在设置用户时已经指定该用户所属的角色，并且该角色已经被赋权，则该用户已经拥有了与该角色相同的权限。如果经查看后发现该用户的权限并不与该角色完全相同，则可以在权限功能中进行修改。如果在设置用户时并未指定该用户所属的角色，或虽已指定该用户所属的角色，但对该角色并未进行权限设置，则该用户的权限应在权限功能中进行设置，或者应先设置角色的权限后再设置用户并指定该用户所属的角色，则该用户的权限就可以事先确定了。

首先，查看陈明是否是 800 账套的账套主管，操作步骤如下。

（1）在"系统管理"窗口中，选择"权限"→"操作员权限"菜单命令，打开"操作员权限"对话框。

（2）在"操作员权限"对话框中，选中"001"号操作员"陈明"，如图 4-81 所示。在"账套主管"的下拉列表框中选中"800"账套。

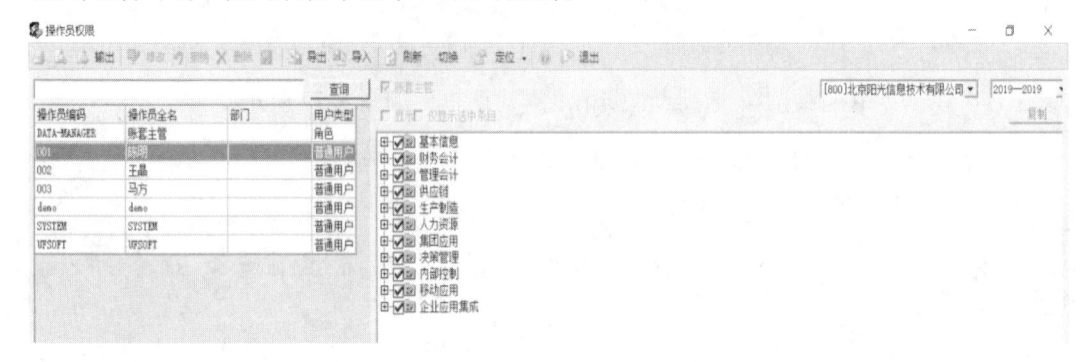

图 4-81 "操作员权限"对话框

注意：

- 只有系统管理员才有权设置或取消账套主管。而账套主管则有权对所辖账套进行各子系统的权限设置。
- 设置权限时应注意分别选中用户及相应的账套。
- 如果此时查看到"800"账套主管前的复选框为未选中状态，则可以单击该复选框将其选中，设置该用户为选中账套的账套主管。
- 账套主管拥有该账套的所有权限，因此无须为账套主管另外赋权。

其次，为王晶赋权，主要操作步骤如下。

（1）在"操作员权限"窗口中，选中"002"号操作员"王晶"。

（2）在"账套主管"的下拉列表框中选中"800"账套。

（3）单击"修改"按钮，打开"增加和调整权限"对话框。

（4）在"增加和调整权限"对话框中，单击"总账"前的"+"框，下拉其明细权限项。

（5）根据王晶拥有"总账设置"的全部权限，对于"凭证"中的"凭证处理""查询凭证""打印凭证""科目汇总"等权限，单击相应权限前的复选框，如图 4-82 所示。

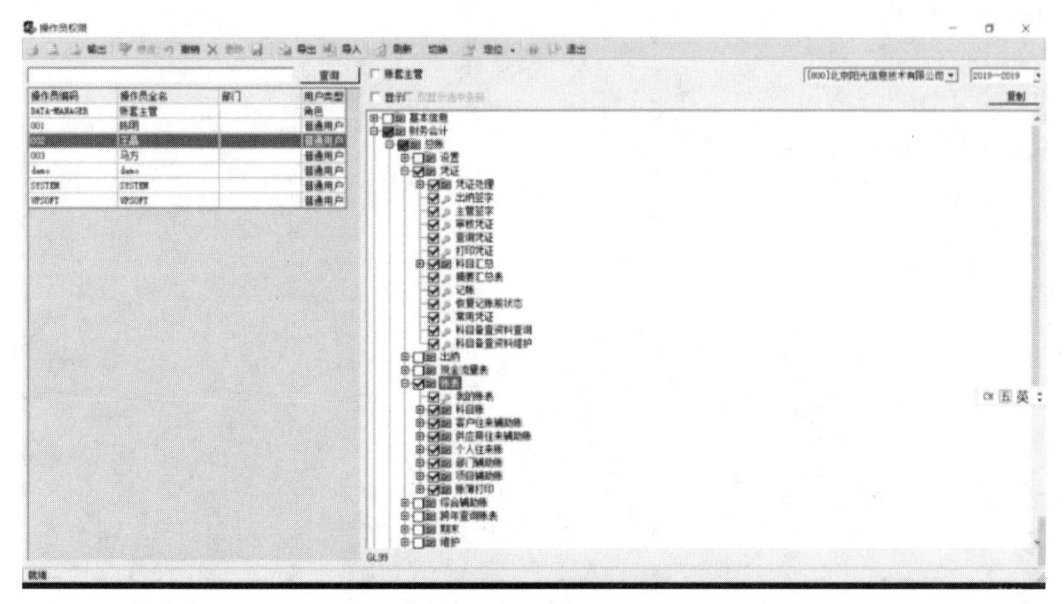

图 4-82 "增加和调整权限"对话框

（6）单击"确定"按钮。

注意：

- 如果在设置用户时已经指定王晶为"总账会计"的角色，并且系统中已经赋予了"总账会计"相应的权限，则王晶应该已经拥有了总账会计的全部操作权限，但此时并不能看到王晶的总账会计的权限。因此，要想修改王晶的权限，只能重新以修改的方式设置其权限。

最后，为马方赋权，操作步骤如下。
（1）在"操作员权限"窗口中，选中"003"号操作员"马方"。
（2）在"账套主管"的下拉列表框中选中"800"账套。
（3）单击"修改"按钮，打开"增加和调整权限"对话框。
（4）在"增加和调整权限"对话框中，单击"出纳签字"前的复选框，再单击"出纳"前的复选框，如图 4-83 所示。
（5）单击"确定"按钮。

注意：

- 如果在设置用户时已经指定马方为"出纳"的角色，并且系统中已经赋予了"出纳"相应的权限，则此时马方应该已经拥有了总账系统中出纳的全部操作权限。
- 如果在设置用户时并未指定马方为"出纳"的角色，则可以采用我们现在增加用户权限的方法，增加马方的出纳权限。

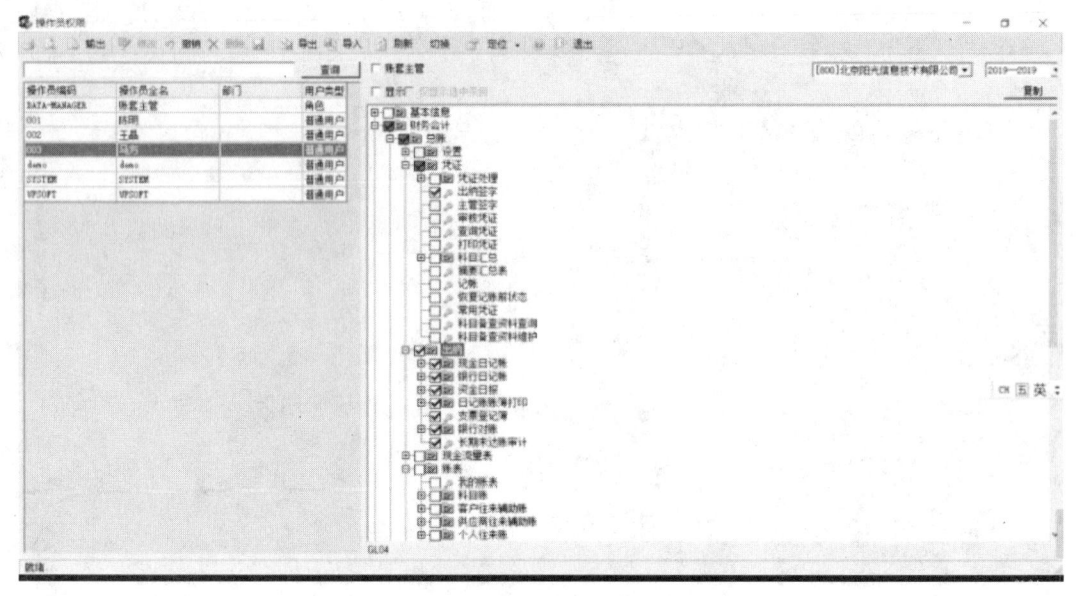

图 4-83 "增加和调整权限"对话框

(五)设置备份计划

设置备份计划的工作应由系统管理员在"系统管理"的"系统"中的"设置备份计划"功能中完成,操作步骤如下。

(1) 在"E:\"中新建文件夹。

(2) 在"系统管理"窗口中,选择"系统"→"设置备份计划"菜单命令,打开"备份计划设置"对话框。

(3) 单击"增加"按钮,打开"增加备份计划"窗口。

(4) 录入计划编号、计划名称,单击"发生频率"栏下三角按钮,选择"每天"选项,在"开始时间"栏录入"00:00:00",在"发生天数"栏选择"1"选项,单击"请选择备份路径"栏按钮,选择相应文件夹,备份计划详细情况如图 4-84 所示。

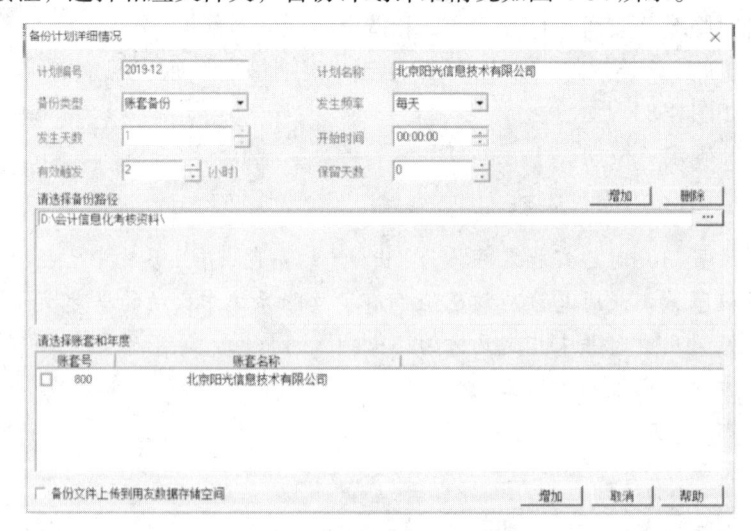

图 4-84 备份计划详细情况

（5）单击"800 北京阳光信息技术有限公司"前的复选框。

（6）单击"增加"按钮，保存备份计划设置，单击"退出"按钮退出。

（六）修改账套

修改账套的工作应由账套主管在"系统管理"的"账套"中的"修改"功能中完成，操作步骤如下。

（1）在"系统管理"窗口中，选择"系统"→"登录"菜单命令，打开"登录系统管理"对话框。

（2）录入操作员"001"（或"陈明"），密码空，单击"账套"栏下三角按钮，选择"[800]（default）北京阳光信息技术有限公司"选项，登录界面如图 4-85 所示。

（3）单击"登录"按钮，打开"系统管理"窗口。

（4）在"系统管理"窗口中，选择"账套"→"修改"菜单命令，打开"修改账套"对话框。

（5）单击"下一步"按钮，打开"单位信息"对话框。

（6）单击"下一步"按钮，打开"核算类型"对话框。

（7）单击"下一步"按钮，打开"基础信息"对话框。

（8）单击"供应商是否分类（P）""有无外币核算（A）"等复选框，如图 4-86 所示。

图 4-85 "注册系统管理"对话框　　　　图 4-86 "基础信息"对话框

（9）单击"完成"按钮，出现"确认修改账套了吗？"对话框。

（10）单击"是"按钮，并在"分类编码方案""数据精度定义"窗口中分别单击"确定"按钮确认修改成功。

（七）账套备份

账套备份的工作应由系统管理员在"系统管理"的"账套"中的"输出"功能中完成，操作步骤如下。

（1）在"D:"中新建"800 账套备份"文件夹，再在"800 账套备份"文件夹中新建"（1）建立账套"文件夹。

（2）由系统管理员登录系统管理，在"系统管理"窗口中，选择"账套"→"输出"菜单命令，打开"账套输出"对话框。

（3）单击"账套号"栏下三角按钮，选择"[800]北京阳光信息技术有限公司"选项。

（4）单击"确定"按钮，打开"选择备份目标"对话框。

（5）在"选择备份目标"对话框中，打开"E"中"800 账套备份"文件夹中的"（1）建立账套"文件夹。

（6）选择账套备份路径，如图 4-87 所示。

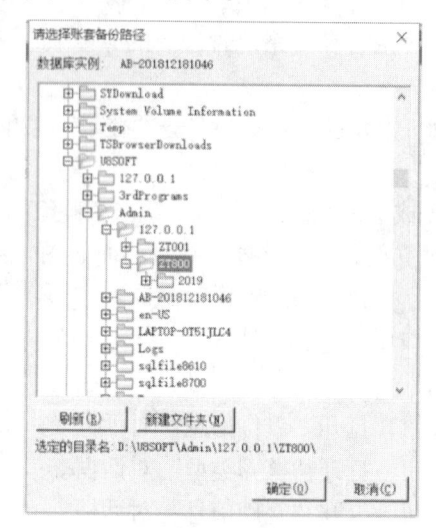

图 4-87　"备份账套路径选择"对话框

（7）单击"确定"按钮。

（8）出现"账套备份完毕"对话框，单击"确定"按钮。

注意：

- 在账套输出功能中可以分别进行"账套备份"和"删除账套"的操作。
- 只有系统管理员有权进行账套输出。
- 对正在使用的账套可以进行"账套备份"操作，但不允许进行"删除账套"操作。
- 备份账套时应先建立一个备份账套的文件夹，以便将备份数据存放在目标文件夹中。
- 对于不再需要的账套，可以使用账套输出功能进行删除，删除的方法是，在账套输出功能中选中要删除的账套后，将"删除当前输出账套"复选框选中，当输出完成后系统提示"真要删除该账套吗？"单击"是"按钮则可以删除该账套。

任务四　基础设置

一、企业应用平台功能简介

用友 U8V10.1 应用系统包含众多子系统，它们之间有很多共性，如都需要进行登录注册、都需要设置系统基础档案信息等。进入用友 U8V10.1 应用系统时，用户既可以单独注册任何一个子系统，也可以通过"企业应用平台"注册进入企业应用平台，取得不必再次验证即可进入任何子系统的"通行证"，这样既可以避免重复登录、节省时间，又可以充分体现数据共享和系统集成的优势。

用友 U8V10.1 应用系统中设立了企业应用平台功能，使用友 U8V10.1 应用系统成为连接企业员工、用户和合作伙伴的公共平台，使系统资源得到高效、合理的利用，系统的基础档案信息将集中在企业应用平台中进行维护。通过企业应用平台，系统使用者能够从单一入口访问其所需的个性化信息，定义自己的业务工作，并设计自己的工作流程。实现了个性化业务工作与日常办公的协同进行。

企业应用平台主要提供了以下几个方面的功能。

1. 工作列表

用友 U8V10.1 应用系统包括基础设置、财务会计、管理会计、客户关系管理、行政办公、供应链、生产制造、人力资源、集团应用、Web 应用、商业智能和企业应用集成等五十几个子系统，每个产品组中又包含若干模块。日常使用时，不同的操作人员进入企业应用平台后看到的界面是相同的。但不同的操作人员具有不同的操作权限，因此，每个人能进入的模块是不同的。需要进入某一模块时，只需在企业应用平台左侧单击选择该模块所属的产品组，再单击右侧对应的功能图标即可。

选择"开始"→"程序"→"用友 U8V10.1"→"企业应用平台"菜单命令，以有权限的操作员身份注册，进入企业应用平台的控制台，如图 4-88 所示。

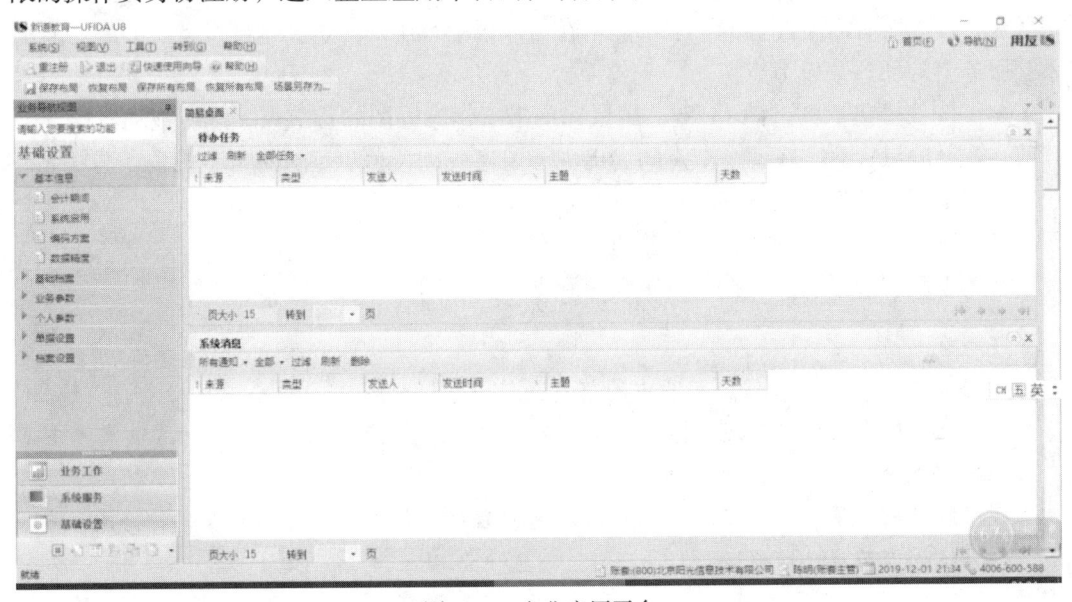

图 4-88　企业应用平台

企业应用平台左侧有三个页签，分别为"业务工作""系统服务""基础设置"。"业务工作"页签包含了财务、供应链、生产制造、人力资源等进行日常业务工作所使用的子系统，提供了快速进入业务工作的途径；"系统服务"页签集中了系统管理、系统配置、总账工具、科目转换等财务工具，以及数据仓库配置、数据分析配置等决策使用工具；在使用用友 U8V10.1 应用系统前，需要做很多准备工作，包括启用需要使用的子系统，根据本单位信息化管理的需要设置基础档案等，这些功能模块都集中在"基础设置"页签中。

2. 工作中心

日常工作中，每个人除了负责系统中特定的业务工作，还要处理一些繁杂的日常事务。"工作中心"是企业应用平台以登录注册的操作员为中心，将用户负责的业务工作连同日常办公需要的功能有机集成的产物，充分体现了"以用户为中心"的设计思想。

"工作中心"包括"工作日历""信息中心""移动短信息""我的链接"四部分，通过"工作日历"，你可以建立个人备忘录，用以提醒某一天要完成的工作和其他重要的事件；通过"信息中心"功能，你可以向系统中的其他操作员发送非业务信息；利用系统为你提供的"移动短信息"功能，你可以以短消息的形式通知你的工作伙伴最新的工作情况和任务；通过"我的链接"功能，你可以及时获取外部网络信息，或企业内部网络信息。

3. 个性流程

通过"个性流程"功能，用户可以根据处理的日常业务设计个性化的工作流程图，操作步骤如下。

（1）在企业应用平台中，选择"视图"→"个性流程"菜单命令，进入工作界面。

（2）单击工具栏上的"编辑"按钮，即可配置常用功能。

（3）在业务工作列表中，选中需要增加的工作节点并拖动至工作区的空白处。重复这一操作，直至所有需要配置的节点都显示在工作区中。用户可选择基础设置、产品功能和系统服务中的任意菜单节点。

（4）按住键盘上的"Ctrl"键，用鼠标单击工作流程图的首节点，然后拖动鼠标到下一节点。释放鼠标后，在两个节点间会出现一条连线，表示节点间的顺序关系。重复这一操作，直至完成工作流程图的设计。

（5）单击工具栏上的"存储"按钮，保存工作流程图。

（6）单击"重新装入"按钮可重新装载工作流程图。

注意：

- 若要修改、删除工作流程图中的节点或节点间的连线，应单击工具栏上的"编辑"按钮，选中需要修改或删除的节点或连线并单击鼠标右键，在弹出的右键菜单中选择"删除"或"修改"选项即可。
- 修改节点设置，可对节点的名称、命名、程序路径、节点显示图像进行修改。
- 系统固有节点不可修改。

4. 配置

配置功能主要用于配置生产制造、专家财务分析、人力资源、管理驾驶舱、报账中心、Web应用等模块所使用的服务器和服务器端口，以及移动短信息的发送端口、短信息接收的刷新时间。

系统将检测本机设置，使用默认的服务器、服务器端口、短信端口及刷新时间，用户可根据自己的需要更改这些设置。目前只允许更改生产制造模块的服务器端口设置。

5. 支持

为帮助用户更好地使用用友U8V10.1应用系统，用友公司组织了强大的技术支持阵容，用来解决用户提出的各种问题,并定期发布企业成功应用案例。为便于用户登录查询,企业应用平台中提供了链接。在企业应用平台中,单击工具栏上的"网上用友"按钮,可以进入用友公司主页,单击工具栏上的"技术支持"按钮,即可链接到用友公司技术支持主页。

6. 风格配置

风格配置功能可以使用户进行个性化的、体现自身特色的页面风格设计。

(1)配置页面功能。

系统为主界面的显示提供了三种形式,包括企业流程、个性流程和工作中心,用户可以自由选择。企业流程在安装了行业套件后自动预测,用户可以使用行业套件流程工具对流程进行修改。个性流程是用户设置的常用流程,如果没有设置,界面为空白。工作中心包括工作日历、信息中心、移动短信息、我的链接等功能,这些功能用户不能修改。

(2)自定义页面风格。

除选用系统提供的页面风格外,用户还可以自定义页面风格。系统提供了企业应用平台标题栏及各模块标题栏的背景图、背景色及文本的设置,各模块的功能按钮是以图标形式显示还是以文本形式显示也可由用户选择。

此外,企业应用平台中还提供了"重注册"功能,便于需要时更换当前操作员。

二、企业应用平台与其他子系统的关系

企业应用平台集中了用友 U8V10.1 应用系统的所有功能,为各个子系统提供了一个公共的交流平台。通过企业应用平台中的"基础信息",可以完成各模块的基础档案管理、数据权限划分等设置。通过企业应用平台,可以对各模块的界面风格进行个性化定制,可以方便地进入任何一个有权限的模块。

三、系统基础设置

系统启用是指设定用友 U8V10.1 应用系统中各个子系统开始使用的日期。只有启用后的子系统才能进行登录。系统启用有两种方法:用户创建完成一个新的账套后,系统弹出提示信息,可以选择立即进行系统启用设置;用户也可在企业应用平台中启用系统。

1. 在企业应用平台中启用系统

如果在建立账套时未设置系统启用,也可以在企业应用平台中进行设置,操作步骤如下。

(1)选择"开始"→"程序"→"用友 U8V10.1"→"企业应用平台"菜单命令,以系统管理员或账套主管身份进入企业应用平台。

(2)选择"设置"页签,单击左侧列表中的"基础信息"项,下面显示基础信息设置所包含的三项内容。

(3)单击"系统启用"按钮,打开"系统启用"对话框。系统启用界面所列出的子系统全部是已安装的子系统,未安装的不予列示。

(4)单击子系统前的复选框,选择要启用的系统,弹出"日历"对话框。

（5）单击"<"或">"按钮选择系统启用的年度，再从下拉列表中选择系统启用的月份，最后从日历表中单击选择系统启用的日期。

（6）单击"确定"按钮，弹出"确实要启用当前系统吗？"提示信息，如图4-89所示。

图4-89　系统启用提示信息

（7）单击提示信息中的"是"按钮，完成总账系统的启用，系统自动记录启用日期和启用人。用户可按此方法分别启用其他系统。

注意：
- 只有账套主管才有权在"企业应用平台"中启用系统。
- 各系统的启用时间必须大于或等于账套的启用时间。

2. 设置部门档案

操作步骤如下。

（1）在企业应用平台中，选择工作列表中的"设置"页签，选择"基础档案"→"机构人员"→"部门档案"菜单命令。

（2）单击"增加"按钮，录入部门编码、部门名称，如图4-90所示。

（3）单击"保存"按钮。按此方法依次录入其他的部门档案。

注意：
- 部门档案既可以在企业应用平台的基础档案中进行设置，也可以在使用部门档案的其他系统中进行设置，系统中基础档案信息是共享的。
- 部门编码必须符合编码规则。
- 必须录入部门编码及部门名称，其他内容可以为空。
- 由于此时还未设置"职员档案"，所以不能设置部门中的"负责人"。如果需要设置，则只能在设置完"职员档案"后，再回到"部门档案"中以修改的方式补充设置"负责人"并保存。

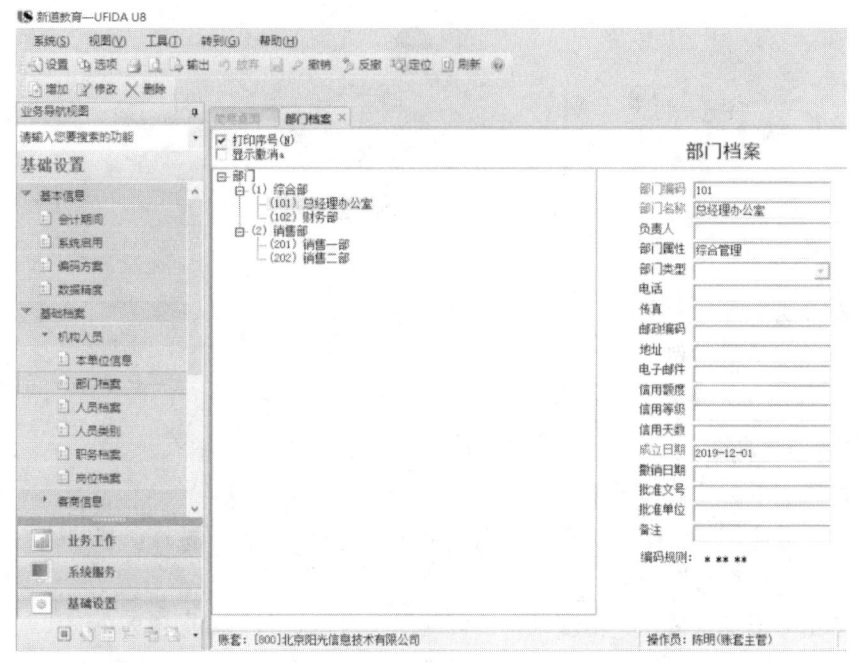

图 4-90 "部门档案"窗口

3. 设置人员类别

设置人员类别就是按照某种特定分类方式将企业的人员分为若干类型。不同类型人员的工资水平可能不同，要根据不同的人员类型来进行工资费用的核算，也要根据不同的人员类型进行成本费用的分配、分摊。因此，对人员进行分类有助于实现工资的多级化管理，便于为企业提供不同类别人员的工资信息。

系统一般按树形层次结构对企业的人员进行分类设置和管理，预设了在职人员、离退休人员、离职人员和其他人员四类顶级类别，在此基础上用户可以自定义扩充人员子类别。

将在职人员细分为"管理人员""经理人员""开发人员""经营人员"，操作步骤如下。

（1）在工作列表的"设置"页签中，选择"基础档案"→"机构人员"→"人员类别"菜单命令，打开"人员类别"窗口。

（2）从左侧人员类别目录中选择"在职人员"选项，然后单击"增加"按钮，打开"增加档案项"对话框。在对话框中输入档案编码、档案名称，如图 4-91 所示。

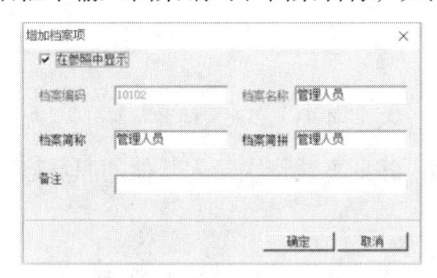

图 4-91 "增加档案项"对话框

（3）单击"确定"按钮，将此记录保存。

（4）在"增加档案项"对话框中继续录入其他人员类别，录入结果如图 4-92 所示。

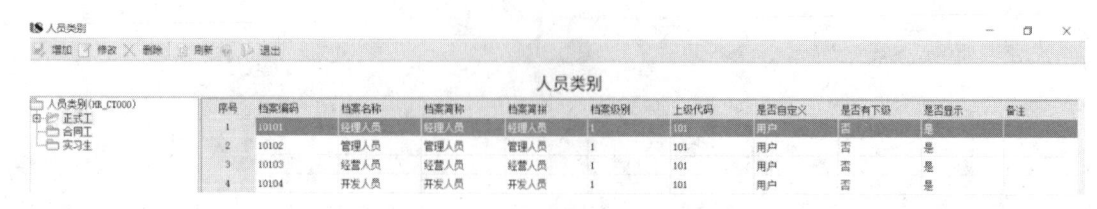

图 4-92 "人员类别"对话框

注意：
- 顶层人员类别由系统预置，不能增加。
- 档案编码不可修改。
- 经使用的人员类别不允许删除。

4. 设置职员档案

操作步骤如下。

（1）在企业应用平台中，选择工作列表中的"设置"页签，选择"基础档案"→"机构人员"→"人员档案"菜单命令。

（2）单击"增加"按钮，依次录入人员编码、人员姓名，如图 4-93 所示。

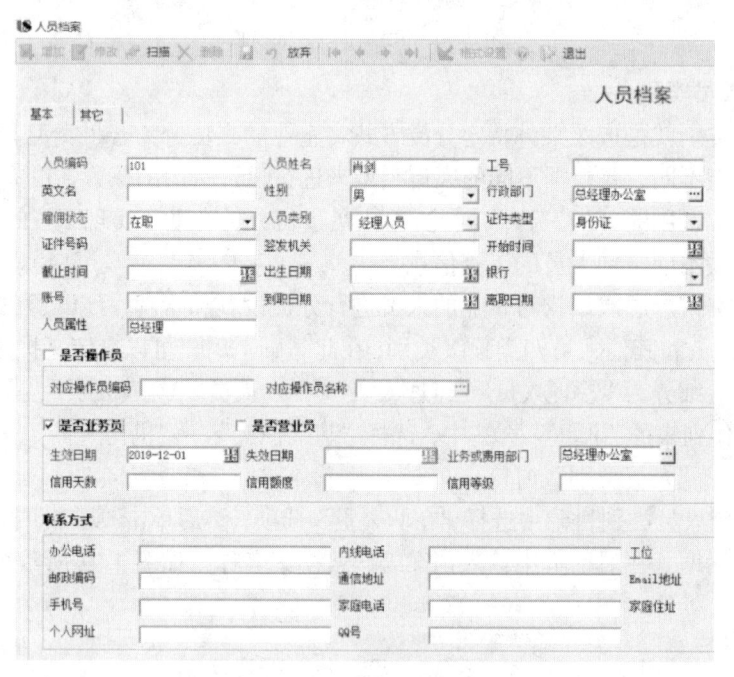

图 4-93 "人员档案"窗口

（3）单击"保存"按钮。按此方法依次录入其他的职员档案。

注意：
- 在录入职员档案时，必须录入人员编码及人员姓名，所属部门由系统根据左窗口中所选择的部门内容直接列示，如果不是所对应职员的部门，应在删除当前所列示的部门后，单击"参照"按钮重新选择相应的部门。

- 人员编码必须是唯一的。
- 职员所属部门只能是末级部门。

5. 设置客户分类

操作步骤如下。

（1）在企业应用平台中，选择工作列表中的"设置"页签，选择"基础档案"→"客商信息"→"客户分类"菜单命令。

（2）单击"增加"按钮，录入分类编码、分类名称，如图 4-94 所示。

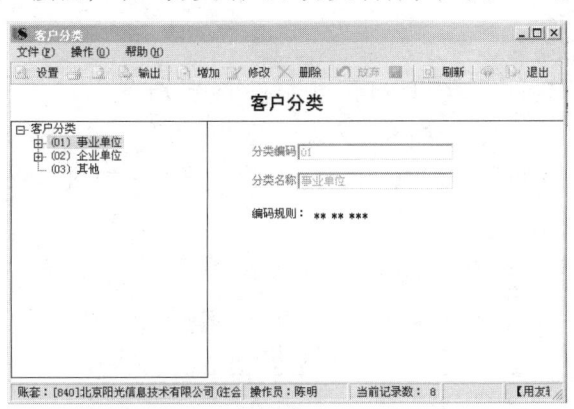

图 4-94　"客户分类"窗口

（3）单击"保存"按钮。按此方法依次录入其他的客户分类。

注意：
- 客户是否需要分类应在建立账套时确定。
- 客户的分类编码必须符合编码规则。

6. 设置客户档案

操作步骤如下。

（1）在企业应用平台中，选择工作列表中的"设置"页签，选择"基础档案"→"客商信息"→"客户档案"菜单命令。

（2）选择"客户分类"→"事业单位"→"学校"菜单命令。

（3）单击"增加"按钮，录入客户编码、客户简称，如图 4-95 所示。

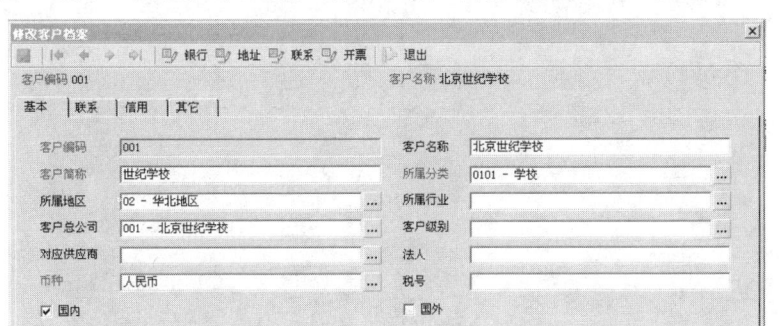

图 4-95　修改"客户档案"窗口

（4）单击"保存"按钮。按此方法依次录入其他的客户档案。

注意：
- 在录入客户档案时，必须录入客户编码和客户简称，所属分类由系统根据左窗口所选择的客户分类的内容直接列示，如果不是所对应的客户分类，应在删除当前所列示的所属分类后，单击"参照"按钮重新选择或直接输入相应的客户分类。
- 客户编码必须是唯一的。
- 客户所属分类只能是末级客户分类。

7. 设置供应商档案

供应商分类设置与客户分类设置相同，操作步骤如下。

（1）在企业应用平台中，选择工作列表中的"设置"页签，选择"基础档案"→"客商信息"→"供应商分类"菜单命令，如图 4-96 所示。

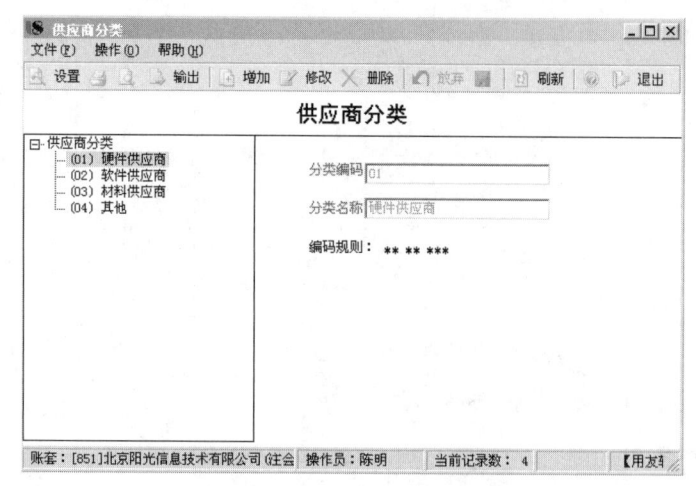

图 4-96 "供应商分类"窗口

（2）选择"供应商分类"→"硬件供应商"菜单命令。

（3）单击"增加"按钮，录入供应商编码、供应商简称，如图 4-97 所示。

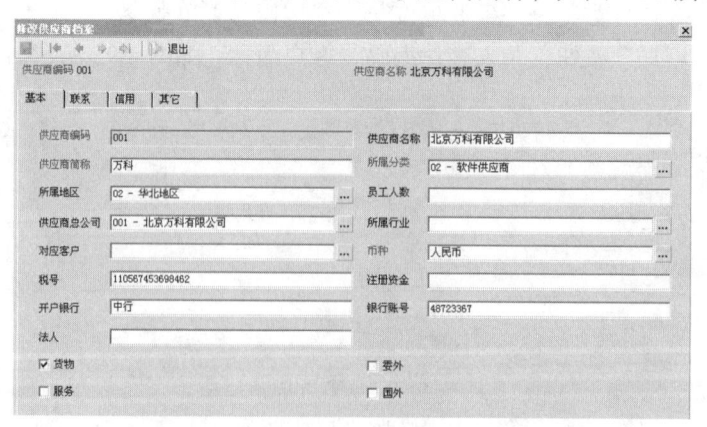

图 4-97 修改"供应商档案"窗口

（4）单击"保存"按钮。按此方法依次录入其他的供应商档案。

注意：
- 在录入供应商档案时，必须录入供应商编码及供应商简称。
- 供应商是否分类应在建立账套时确定，此时不能修改，如需修改只能在未建立供应商档案的情况下，在系统管理中以修改账套的方式修改。
- 供应商编码必须是唯一的。

本项目小结

本章以用友U8V10.1为例，说明了会计软件的安装、会计软件进入退出、账套的建立和系统的初始化设置。购置设备时应考虑保证会计软件正常运行的软、硬件环境，要特别注意退出时，应按照WINDOWS软件通常使用的方式正确退出。

系统初始化前，要学会如何使用"系统帮助""系统参照"，如何设置"系统提示"，在使用多个模块时如何进行"系统基础设置"，如何使用密码并进行修改，如何设置账簿主管及操作员，如何设置操作员的权限。

系统的初始化首先是建立账套，用于处理本单位的会计业务。建立账套要确定账套的编号，并为账套命名；设定启用时间；输入单位名称、企业类型、行业性质、账套主管等相关信息；确定操作员及其权限。对建立的账套，要根据企业的实际情况及核算体系的要求，定义编码方案，建立科目级次，输入会计科目及编码，设定账簿选项、外币及汇率、结算方式、凭证类别，输入期初余额等，这样企业专用的账务核算系统就建立起来了。

必须细心认真对待系统初始化工作，如有错误可在账套启用前修改。要特别注意的是，一旦账套启用，账套初始化所确定的参数将不可以修改。

关键概念

系统初始化　账套　系统管理员

课堂讨论题

（1）为什么要进行辅助核算？设置个人、部门、项目、客户往来、供应商往来进行辅助核算项目各有什么实际意义？

（2）系统管理员、账套主管、操作员三者的职责权限关系如何？

复习思考题

（1）用友U8V10.1主要由哪些子系统组成？系统安装时应注意哪些问题？

（2）为什么要建立用户自己的核算账套？建立账套时要输入哪些关键信息？

（3）系统管理员与账套主管的权限有何不同？

（4）操作员的设置及其权限设置应注意哪些问题？

（5）企业应用平台有哪些功能？基础设置有哪些主要内容？

实训操作题

1. 建立新账套

（1）账套信息。

账套号：800；账套名称：北京阳光信息技术有限公司；采用默认账套路径；启用会计期：2019年12月；会计期间设置：1月1日—12月31日。

（2）单位信息。

单位名称：北京阳光信息技术有限公司；单位简称：阳光公司；单位地址：北京市海淀区中关村路甲999号；法人代表：肖剑；邮政编码：100888；联系电话及传真：62898899；电子邮件：yg@ygxx、net；税号：110108200711013。

（3）核算类型。

该企业的记账本位币：人民币；企业类型：工业；行业性质：2007年新会计制度；账套主管：陈明。

（4）基础信息。

该企业有外币核算，进行经济业务处理时，需要对存货、货币、供应商进行分类。

（5）分类编码方案。

科目编码级次：42222；客户及供应商分类编码级次：223；部门编码级次：122；结算方式编码级次：12；地区分类编码级次：223。

2. 财务分工

（1）001 陈明，账套主管。

（2）002 王晶，出纳。

（3）003 马方，会计。

3. 设置基础档案

北京阳光信息技术有限公司分类档案资料如下（其中，客户档案和供应商档案中的数据等为虚拟信息）。

（1）部门档案。

部门编码	部门名称	部门属性	部门编码	部门名称	部门属性
1	综合部	管理部门	203	销售三部	专售软件
101	总经理办公室	综合管理	204	销售四部	销售配套用品
102	财务部	财务管理	3	供应部	采购供应
2	销售部	市场营销	4	制造部	研发制造
201	销售一部	专售打印纸	401	产品研发	技术开发
202	销售二部	专售硬件	402	制造车间	生产制造

（2）人员类别设置：经理人员、管理人员、经营人员、开发人员。

（3）职员档案。

职员编号	职员名称	所属部门	职员属性	人员类别
101	肖剑	总经理办公室	总经理	经理人员

续表

职员编号	职员名称	所属部门	职员属性	人员类别
102	陈明	财务部	会计主管	经理人员
103	王晶	财务部	出纳	管理人员
104	马方	财务部	会计	管理人员
201	赵斌	销售一部	部门经理	经理人员
202	宋佳	销售二部	经营人员	经营人员
203	孙健	销售三部	部门经理	经理人员
204	王华	销售四部	经营人员	经营人员
301	白雪	供应部	部门经理	经理人员
401	周月	产品研发	部门经理	经理人员
402	李彤	制造车间	部门经理	经理人员

（4）客户分类。

分类编码	分类名称
01	事业单位
0101	学校
0102	机关
02	企业单位
0201	工业
0202	商业
0203	金融
03	其他

（5）供应商分类。

分类编码	分类名称
01	硬件供应商
02	软件供应商
03	材料供应商
04	其他

（6）地区分类。

地区分类	分类名称
01	东北地区
02	华北地区
03	华东地区
04	华南地区

续表

地区分类	分类名称
05	西北地区
06	西南地区

（7）客户档案。

客户编号	客户名称	客户简称	所属分类码	所属地区	税号	开户银行	银行账号	邮政编码	地址
001	北京世纪学校	世纪学校	0101	02	123600004911106546	工行	73856654	100077	北京市海淀区上地路1号
002	天津海达公司	海达公司	0202	03	120008456732310	工行	69325581	300000	天津市南开区花苑路1号
003	上海万邦证券公司	万邦证券	0203	03	310106548765432	工行	36542234	200032	上海市徐汇区天平路8号
004	哈尔滨市飞机制造厂	哈飞	0201	01	108369856003251	工行	438105487	150008	哈尔滨市平房区和平路116号

（8）供应商档案。

供应商编号	供应商名称	供应商简称	所属分类码	所属地区	税号	开户银行	银行账号	邮编	地址
001	北京万科有限公司	万科	02	02	110567453698462	中行	48723367	100045	北京市朝阳区十里堡8号
002	北京联想分公司	联想	01	02	110479865267583	中行	76473293	100036	北京市海淀区开拓路108号
003	南京多媒体教学研究所	多媒体研究所	04	03	320888465372657	工行	5556127	230187	南京市湖北路100号
004	上海信息记录纸厂	记录纸厂	03	03	310103695431012	工行	8511507	200232	上海市浦东新区东方路甲1号

项目五

总账管理

学习目标
（1）了解总账系统的功能及其与其他子系统的关系。
（2）熟悉总账系统的基本操作流程。
（3）掌握总账系统的初始设置、日常业务处理、出纳管理、账簿管理和期末处理的操作。

任务一　总账系统概述

一、功能概述

总账系统的任务就是利用建立的会计科目体系，输入和处理各种记账凭证，完成记账、结账及对账工作，输出各种总分类账、日记账、明细账和有关辅助账。

用友 U8V10.1 总账系统适用于各类企事业单位，主要提供凭证处理、账簿处理、出纳管理和期末转账等基本核算功能，还提供个人、部门、客户、供应商、项目核算和备查簿等辅助管理功能。在业务处理的过程中，可随时查询包含未记账凭证的所有账表，充分满足管理者对会计信息及时性的要求。

用友 U8V10.1 总账系统功能模块划分为系统设置、凭证处理、账簿管理、出纳管理、综合辅助账、期末处理等模块。

1. 系统设置模块

系统设置模块通过严密的制单控制保证填制凭证的正确性，提供资金赤字控制、支票控制、预算控制、外币折算误差控制，以及查看科目最新余额等功能，加强对发生业务的及时管理和控制。制单赤字控制可控制出纳科目、个人往来科目、客户往来科目、供应商往来科目。在系统设置模块中，用户可根据需要增加、删除或修改会计科目。

2. 凭证处理模块

凭证处理模块的功能有：输入、修改和删除凭证；对机内凭证进行审核、查询、汇总和打印；根据已经审核的记账凭证登记明细账、日记账和总分类账。

3. 账簿管理模块

在账簿管理模块中，用户可按多种条件查询总账、日记账、明细账等。该模块具有总账、明细账和凭证联查功能，月末打印正式账簿。

4. 出纳管理模块

出纳管理模块为出纳人员提供一个集成办公环境，可以加强对库存现金及银行存款的管理。该模块提供支票登记簿功能，用来登记支票的领用情况；可完成银行存款日记账、库存现金日记账的登记工作，随时出具最新资金日报表；定期将企业银行存款日记账与银行出具的对账单进行核对，并编制银行存款余额调节表。

5. 综合辅助账模块

综合辅助账模块可用于综合查询科目辅助明细账。

6. 期末处理模块

期末处理模块自动完成月末分摊、计提、对应转账、销售成本、汇兑损益、期间损益结转等业务的处理，进行试算平衡、对账、结账，生成月末工作报告。

二、总账系统与其他系统的关系

总账系统属于财务管理系统的一部分，而财务管理系统与其他系统属于并行关系。总账系统既可以独立运行，也可以同其他系统协同运转。

总账系统是财务管理系统的一个基本的子系统，它概括地反映了企业供产销等全部经济业务的综合信息，在财务管理系统中处于中枢地位。

总账系统接收薪资管理、固定资产、应收应付、资金管理、网上银行、报账中心、成本管理、项目管理、存货核算等系统生成的凭证。

总账系统向 UFO 报表系统、管理驾驶舱、财务分析系统等提供财务数据，生成财务报表及其他财务分析表。

三、操作流程

总账系统的基本操作流程包括初始设置、日常处理和期末处理三部分。总账系统业务模型，如图 5-1 所示。

任务二 初始设置

总账系统初始设置是应用总账系统的基础工作，包括凭证、账簿、会计日历、金额权限设置和分配、数据权限设置和分配、总账套打设置、账簿清理等。本节将结合有关会计资料阐述总账系统的初始化处理过程，介绍如何将一个通用的总账系统改造为一个适合企业核算要求的"专用总账系统"。

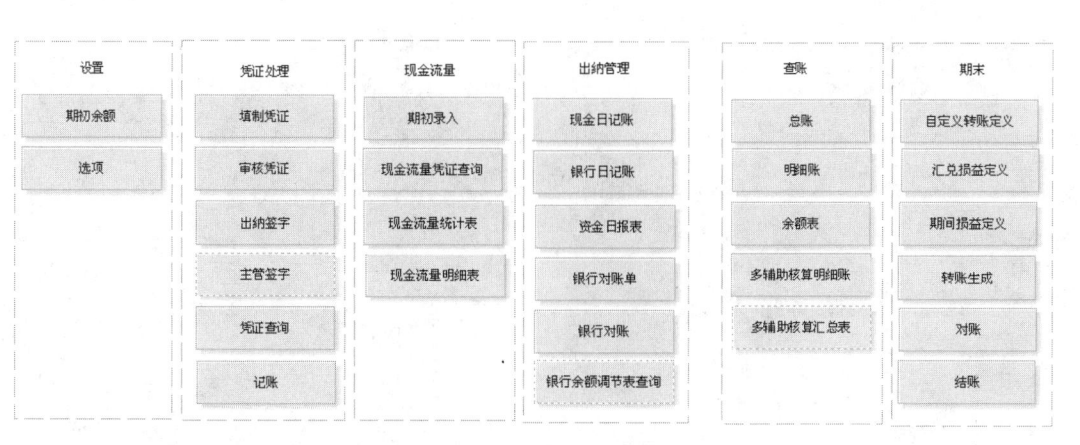

图 5-1 总账系统业务模型

一、设置系统参数

在首次启动总账系统时,需要确定反映总账系统核算要求的各种参数,使通用总账系统适用于本单位的具体核算要求。总账系统的业务参数将决定总账系统的输入控制、处理方式、数据流向、输出格式等,设定后一般不能随意更改。

使用总账系统需要先启动总账系统程序,然后录入操作员、密码、账套、会计年度、操作日期等信息。总账系统启动后,在"企业应用平台"窗口中单击"业务"页签,在"业务工作"窗口中选择"财务会计"→"总账"→"设置"→"选项"菜单命令,进行参数的调整。选项功能包括"凭证""账簿""凭证打印""预算控制""权限""会计日历""其他"七个标签页,选择相应标签页可进行账套参数的修改。"凭证""账簿""凭证打印""预算控制""权限""会计日历""其他"参数设置如图 5-2 至图 5-8 所示。

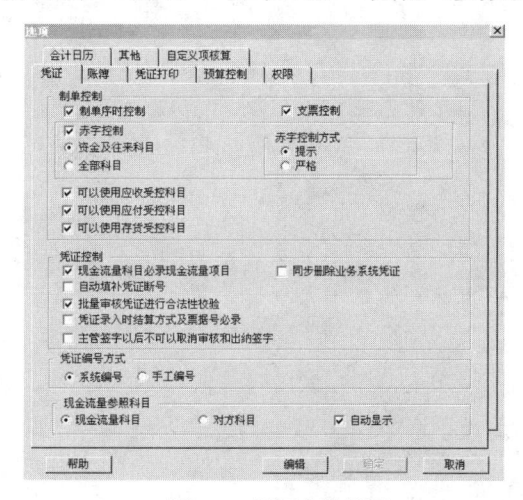

图 5-2 凭证参数设置　　　　图 5-3 账簿参数设置

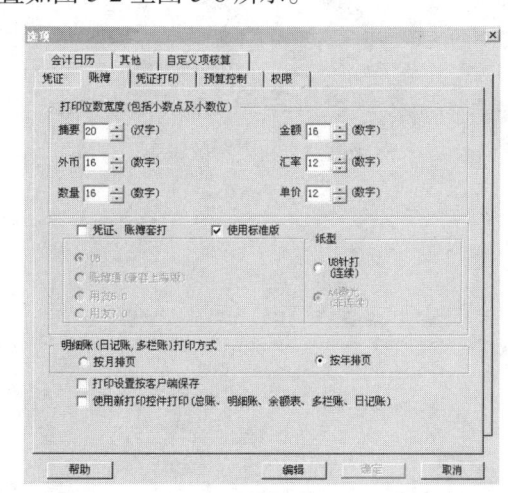

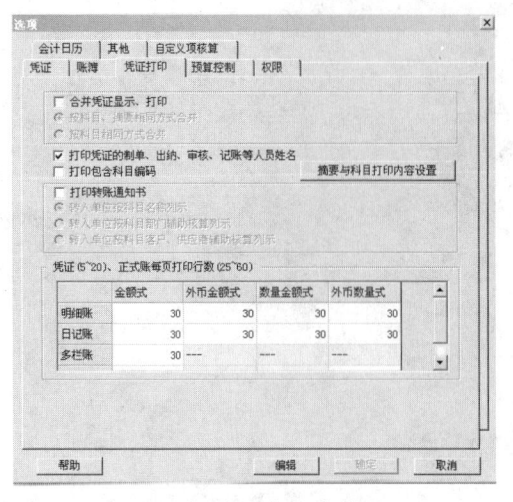

图 5-4　凭证打印参数设置

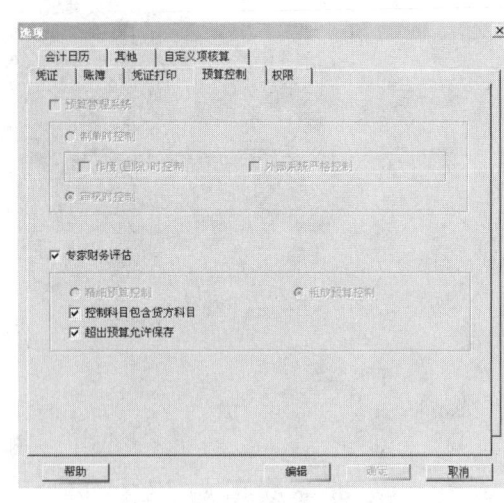

图 5-5　预算控制参数设置

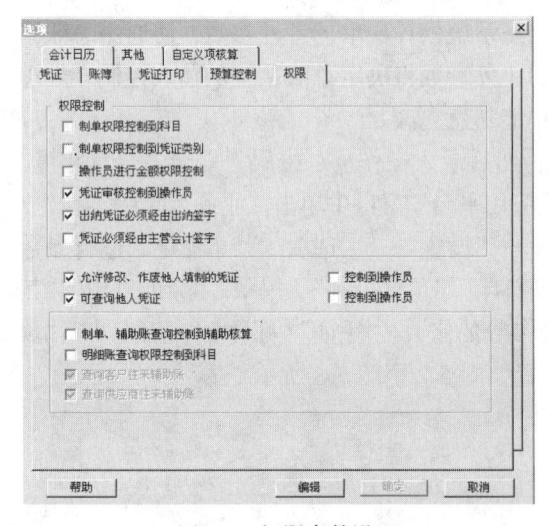

图 5-6　权限参数设置

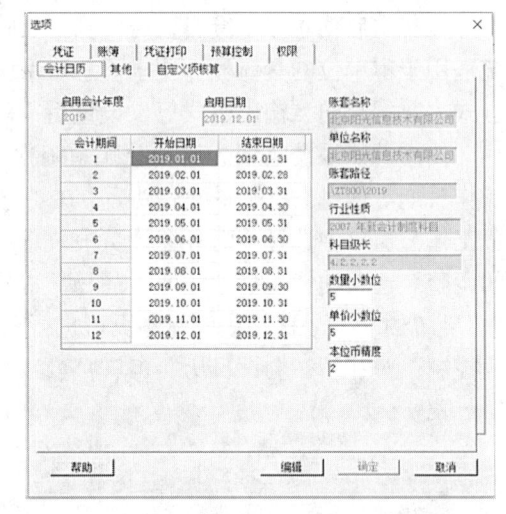

图 5-7　会计日历参数设置

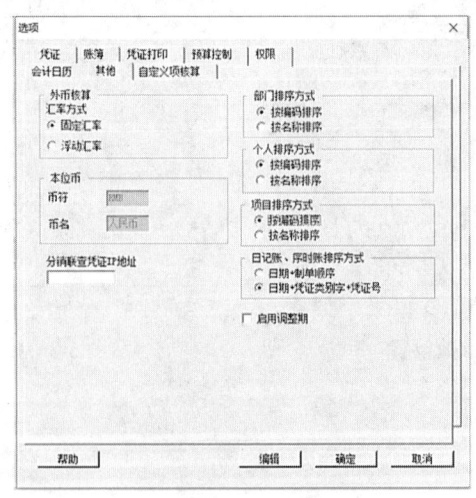

图 5-8　其他参数设置

二、设置会计科目

会计科目是对会计对象具体内容进行分类核算的项目。会计科目是填制会计凭证、登记会计账簿、编制会计报表的基础。会计科目设置的完整性影响着会计工作的实施情况，会计科目设置的层次深度直接影响会计核算的详细、准确程度。

本功能涉及对会计科目的设立和管理，用户可以根据业务的需要方便地增加、插入、修改、查询、打印会计科目。

1. 设置会计科目的原则

财务软件中所采用的一级会计科目，必须符合国家会计制度的规定。对于明细科目，各使用单位则可根据实际情况，在满足核算和管理要求，以及报表数据来源的基础上自行设定。会计科目的具体设置原则如下。

（1）会计科目的设置必须满足会计核算与宏观管理和微观管理的要求。资产、负债、所有者权益、成本、损益等各类科目中所有可能用于会计核算的各级明细科目均需设置。

（2）会计科目的设置必须满足编制财务会计报告的要求。凡是报表所用数据，需要从总账系统中取数的，必须设立相应的科目。

（3）会计科目的设置必须保持科目与科目间的协调性和体系完整性，不能只有下级科目，而没有上级科目。既要设置总账科目又要设置明细科目，用来提供总括和详细的会计核算资料。

（4）会计科目要保持相对稳定，会计年度中不能删除。一级会计科目的名称应按国家会计制度的规定设置，明细科目的名称要通俗易懂，具有普遍的适用性。

（5）设置会计科目要考虑与子系统的衔接。在总账系统中，只有末级会计科目才允许有发生额，才能接收各个子系统转入的数据。因此，要将各个子系统中的核算大类设置为末级科目。

为了满足企业对某些具体会计业务核算和管理的要求，企业除完成一般的总账、明细账核算设置外，还可以设置辅助核算，以更灵活多变的辅助核算形式、统计方法为管理者提供准确、全面的会计信息。辅助核算主要包括数量核算、外币核算、个人往来核算、客户与供应商往来核算、部门核算和项目核算等。

在设立会计科目时，对有辅助核算要求的科目，需要设置相应的辅助账标志，以便在输入凭证时系统根据辅助账标志输入相应的附加业务信息。

例如，管理费用可设成部门核算，生产成本可设成项目核算，应收账款可设成客户往来核算，应付账款可设成供应商往来核算。

在设立会计科目时，输入的基本内容包括会计科目编码、会计科目名称、会计科目类型、辅助账标志、受控系统等项目。

①会计科目编码：一级科目编码按照财政部的规定设置；明细科目编码按照参数设置中对科目编码级次和级长的规定进行设置。通常的方法是同级科目按顺序排列，以序号作为本级科目编码，加上上级科目编码，组成本级科目全编码。

②会计科目名称：会计科目的汉字名称。会计科目名称是证、账、表上显示和打印的标志，是企业与外部交流信息所使用的标志。输入会计科目名称时应尽量避免重名，以免

影响科目运用的准确性。

会计科目类型：在设立会计科目时，应按会计科目性质对会计科目进行划分。按照会计制度规定，科目类型分为五大类，即资产类、负债类、所有者权益类、成本类、损益类。

④辅助账标志：辅助账标志一般设在最底层的科目上，但为了查询或出账方便，其上级科目也可以设账类。辅助账一经定义并使用，不得进行随意修改，以免造成账簿数据的混乱。

⑤受控系统：为了加强各系统间的相互联系与控制，在定义会计科目时引入受控系统概念，即设置某科目为受控科目，受控于某一系统，则该受控系统只能使用受控科目制单。

2. 指定会计科目

【实例5-1】

指定会计科目，操作步骤如下。

（1）进入"企业应用平台"单击"设置"页签，在"基础信息"窗口中选择"基础档案"→"财务"→"会计科目"菜单命令，单击"会计科目"按钮，进入"会计科目"窗口。

（2）选择"编辑"→"指定科目"菜单命令，打开"指定科目"窗口。

（3）单击"现金科目"前的单选按钮，再单击">"按钮，将"库存现金"指定为现金总账科目，如图5-9所示。

（4）单击"银行科目"前的单选按钮，再单击">"按钮，将"银行存款"指定为银行总账科目，如图5-10所示。

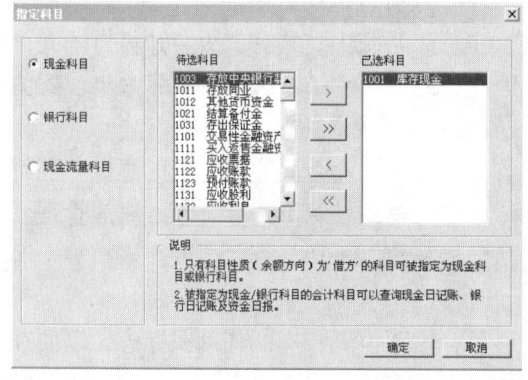

图5-9 "指定科目"（现金科目）窗口　　图5-10 "指定科目"（银行科目）窗口

（5）单击"确定"按钮。

注意：
- 被指定的库存现金总账科目和银行总账科目必须是一级会计科目。
- 只有指定库存现金及银行总账科目才能进行出纳签字操作。
- 只有指定库存现金及银行总账科目才能查询库存现金及银行存款日记账。

3. 增加会计科目

如果用户需设立的会计科目体系与所选行业标准会计科目基本一致，则可在建立账套时选择预置标准会计科目，然后对不同的科目进行增加和修改。

【实例 5-2】

增加会计科目,操作步骤如下。

(1)进入"企业应用平台"单击"设置"页签,在"基础信息"窗口中选择"基础档案"→"财务"→"会计科目"菜单命令,单击"会计科目"按钮,进入"会计科目"窗口,如图 5-11 所示。

图 5-11 "会计科目"窗口

(2)单击"增加"按钮,打开"新增会计科目"窗口。
(3)依次录入科目编码"100201"、科目名称"工行存款",如图 5-12 所示。

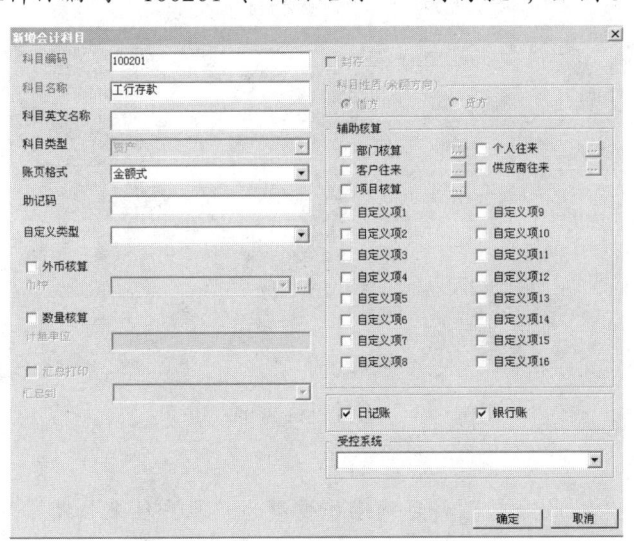

图 5-12 "新增会计科目"窗口

(4)单击"确定"按钮。按此方法录入其他的会计科目。

注意:

- 由于预制科目"1002"已被设置为"日记账"和"银行账",所以系统将新增科目

"100201"自动识别为"日记账"和"银行账"。
- 会计科目编码应符合编码规则。
- 如果会计科目已被使用，则不能修改或删除。
- 设置会计科目时应注意科目的"账页格式"，一般为"金额式"，如要定义为"数量金额式"，还应设置计量单位。
- 如新增科目与原有科目相同或类似，则可采用复制方法。

4. 修改会计科目

【实例5-3】

修改会计科目，操作步骤如下。

（1）在"会计科目"窗口中，双击"1122 应收账款"或在选择"1122 应收账款"选项后单击"修改"按钮，打开"会计科目_修改"窗口。

（2）在"会计科目_修改"窗口中，单击"修改"按钮。

（3）单击"客户往来"前的复选框，再单击"受控系统"栏下三角按钮，选择空白处（无受控系统），如图5-13所示。

（4）单击"确定"按钮。按此方法修改"2202 应付账款""1604 工程物资"及所属明细科目。

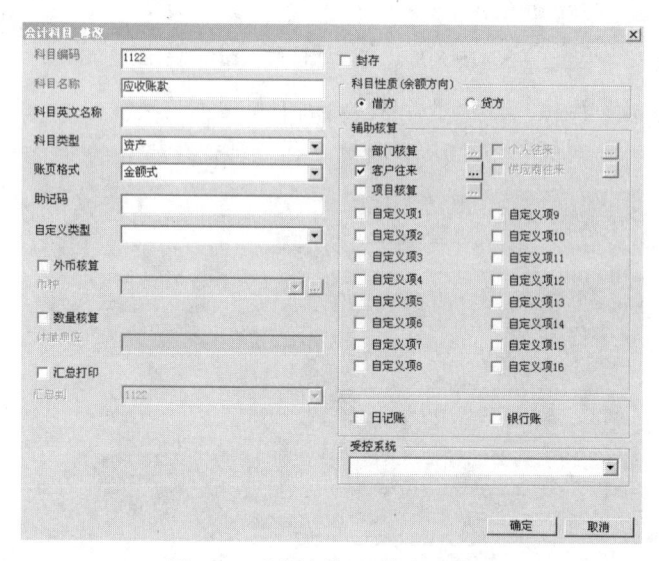

图5-13 "会计科目_修改"窗口

注意：
- 在修改"1122 应收账款"科目辅助账类型为"客户往来"及"2202 应付账款"科目辅助账类型为"供应商往来"时一定要注意，这里要求"无受控系统"，即该账套并不使用"应收"及"应付"系统，应收及应付业务均以辅助账的形式在总账系统中进行核算。
- 在会计科目使用前，一定要先检查系统预置的会计科目是否能够满足需要，如果不能满足需要，则以增加或修改的方式增加新的会计科目或修改已经存在的会计科目，如果系统预置的会计科目中有一些是不需要的，可以采用删除的方法删除。
- 凡是设有辅助核算内容的会计科目，如部门核算、个人往来、客户往来、供应商往来、项目核算、外币核算、数量核算，均需通过"会计科目_修改"进行设置，在填制凭证时都需填制具体的辅助核算内容。

5. 设置凭证类别

【实例 5-4】

设置凭证类别，操作步骤如下。
（1）选择"设置"→"财务"→"凭证类别"菜单命令，打开"凭证类别预置"窗口。
（2）在"凭证类别预置"窗口中，单击"收款凭证 付款凭证 转账凭证"前的单选按钮，如图 5-14 所示。
（3）单击"确定"按钮，打开"凭证类别"窗口。
（4）在"凭证类别"窗口中，单击"修改"按钮后，双击收款凭证、付款凭证、转账凭证所在行，在"限制类型""限制科目"中单击放大镜，录入相应值，如图 5-15 所示。

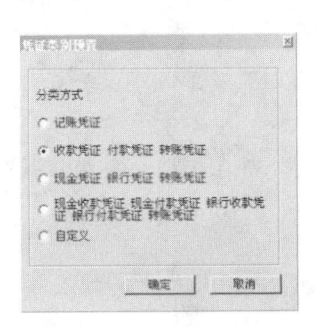

图 5-14　"凭证类别预置"窗口　　　图 5-15　"凭证类别"窗口

（5）单击"退出"按钮。

注意：
- 已使用的凭证类别不能修改。
- 填制凭证时必须符合所限制的类型及科目条件。
- 录入科目编码时，编码间的逗号为英文状态下的逗号。

6. 设置结算方式

【实例 5-5】

设置结算方式，操作步骤如下。
（1）选择"设置"→"收付结算"→"结算方式"菜单命令，打开"结算方式"窗口。
（2）单击"增加"按钮，录入结算方式编码"1"、结算方式名称"现金结算"，单击"保存"按钮。按此方法继续录入其他的结算方式，如图 5-16 所示。
（3）单击"退出"按钮。

图 5-16 "结算方式"窗口

注意：
- 结算方式编码必须符合编码规则。
- 在总账系统中，结算方式将会在使用"银行账类"科目填制凭证时使用，并可作为银行对账的一个参数。

7. 输入期初余额

【实例 5-6】

输入期初余额，操作步骤如下。

（1）选择"业务"→"总账"→"设置"→"期初余额"菜单命令，打开"期初余额录入"窗口。

（2）在"库存现金"所在行期初余额栏、"工行存款"所在行期初余额栏等分别录入数据，详细资料见本章附属实验资料，如图 5-17 所示。

图 5-17 "期初余额录入"窗口

（3）双击"其他应收款"所在行期初余额栏，打开"辅助期初余额"窗口。

（4）单击"增行"按钮，在部门栏录入"总经理办公室"，在个人栏录入"肖剑，在金额栏录入"2 000"，再单击"增行"按钮，在部门栏录入"销售一部"，在个人栏录入"赵斌"，在金额栏录入"1 800"，如图5-18所示。

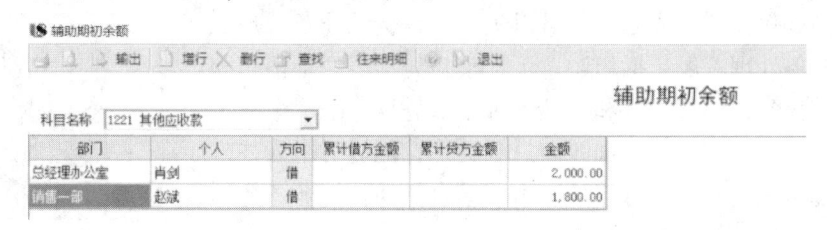

图5-18 "辅助期初余额"窗口

（5）单击"退出"按钮。

（6）单击"试算"按钮，系统进行试算平衡。试算结果如图5-19所示。

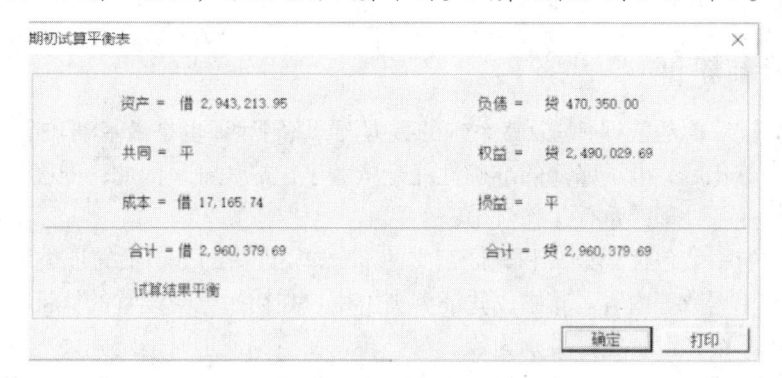

图5-19 期初试算平衡表试算结果

（7）单击"确定"按钮。

注意：

- 只需输入末级科目的余额，非末级科目的余额由系统自动计算生成。
- 如果要修改余额的方向，可以在未录入余额的情况下，单击"方向"按钮改变余额的方向。
- 总账科目与对应下级科目的方向必须一致。如果录入明细余额的方向与总账余额方向相反，则用"—"号表示。
- 如果录入余额的科目有辅助核算的内容，则在录入余额时必须先录入辅助核算的明细内容，由系统自动累加至科目余额，修改时也应先修改明细内容。
- 如果某一科目有数量（外币）核算的要求，录入余额时还应输入该余额的数量（外币）。
- 如果在年中某月开始建账，需要输入启用月份的月初余额及年初到该月的借贷方累计发生额（年初余额由系统根据月初余额及借贷方累计发生额自动计算生成）。
- 系统只能对月初余额的平衡关系进行试算，而不能对年初余额的平衡关系进行试算。
- 如果期初余额不平衡，可以填制凭证但是不允许记账。
- 记账后，期初余额变为只读状态，不能再进行修改。

任务三　日常业务处理

系统初始化设置完成后，就可以进行日常会计业务处理工作。日常会计业务处理一般包括填制凭证、审核凭证、凭证汇总和记账等内容，其任务是通过输入和处理各种记账凭证，完成记账工作，查询和输出各种日记账、明细账和总分类账，同时对个人往来、部门、项目和单位辅助账进行管理。本节结合具体会计业务介绍日常会计业务凭证处理的各项基本操作。

在日常会计业务凭证处理中，若在设置会计科目时将"现金"和"银行存款"指定为"现金总账"和"银行存款总账"科目，那么涉及现金和银行存款的凭证在审核前应由出纳签字，然后才可执行记账操作。

一、填制凭证

凭证是登记账簿的依据，是总账系统的数据源，填制凭证也是最基础和最频繁的工作。在实行会计电算化后，电子账簿的准确性完全依赖于记账凭证。因此，准确完整地填制凭证是日常会计业务处理的重要工作环节。

凭证的内容一般包括凭证头和凭证正文两部分。凭证头部分包括凭证类别、凭证编号、凭证日期和附单据数等内容。其中，凭证类别由用户在初始化时设置的凭证类别代码及名称组成，在本章中，设置凭证类别为收、付、转，在填制债主时确定凭证类别；凭证编号是系统按月、按凭证类别进行的编号；凭证日期是指会计分录的发生日期，应大于启用日期；附单据数是指凭证所附的原始票据的张数。凭证正文部分包括摘要、科目名称和金额等，是整个凭证的重要内容，每张凭证都要借贷平衡。如果输入的会计科目有辅助核算要求，在录入此科目时，系统会弹出辅助项窗口，要求输入辅助核算内容，若没有输入辅助信息，系统仍可运行，不显示出错信息，但有可能导致辅助核算对账不符，因此，应认真输入辅助核算内容。

填制凭证的方法为：选择"业务"→"财务会计"→"总账"→"凭证"→"填制凭证"菜单命令，打开"填制凭证"窗口，如图5-20所示。窗口内容为一张空白凭证，单击"添加"按钮，即可输入新的凭证内容。

"填制凭证"窗口由菜单命令、快捷按钮和凭证组成，菜单中的大部分命令都可通过快捷按钮来实现，可提高操作速度。

"文件"菜单由预览、打印、输出、退出命令组成。用户想在显示器上显示打印凭证效果时，可执行"预览"命令；要通过打印机打印凭证，可执行"打印"命令；将指定范围中符合条件的凭证，按指定的文件格式保存到文件中，可执行"输出"命令；结束填制凭证操作，返回"总账系统"窗口，可执行"退出"命令。

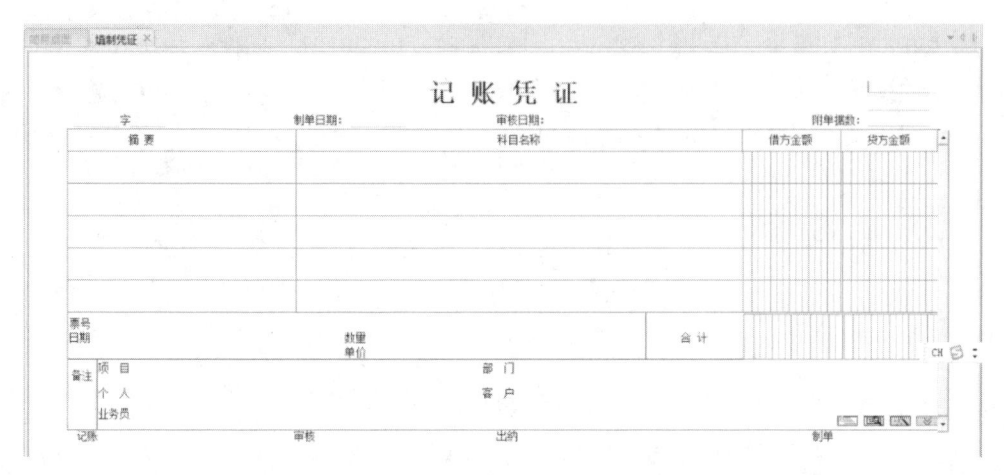

图 5-20 "填制凭证"窗口

其他菜单命令功能在以下实例中介绍。

本节实例假设李平为当前操作员，介绍账务处理中比较典型的凭证填制方法，如涉及现金与银行收付款业务的凭证处理、辅助核算业务的凭证处理，以及外币、数量核算业务的凭证填制方法。

（一）现金与银行收付款业务的凭证处理

因为库存现金和银行存款科目在会计核算中地位比较特殊，所以这里以填制涉及现金或银行存款的凭证为例，介绍填制凭证的操作方法。

【实例 5-7】

2019 年 12 月 3 日，财务部王晶从工行提取现金 10 000 元，作为备用金，现金支票号为 XJ001，本例对应的会计分录为：

借：库存现金　　　　　　　　　　　　　　　10 000
　　贷：银行存款——工商银行　　　　　　　　　　10 000

填制凭证的操作步骤如下。

（1）输入凭证头部分，在"填制凭证"窗口，单击"增加"按钮后，将光标定位于左上角的"凭证类别"处，输入"付"，或单击"参照标记"按钮后双击"付款凭证"按钮，按"Enter"键。

（2）在"制单日期"处输入"2019-12-03"，按"Enter"键。

（3）系统自动分配一个凭证号。

（4）在"附单据数"处可输入所附单据数，也可直接按"Enter"键，不输入单据数。

（5）输入完凭证头部分后，输入凭证正文部分，将光标移到"摘要"栏，输入摘要或利用"常用摘要"输入。

（6）在"科目名称"栏输入"1001"科目编码或输入科目名称"现金"或单击"参照标记"按钮选择"现金科目"选项，按"Enter"键。

（7）在"借方金额"栏输入"10 000"，按"Enter"键。

（8）摘要由系统自动复制过来，也可以进行修改，形成多摘要，按"Enter"键。

（9）在"科目名称"栏中，直接输入科目编码"10020101"或输入科目名称"银行存款——工行存款"或单击"参照标记"按钮调出"科目参照"并选择"银行存款——工行存款"选项，单击"确定"按钮，按"Enter"键，弹出"辅助项"对话框，输入辅助项信息，如图5-21所示。单击"确定"按钮，在凭证的左下角显示辅助项的内容。

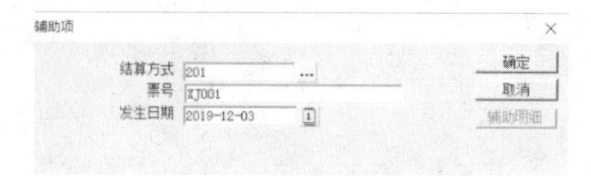

图5-21 "辅助项"对话框

（10）按"Enter"键，将光标定位到"贷方金额"栏，输入"10 000"，按"Enter"键。

至此，一张完整的凭证填制好了，单击"填制凭证"窗口中的"保存"按钮，保存所输入的凭证；单击"添加"按钮可以输入其他凭证；输入完毕，单击"退出"按钮，返回"总账系统"窗口。输入后凭证如图5-22所示。

图5-22 付款凭证

注意：
- 输入的会计科目必须是末级科目，会计科目可以输入科目编码、中文科目名称、英文科目名称或助记码，科目名称不能有重名现象，系统会自动提示重名科目供选择。
- 系统默认按时间顺序填制凭证，凭证编号由系统按月、按分类自动编制，每月内的凭证日期不能倒流。
- 选择"系统"→"设置"→"选项"菜单命令，用户可对"制单序时"进行控制。凭证一旦保存，其凭证类别、凭证编号将不能再修改。

（二）涉及辅助核算业务的凭证处理

在总账系统中，辅助核算是对要求进行辅助核算的科目按部门、个人、项目、客户和供应商等内容进行核算。用户在设置会计科目时，若在"辅助核算"框中选择了"要求辅助核算内容"选项，则录入涉及该科目时，系统会弹出相应的辅助项对话框，要求输入辅助项信息。在填制涉及库存现金或银行存款的凭证过程中，输入库存现金和银行存款科目时，系统均会弹出辅助项信息录入窗口，要求输入相应的辅助信息。

辅助信息一旦录入，将在凭证下方备注中显示。双击所要修改的辅助项内容，系统就会弹出辅助项信息录入窗口，即可进行修改。

下面介绍涉及部门、个人、项目、客户和供应商等辅助项内容的凭证的处理方法。

1. 个人往来业务凭证的处理

企业与企业内部职员间发生的经济往来业务，称为个人往来业务，如个人出差借款等。在填制凭证过程中，涉及个人往来核算科目时，则弹出辅助项对话框，提示用户输入"部门""个人"等辅助信息，可输入代码也可输入名称，还可单击"参照标记"按钮参照输入。

【实例 5-8】

2019 年 12 月 18 日，总经理肖剑出差归来，报销差旅费 1 800 元，交回现金 200 元。其对应的会计分录为：

借：管理费用—差旅费　　　　　　　　　　　　　1 800
　　现金　　　　　　　　　　　　　　　　　　　　200
　　贷：其他应收款—肖剑　　　　　　　　　　　　　　　2 000

填制凭证的操作步骤如下。

（1）在"填制凭证"窗口，单击"增加"按钮后，将光标定位于左上角的"凭证类别"处，输入"付"，或者单击"参照标记"按钮后选择"付款凭证"选项，按"Enter"键。

（2）在"制单日期"处输入"2019-12-18"，按"Enter"键。

（3）系统自动分配一个凭证号。

（4）"附单据数"处可不输入内容。

（5）在"科目名称"栏输入"1221"，按"Enter"键，弹出"辅助项"对话框，输入辅助项信息，如图 5-23 所示。单击"确定"按钮，返回"填制凭证"窗口，辅助项的内容显示在凭证底部。

图 5-23　"辅助项"对话框

（6）在"借方金额"管理费用栏输入"1 800"，按"Enter"键，在"贷方金额"栏按"Enter"键通过。

（7）光标移到下一行，在"科目名称"栏输入"1001"，按"Enter"键，弹出"辅助项"对话框，输入结算方式、票号、发生日期等内容，单击"确定"按钮，返回"填制凭证"窗口，辅助项信息显示在凭证的底部。

（8）在"借方金额"栏按"Enter"键通过，在"贷方金额"栏输入"2 000"，按

"Enter"键。

（9）单击"保存"按钮，保存凭证。

（10）单击"退出"按钮，返回"总账系统"窗口，完成凭证的输入。如图 5-24 所示。

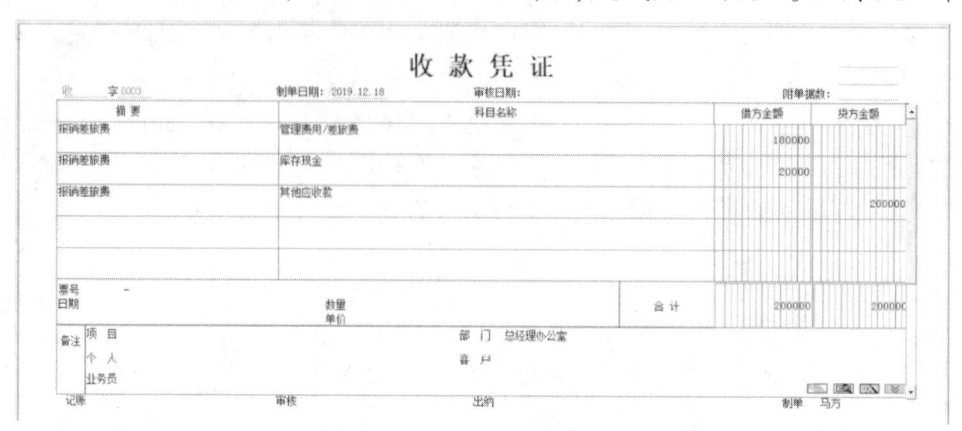

图 5-24　收款凭证

注意：
- 输入的部门名称要在部门目录中预先定义好，否则系统会发出警告，要求先进行定义再进行制单。
- 若不输入辅助信息，也可继续操作，但可能导致辅助账对账不平。

2. 单位往来业务凭证的处理

单位往来业务凭证是指记录企业与其他企业间发生的经济业务的凭证，包括供应商往来凭证和销售客户往来凭证。在使用总账系统管理单位往来业务时，在填制凭证的过程中涉及单位往来业务的科目时，系统自动提示用户输入"客户""供应商""业务员""票号"等辅助信息。其中"客户""供应商"可输入代码或简称，"业务员"可输入该笔业务的销售或采购人员，"票号"可输入往来业务的单据号，具体输入方法可参照个人往来业务凭证的填制。

【实例 5-9】

2019 年 12 月 12 日，销售二部宋佳收到北京世纪学校转来支票一张，金额 99 600 元，用以偿还之前所欠货款。转账支票号为 ZZR001。

其对应的会计分录为：

借：银行存款——工行存款　　　　　　　　　　99 600
　　贷：应收账款　　　　　　　　　　　　　　　　　99 600

填制凭证的操作步骤如下。

（1）在"填制凭证"窗口，单击"增加"按钮。

（2）再单击"增加"按钮，按照上述操作继续制单，凭证类别为"收"，制单日期为"2019-12-12"，附单据数为"1"。

（3）摘要为"收到之前所欠货款"，借方科目输入"100201"及金额"99 600"，输入相应的辅助项目。

（4）贷方科目输入"应收账款"，弹出相应窗口，填入信息后，单击"确定"按钮返回"填制凭证"窗口，输入金额"99 600"。

3. 涉及部门核算业务的凭证处理

部门核算业务凭证是指企业内部涉及部门核算业务的凭证，当输入涉及部门核算业务的科目时，系统弹出"辅助项"对话框，用户可以输入"部门"信息，其具体输入方法可参照个人往来业务凭证的填制。

4. 涉及项目核算业务的凭证处理

一个单位项目核算的业务包括很多种，如在建工程、对外投资、技术改造、融资成本、在产品成本、课题、合同订单等，为进一步对各项目的成本费用及收入进行管理，计算机账务系统中设计了项目核算与管理模块，以核算具有相同特性的项目，以便于管理。项目核算业务凭证的具体输入方法可参照个人往来业务凭证的填制。

5. 涉及自定义核算业务的凭证处理

对于一些凭证的信息，如销售业务中"销售类型"的"现销""赊销"等信息，既不是辅助项的信息，又不是凭证的主要信息，在本套财务软件中可以将其定义为自定义。在"会计科目"窗口中通过"定义"按钮，可定义"销售类型"自定义项。在凭证录入时，系统提示用户录入"销售类型"，并且在明细账、序时账的查询时，可按"销售类型"进行查询。

（三）涉及外币、数量核算业务的凭证处理

若用户在设置会计科目时选择了外币核算或数量核算，当填制凭证输入的科目是外币科目时，系统自动弹出"辅助项"对话框，要求输入外币数额和记账汇率，并自动将凭证格式改为外币式；当输入的科目要登记数量账时，系统弹出数量核算"辅助项"对话框，要求输入数量和单价，系统根据"数量×单价"自动计算金额并将金额先放到借方，如果方向不符，可将光标移到贷方金额处按空格键即可调整金额方向。

下面举例介绍如何填制涉及外币核算业务的凭证。

【实例 5-10】

2019 年 12 月 5 日，收到泛美集团投资资金 10 000 美元，汇率 1：6.87，转账支票号为 ZZW001，其对应的会计分录为：

借：银行存款——中行存款　　　　　　　　68 700
　　贷：实收资本　　　　　　　　　　　　　　　68 700

填制凭证的操作步骤如下。

（1）在"填制凭证"窗口，单击"增加"按钮后，将光标移到左上角的"凭证类别"处，输入"收"，或者单击"参照标记"按钮后选择"收款凭证"选项，按"Enter"键。

（2）在"制单日期"处输入"2019.12.05"，按"Enter"键，系统自动分配一个凭证号。

（3）在"附单据数"处输入所附单据数"1"。

（4）在摘要栏输入"收到投资资金"，按"Enter"键。

（5）在科目名称栏输入"100202"，按"Enter"键。系统弹出外币栏，输入美元数量"10 000"，汇率"6.2"由系统自动预置，按"Enter"键。

（6）系统根据外币数量和汇率，自动填列借方金额"68 700"，按"Enter"键，再按"空格"键，将金额"62 000"移到借方金额栏。

（7）按"Enter"键，在科目名称栏输入"4001"，按"Enter"键。

（8）在贷方金额栏输入"68 700"，按"Enter"键。

（9）单击"保存"按钮，保存凭证。

（10）单击"退出"按钮，返回"总账系统"窗口，完成凭证的填制，如图 5-25 所示。

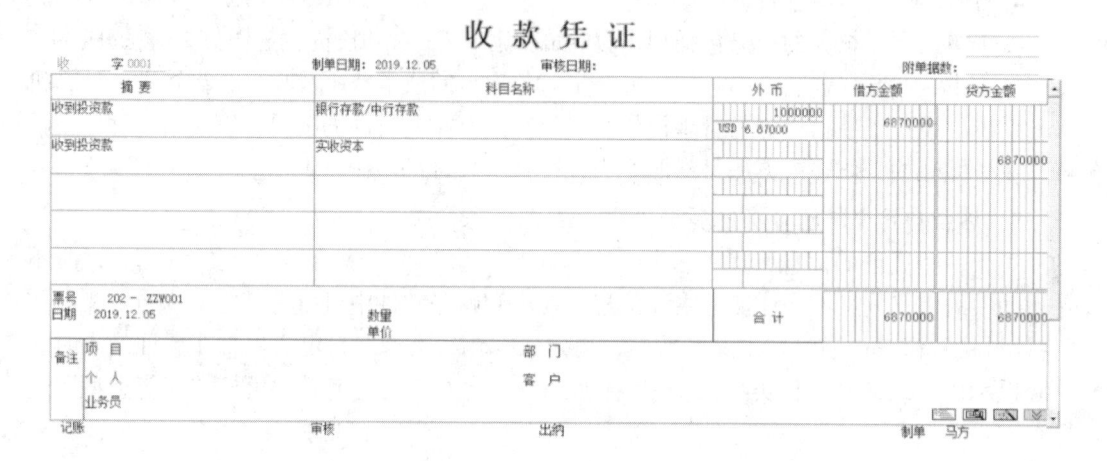

图 5-25 收款凭证

注意：

- 若不输入涉及数量核算的辅助项信息，系统仍可继续操作，不显示警告信息，但可能导致辅助账对账不平。
- 如果输入的科目还包含其他辅助项的信息，需先输入其他辅助核算信息后，再输入外币信息。汇率栏中的内容是固定的，不能输入或修改。如果使用变动汇率，汇率栏中显示最近一次汇率，可以直接在汇率栏中修改。

（四）填制凭证的其他功能说明

凭证填制好后，难免发生错误，用户可通过"制单"菜单中提供的命令对错误凭证进行修改、删除等操作。用户应对经常用到的凭证进行保存，以备今后使用。用户还可以通过"查询"菜单中的命令查询凭证。

1. 生成和调用常用凭证

（1）生成常用凭证。

在"填制凭证"窗口中，选择"制单"→"生成常用凭证"菜单命令，输入凭证代号和说明，即完成生成常用凭证操作。

（2）调用常用凭证。

在"填制凭证"窗口中，选择"制单"→"调用常用凭证"菜单命令，输入凭证代号，单击"输入"按钮，即完成调用常用凭证操作。

2. 修改凭证

凭证输入时，尽管系统提供了多种控制措施以防出错，但误操作是在所难免的，记账凭证的错误必然会影响系统的核算结果。为更正错误，用户可以通过系统提供的修改功能对错误的凭证进行修改。

在"填制凭证"窗口中，通过单击"首张""上张""下张""末张"按钮翻页或单击"查询"按钮输入查询条件，找到要修改的凭证，直接将光标定位到需修改的地方进行修改即可；若修改辅助项内容，将光标定位到要修改的辅助项处双击鼠标，即可弹出"辅助项"对话框，进行辅助项内容的修改；若要修改金额方向，按"空格"键即可；若当前分录的金额为其他所有分录的借贷方差额，可在金额处按"="键即可；若要在当前行插入一条分录，可单击"插行"按钮或按"Ctrl+I"键；若要删除当前光标所在行的分录，可单击"删行"按钮。修改完毕后，单击"保存"按钮保存所做的修改，也可单击"放弃"按钮放弃所做的修改。

【实例 5-11】

将日期为"2019.12.02"的付款凭证调出，修改其金额为 300 元，操作步骤如下。

（1）单击"查询"按钮，输入查询条件。

（2）将光标定位到金额栏，修改其值为"300"。

（3）单击"保存"按钮，保存所做的修改。

注意：
- 如果在"账簿选项"中或系统主菜单"设置"菜单中执行"选项"命令时，设置了"制单序时"的选项，那么在修改制单日期时，此日期不能早于上一编号凭证的制单日期。1 月填制的凭证，不能将制单日期改为 2 月的日期。
- 如果在"账簿选项"中或系统主菜单"设置"菜单中执行"选项"命令时，设置了"不允许修改、作废他人填制的凭证"，则不能修改他人填制的凭证。
- 如果涉及银行科目的分录已录入支票信息，并对该支票做过报销处理，修改该分录不影响"支票登记簿"中的内容。
- 外部系统传过来的凭证不能在总账系统中修改，只能在生成该凭证的系统中修改。

3. 作废 / 恢复凭证

如果遇到非法的凭证需要作废时，可在"填制凭证"窗口中选择"制单"→"作废"菜单命令，将非法凭证作废。作废的凭证左上角显示"作废"字样，表示该凭证已作废，如图 5-26 所示。对于已作废的凭证，可选择"制单"→"恢复"菜单命令，取消作废标志，将当前凭证恢复为有效的凭证。

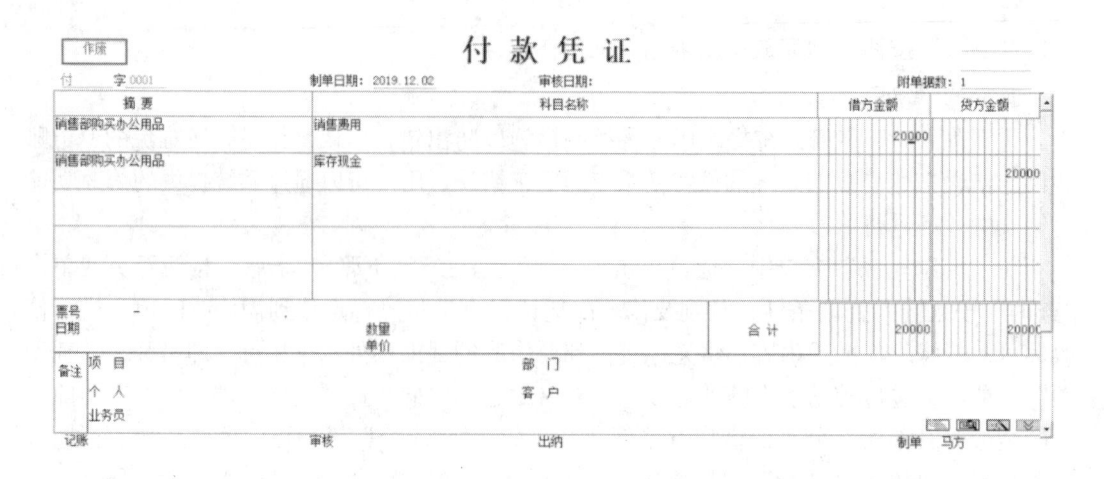

图 5-26 作废凭证

注意：
- 已作废的凭证仍然保留凭证内容及凭证编号。
- 对作废的凭证不能进行修改和审核，记账时，也不对其进行数据处理。作废的凭证相当于一张空凭证。
- 在账簿查询时，查不到作废凭证的数据。

4. 整理凭证

对于已作废的凭证，如果不想保留，则可选择"制单"→"凭证整理"菜单命令，将作废的凭证彻底删除，并对未记账的凭证重新编号。整理凭证只能对未记账的凭证进行凭证整理。

整理凭证的操作步骤如下。

（1）选择"制单"→"凭证删除／整理"菜单命令，弹出"凭证期间选择"对话框，如图 5-27 所示。

（2）选择要整理的月份。

（3）单击"确定"按钮，弹出"作废凭证表"对话框，如图 5-28 所示。

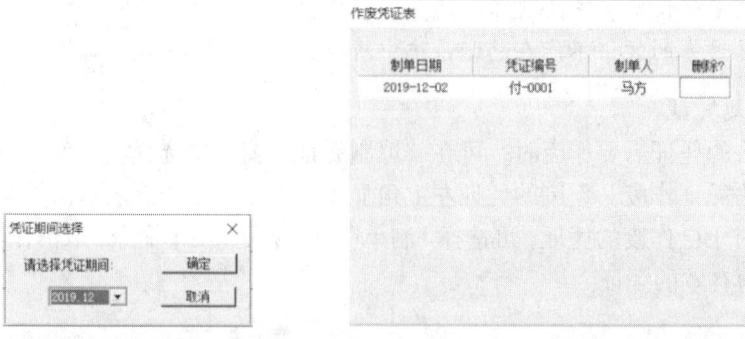

图 5-27 "凭证期间选择"对话框　　　　图 5-28 "作废凭证表"对话框

（4）选择要作废的凭证，单击"确定"按钮，完成凭证的整理工作。

5. 制作红字冲销凭证

如果需要冲销某张已记账的凭证，可以选择"制单"→"冲销凭证"菜单命令制作红字冲销凭证，对已记账的错误凭证进行修改。制作红字冲销凭证将错误的凭证冲销后，应再编制正确的蓝字凭证进行补充。

【实例 5-12】

对 2019 年 12 月的 0002 号收款凭证制作红字冲销凭证，操作步骤如下。

（1）选择"制单"→"冲销凭证"菜单命令，弹出"冲销凭证"对话框，如图 5-29 所示。

图 5-29 "冲销凭证"对话框

（2）输入制单月份"2019.12"、凭证类别"收"和凭证编号"0002"。

（3）单击"确定"按钮，系统自动生成一张红字冲销凭证，如图 5-30 所示。

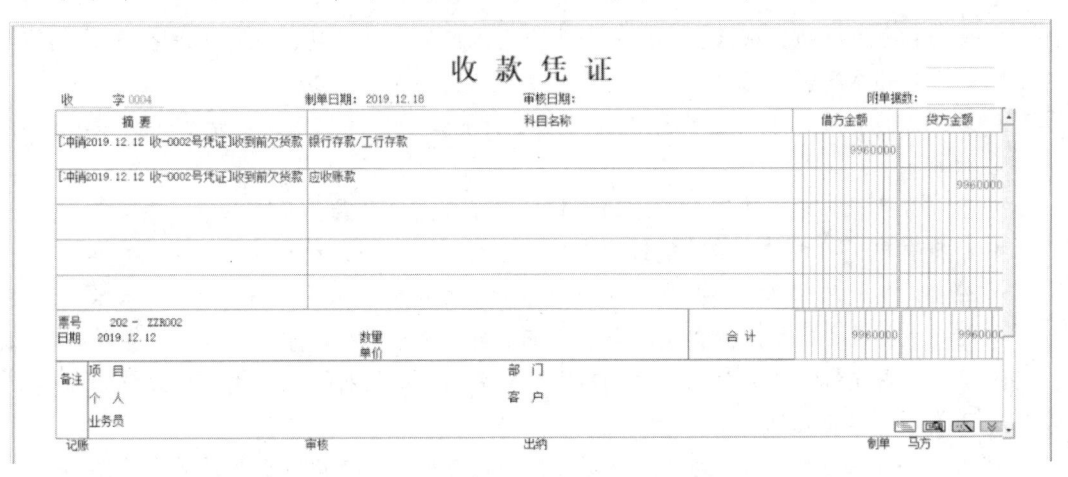

图 5-30 红字冲销凭证

注意：

- 通过红字冲销法增加的凭证，应视同正常的凭证进行保存和管理。

6. 查看凭证的有关信息

总账系统中的填制凭证功能不但能够输入凭证，也能够查询凭证。在填制凭证过程中，用户可以通过"查询"功能查到所需凭证，以了解经济业务发生的情况，确保填制凭证的正确性。

【实例 5-13】

查询 2019 年 12 月的全部凭证，操作步骤如下。

（1）在"填制凭证"窗口中，单击"查询"按钮，弹出"凭证查询"对话框，如图 5-31 所示。

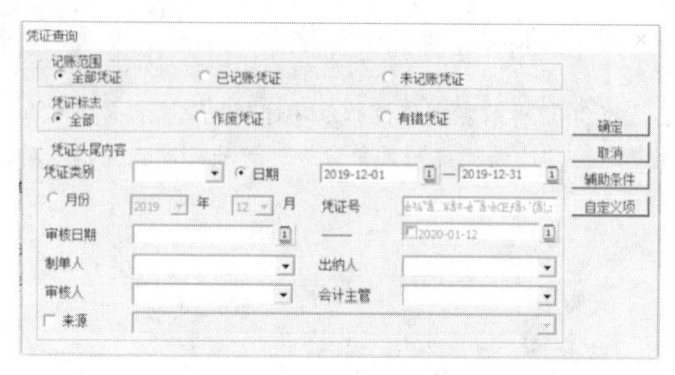

图 5-31 "凭证查询"对话框

（2）选择"记账范围"为"全部凭证""凭证标志"为"全部"。
（3）选择"月份"选项，并确定月份为"2019.12"。
（4）其他栏内容可空，单击"确定"按钮，即可找到符合查询条件的凭证。

注意：

当找到符合条件的凭证后，可以进一步查看凭证的辅助信息、当前分录号、当前科目最新余额、外部系统制单信息等。其查看方法为：

- 辅助信息：光标在各会计分录间移动时，凭证的备注栏动态显示出该分录的辅助信息。
- 当前分录号：单击凭证右下方的图标，显示当前分录是第几条分录。
- 科目自定义项内容：单击凭证右下方的图标，显示当前科目的自定义项内容。
- 外部系统制单信息：若当前凭证为外部系统生成的凭证，可将光标移到记账凭证的标题处，单击鼠标左键，显示当前凭证来自哪个子系统、凭证反映的业务类型与业务号。当光标在某一分录上时，单击凭证右下方的图标，显示生成该分录的原始单据类型、单据日期及单据号。
- 当前科目的最新余额：单击"余额"按钮，显示当前光标所在科目所有已保存记账凭证的最新余额。
- 查看明细账：将光标定位在分录上，选择"查看"→"联查明细账"菜单命令，显示该笔业务发生科目的明细账。

二、审核凭证

审核凭证是指由具有审核权限的操作员按照会计制度的规定，对制单人填制的记账凭证进行合法性检查，其目的是防止发生错误。记账凭证的准确性是进行正确核算的基础，为确保登记到账簿的每一笔经济业务的准确性和可靠性，制单人填制的每一张凭证都需要经过具有审核权限的人员审核后，才能作为正式凭证进行记账处理。审核凭证主要包括出纳签字和审核凭证两方面工作。审核凭证和出纳签字应更换操作员。

1. 出纳签字

若已将库存现金或银行存款科目指定为库存现金或银行存款科目，选择了"日记账"或"银行账"选项，那么涉及库存现金或银行存款科目的凭证填制完成后，在记账前，需由出纳员进行检查核对并签字。

✏️ 【实例5-14】

对2019年12月涉及库存现金和银行存款科目的凭证执行出纳签字，操作步骤如下。

（1）在"总账系统"窗口中，选择"凭证"→"出纳签字"菜单命令，弹出"出纳签字"对话框，如图5-32所示。

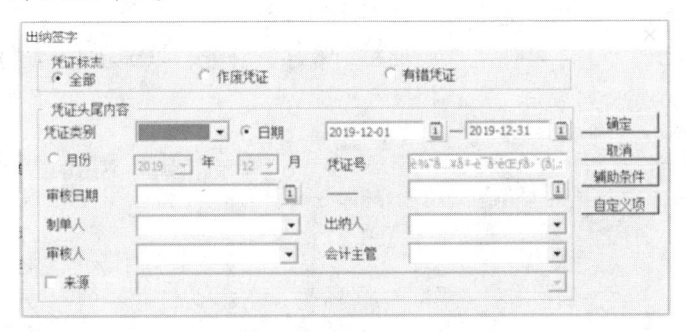

图5-32 "出纳签字"对话框

（2）输入月份"2019.12"。
（3）"凭证标志"选择"全部"选项。
（4）单击"确定"按钮，弹出"出纳签字列表"对话框，如图5-33所示。

图5-33 "出纳签字列表"对话框

（5）双击某一待签字的凭证或单击"确定"按钮，显示"出纳签字"窗口。
（6）单击"签字"按钮，凭证底部的"出纳"处自动签上出纳人的姓名，如图5-34所示。

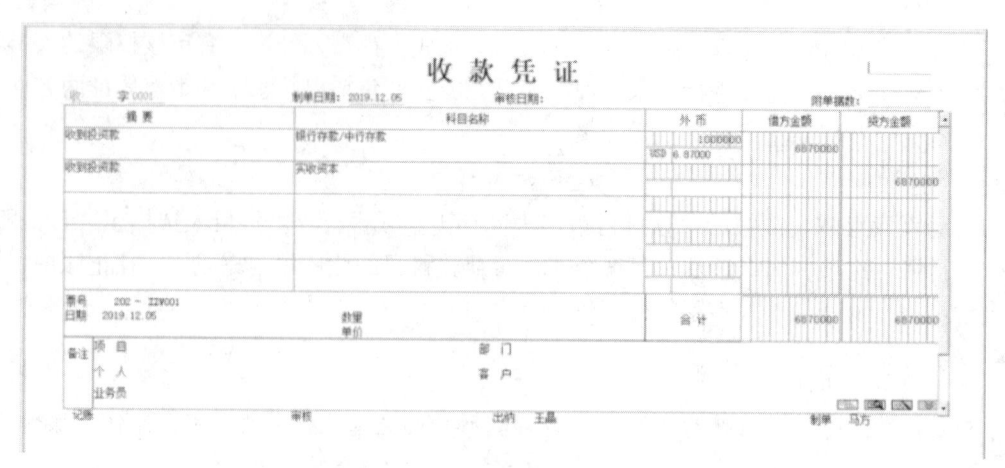

图 5-34 执行"出纳签字"的收款凭证

（7）单击"退出"按钮，完成"出纳签字"操作。

在确定凭证无误时，可以使用"成批出纳签字"功能，以加快签字速度。签字完成后查询到的状态，如图 5-35 所示。

图 5-35 执行出纳签字后状态

注意：
- 企业可根据需要在"选项"设置中选择或取消"出纳凭证必须由出纳签字"的设置。
- 出纳签字可填补结算方式和票号。
- 凭证一经签字，就不能被修改或删除，只有取消签字后才可以修改或删除，取消签字由出纳人进行操作。

2. 更换操作员

根据会计制度规定，凭证的填制与审核不能由同一个人操作，在进行凭证审核之前，需先更换操作员。

【实例 5-15】

将操作员更换为陈明，操作步骤如下。

（1）在"总账系统"窗口中，选择"文件"→"重新登录"菜单命令，弹出如图 5-36 所示界面。

（2）更换操作员为"001 陈明"。

（3）单击"确定"按钮，完成更换操作员的操作。

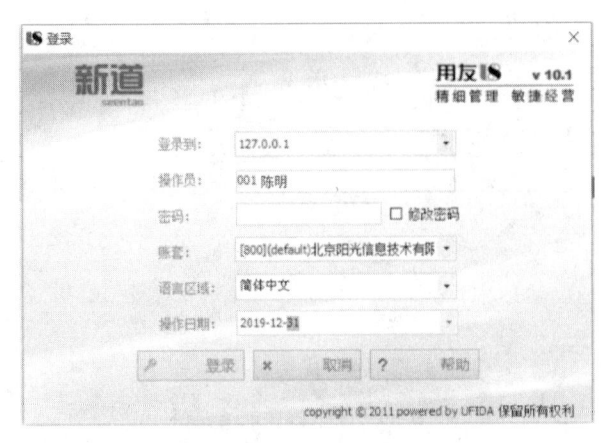

图 5-36 操作员登录界面

3. 审核凭证

审核凭证是指审核人员对照原始凭证对记账凭证进行审核，对正确的凭证发出签字指令，计算机在凭证上填入审核人姓名。执行审核操作的人员需具有审核权。

【实例 5-16】

审核 2019 年 12 月的凭证，操作步骤如下。

（1）在"总账系统"窗口中，选择"凭证"→"审核凭证"菜单命令，弹出"凭证审核"对话框，输入月份"2019.12"，"凭证标志"选择"全部"选项，如图 5-37 所示。

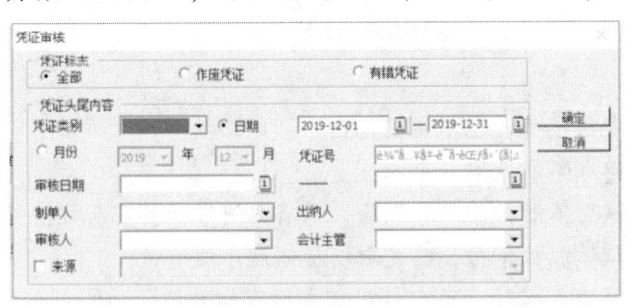

图 5-37 "凭证审核"对话框

（2）单击"确定"按钮，显示"凭证审核列表"窗口，如图 5-38 所示。

图 5-38 "凭证审核列表"窗口

（3）双击某一待签字的凭证，显示"审核凭证"窗口，如图 5-39 所示。

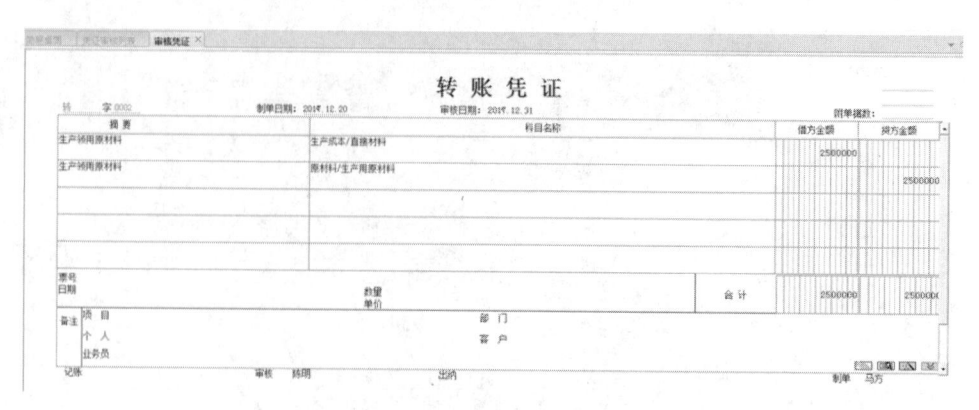

图 5-39 "审核凭证"窗口

（4）单击"审核"按钮。

（5）单击"退出"按钮，完成审核凭证操作，返回"总账系统"窗口。审核完成后查询到的状态，如图 5-40 所示。

图 5-40 审核后的状态

注意：

- 作废凭证不能被审核，也不能被标错。
- 审核人和制单人不能是同一个人。
- 凭证一经审核，不能被修改、删除，只有取消审核签字后才能修改或删除。
- 已标错的凭证不能被审核，需先取消标错后才能审核。
- 在确认一批凭证无误时，可以使用"成批审核凭证"功能，以加快审核签字速度。执行审核时，系统将自动翻页。

三、凭证汇总

记账凭证全部输入完毕并进行审核签字后，可以进行凭证汇总并生成"科目汇总表"。进行汇总的凭证可以是已记账的凭证，也可以是未记账的凭证，因此，财务人员可以在凭证未记账前，随时查看企业当前的经营状况和其他财务信息。

【实例 5-17】

汇总 2019 年 12 月填制的全部付款凭证，操作步骤如下。

（1）选择"凭证"→"科目汇总"菜单命令，弹出"科目汇总"对话框。

（2）输入月份、凭证类别。

（3）确定科目汇总级次。

（4）选择"已记账凭证""未记账凭证""全部"中的"全部"选项，如图5-41所示。

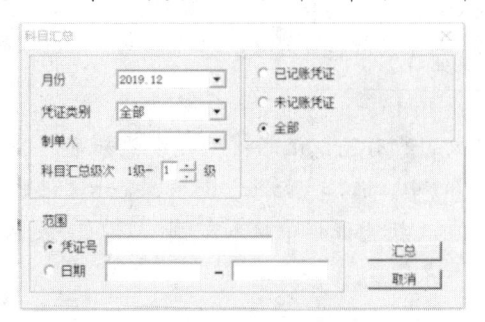

图5-41 "科目汇总"对话框

（5）单击"汇总"按钮，显示所有付款凭证的汇总表，如图5-42所示。

图5-42 科目汇总

（6）单击"退出"按钮，返回"总账系统"窗口。

注意：
- 凭证汇总可按条件对凭证进行汇总并生成一张凭证汇总表。
- 进行汇总的凭证可以是已记账的凭证，也可以是未记账的凭证。

四、记账

记账是以会计凭证为依据，将经济业务全面、系统、连续地记录到具有账户基本结构的账簿中去的一种方法。在手工方式下，记账是由会计人员根据已审核的记账凭证及所附原始凭证逐笔或汇总后登记有关的总账和明细账。在电算化方式下，记账是由有记账权限的操作员发出记账命令，由计算机按照预先设计的记账程序自动进行合法性检验、科目汇总、登记账簿等操作。

1. 记账

计算机在进行记账处理时,采用向导方式,使记账过程更加明确。在输入记账范围时,可输入数字、"-"和","。

【实例 5-18】

将 2019 年 12 月已审核的所有凭证记账,操作步骤如下。

(1)在"总账系统"窗口中,选择"记账"选项,显示"记账"向导窗口一,如图 5-43 所示,输入记账范围,如在收款凭证栏中输入范围"1-2",表示对收款凭证编号为 1、2 的凭证记账。

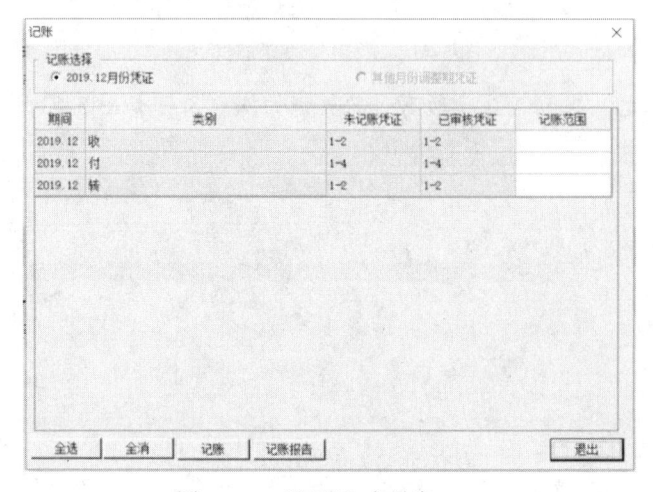

图 5-43 "记账"向导窗口一

(2)单击"下一步"按钮,显示"记账"向导窗口二,如图 5-44 所示。如果需要打印记账报告,可单击"打印"按钮;要预览打印内容,单击"预览"按钮。

图 5-44 "记账"向导窗口二

(3)单击"下一步"按钮,显示"记账"向导窗口三,如图 5-45 所示。

图 5-45 "记账"向导窗口三

（4）单击"记账"按钮，显示"记账完毕"提示信息，单击"确定"按钮，完成记账工作。

注意：
- 第一次记账时，若期初余额试算不平衡，不能记账。
- 上月如果未记账，本月不能记账。
- 未审核凭证不能记账，记账范围应小于或等于已审核范围。
- 作废凭证不需要审核可直接记账。
- 上月如果未结账，本月不能记账。
- 记过账的凭证不能在"填制凭证"界面查询，只能在"查询凭证"界面查询。

2. 取消记账

在某些情况下，如记账过程中断电使登账发生中断，或者记账后发现输入的记账凭证有错误等，都会导致记账错误。为了解决这类问题，可调用"恢复记账前状态"功能，将数据恢复到记账前状态，待调整完成后，再重新记账。系统提供两种恢复记账前状态的方式：一种是将系统恢复到最近一次记账前的状态；另一种是将系统恢复到本月月初状态，不管本月记过几次账。

取消记账的操作步骤如下。

（1）在"总账系统"窗口中，选择"期末"→"对账"菜单命令，显示"对账"窗口，如图 5-46 所示，按"Ctrl+H"键，激活恢复记账前状态功能。

（2）单击"确定"按钮，返回"对账"窗口。

（3）单击"退出"按钮，返回"总账系统"窗口。

（4）在"凭证"菜单中，选择"恢复记账前状态"选项，显示"恢复记账前状态"对话框，如图 5-47 所示。

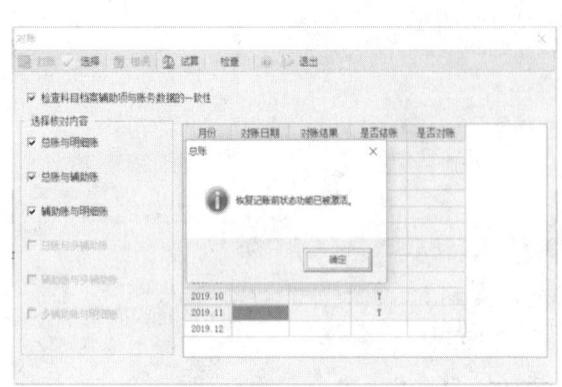

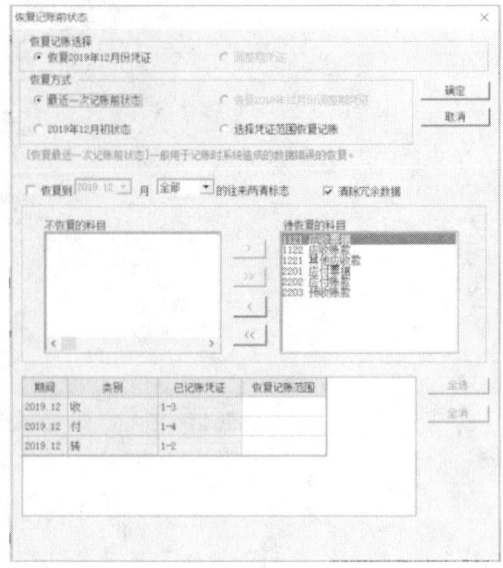

图 5-46 "对账"窗口 　　　　　　　　图 5-47 "恢复记账前状态"对话框

（5）选择恢复方式，如选择"最近一次记账前状态"选项。系统提供两种恢复方式：最近一次记账前状态和某年某月初状态，用户可根据实际情况选择。

（6）单击"确定"按钮，显示"恢复记账完毕"操作信息。单击"确定"按钮，恢复记录完毕，返回"总账系统"窗口。

注意：
- 已结账月份的数据不能取消记账。

任务四　出纳管理

　　库存现金、银行存款是企业的货币资金，由于它们具有一些特性，管好、用好企业货币资金成为现代企业管理的一项重要内容。出纳管理功能是出纳人员进行管理的一套工具，它包括库存现金和银行存款日记账的输出、支票登记簿的管理，以及银行对账功能，并可对长期未达账项提供审计报告。本节主要介绍库存现金、银行存款日记账，资金日报表的查询和支票登记簿的使用。

一、日记账及资金日报表

1. 库存现金日记账查询

　　库存现金日记账的主要输出格式包括金额式日记账和外币式日记账（复币式日记账）。通过库存现金日记账的查询功能可输出某一天的库存现金日记账，还可输出任意一个会计月份的库存现金日记账。

【实例 5-19】

查询 2019 年 12 月库存现金日记账,操作步骤如下。

(1)在"总账系统"窗口中,选择"出纳管理"→"现金日记账"菜单命令,显示"现金日记账查询条件"对话框,如图 5-48 所示。

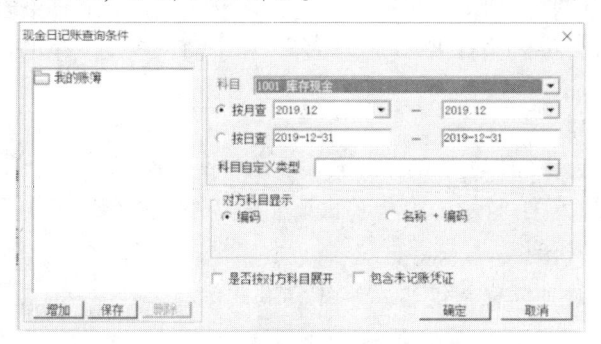

图 5-48 "现金日记账查询条件"对话框

(2)单击"科目"下拉列表,选取"1001 库存现金"科目。

(3)确定查询方式,系统默认按月查询。输入要查询的月份"2019.12",选择"是否按对方科目展开"和"包含未记账凭证"选项中的一项。

(4)单击"增加"按钮,可将查询条件保存在用户指定的账簿中,供以后直接使用,此步骤可略过。

(5)单击"确定"按钮,显示"现金日记账"窗口,如图 5-49 所示。

2019年		凭证号数	摘要	对方科目	借方	贷方	方向	余额
月	日							
			月初余额				借	6,875.70
12	02	付-0001	销售部购买办公用品	6601		200.00	借	6,675.70
12	02		本日合计			200.00	借	6,675.70
12	03	付-0002	提现备用	100201	10,000.00		借	16,675.70
12	03		本日合计		10,000.00		借	16,675.70
12	18	收-0003	报销差旅费	1221	200.00		借	16,875.70
12	18				200.00		借	16,875.70
12			当前合计		10,200.00	200.00	借	16,875.70
12			当前累计		10,200.00	200.00	借	16,875.70
			结转下年				借	16,875.70

图 5-49 "现金日记账"窗口

若本月未结账,"现金日记账"窗口显示"当前合计"和"当前累计";若本月已结账,"现金日记账"窗口显示"本月合计"和"本年累计"。用户可单击账页格式下拉列表框选取库存现金日记账的输出格式;可以双击某行记录或单击"凭证"按钮,查看相应的凭证;单击"总账"按钮,可查看此科目的三栏式总账。

2. 银行存款日记账查询

当需要查询银行存款科目某日的发生额及余额情况时,可查询银行存款日记账。其查询方式与库存现金日记账查询方式基本相同，只是银行存款日记账多了"结算号"一栏。

3. 资金日报表的查询

资金日报表是反映库存现金、银行存款日发生额及余额情况的报表，在企业财务管理中占据重要的位置。在手工方式下，资金日报表由出纳员逐日填写，反映当天营业终了时库存现金、银行存款的收支情况及余额。在电算化方式下，资金日报表功能用于查询、输出或打印资金日报表，提供当日借、贷金额合计和余额，以及发生的业务量等信息。

【实例5-20】

查询2019年12月12日的资金发生情况，操作步骤如下。

（1）在"总账系统"窗口中，选择"出纳管理"→"资金日报"菜单命令，显示"资金日报表查询条件"对话框。

（2）输入日期、科目级次等信息，如图5-50所示。

图5-50　"资金日报表查询条件"对话框

（3）单击"确定"按钮，显示"资金日报表"窗口，反映库存现金、银行存款科目的借贷金额合计和当日余额，以及发生的业务量，如图5-51所示。

科目编码	科目名称	币种	今日共借	今日共贷	方向	今日余额	借方笔数	贷方笔数
1001	库存现金				借	16,675.70		
1002	银行存款		99,600.00		借	302,129.16	1	
合计			99,600.00		借	318,804.86	1	
		美元			借	10,000.00		

图5-51　"资金日报表"窗口

在"资金日报表"窗口，单击"日报"按钮可查询并打印光标所在科目的日报单；单击"昨日"按钮可查看库存现金、银行存款科目的昨日余额；单击"退出"按钮，返回"总账系统"窗口。

二、支票登记簿

为了加强企业对银行支票的管理，出纳人员通常需要建立支票登记簿，以便详细记录支票领用人、领用日期、支票用途、是否报销等信息。

使用支票登记簿的操作步骤如下。

（1）选择"出纳"→"支票登记簿"菜单命令，显示"银行科目选择"对话框。

（2）选择末级科目如"工行存款"科目，如图5-52所示，单击"确定"按钮，显示"支票登记簿"窗口，如图 5-53 所示。

图 5-52　"银行科目选择"对话框　　　　图 5-53　"支票登记簿"窗口

（3）单击"增加"按钮，输入领用支票的信息，包括领用日期、领用部门、领用人、支票号、预计金额等内容。

（4）单击"保存"按钮，保存记录。

（5）单击"退出"按钮，返回"总账系统"窗口。

在进行支票登记时，领用日期和支票号必须输入，其他内容可输入也可不输入；报销日期不能在领用日期之前；已报销的支票可成批删除；通过"定位"及"过滤"按钮可查到指定支票。

三、银行对账

银行对账是货币资金管理的主要内容，是企业出纳员最基本的工作之一。为了能够准确掌握银行存款的实际余额，了解实际可以动用的货币资金数额，防止记账发生差错，企业必须定期将银行存款日记账与银行出具的对账单进行核对，并编制银行存款余额调节表。在计算机中，总账系统要求银行对账的科目是在科目设置时定义为"银行账"辅助账类的科目。系统提供两种对账方式：自动对账和手工对账。自动对账，即由计算机进行银行对账，是计算机根据对账依据将银行存款日记账未达账项与银行对账单进行自动核对、勾销。手工对账是对自动对账的补充。采用自动对账后，可能还有一些特殊的已达账项尚未勾销而被视作未达账项，为了保证对账更彻底、更准确，可通过手工对账进行勾销。

下列四种情况中，只有在第一种情况下计算机能够自动核销已对账的记录，后三种情况均需人工帮助挑选相应的业务，用强制的方式核销。

（1）对账单文件中一条业务记录和银行存款日记账未达账项文件中一条业务记录相同。

（2）对账单文件中一条业务记录和银行存款日记账未达账项文件中多条业务记录相同。

（3）对账单文件中多条业务记录和银行存款日记账未达账项文件中一条业务记录相同。

（4）对账单文件中多条业务记录和银行存款日记账未达账项文件中多条业务记录相同。

（一）银行对账期初录入

第一次使用银行对账功能前，系统要求录入银行存款日记账及银行对账单未达账项，在开始使用银行对账之后不再需要做此项工作。

【实例 5-21】

启用日期为 2019 年 12 月 1 日，工行企业银行存款日记账调整前余额为 193 829.16 元，银行对账单调整前余额为 193 829.16 元，未达账项一笔，系银行已收企业未收款 40 000 元。

输入银行期初数据的操作步骤如下。

（1）在"总账系统"窗口中，选择"出纳"→"银行对账"→"银行对账期初"菜单命令，显示"银行科目选择"对话框。

（2）在"科目"输入框中输入科目编码"100201"，如图 5-54 所示，单击"确定"按钮，进入"银行对账期初"对话框。

（3）确定启用日期为"2019.12.01"。

（4）在单位日记账的"调整前余额"栏输入"193 829.16"。

（5）在银行对账单的"调整前余额"栏输入"233 829.16"，如图 5-55 所示。

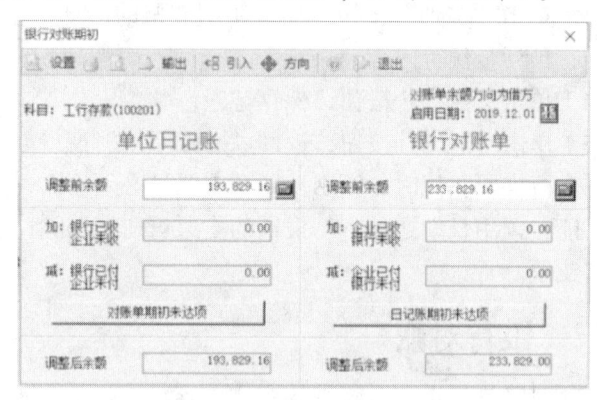

图 5-54 "银行科目选择"对话框　　　图 5-55 "银行对账期初"对话框

（6）单击"对账单期初未达项"按钮，弹出"银行方期初"对话框。

（7）单击"增加"按钮。

（8）输入日期"2019.11.30"，借方金额"40 000.00"，如图 5-56 所示。

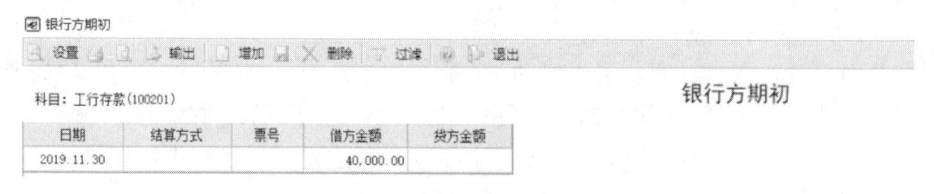

图 5-56 "银行方期初"对话框

（9）单击"保存"按钮，保存期初数据。

（10）单击"退出"按钮，返回"银行对账期初"对话框，完成银行对账期初数据的录入，单击"退出"按钮，返回"总账系统"窗口。

（二）银行对账单录入

要实现计算机自动进行对账，在每月月末对账前，必须将银行开出的银行对账单输入计算机并存入"对账单文件"。

【实例 5-22】

银行对账单录入的操作步骤如下。

（1）在"总账系统"窗口中，选择"出纳"→"银行对账"→"银行对账单"菜单命令令，弹出“银行科目选择”对话框，选中“100201 工行存款”科目，单击“确定”按钮，显示“银行对账单”窗口。

（2）单击“增加”按钮。

（3）重复银行对账期初录入数据的操作步骤，录入所给的银行对账单数据，如图 5-57 所示。

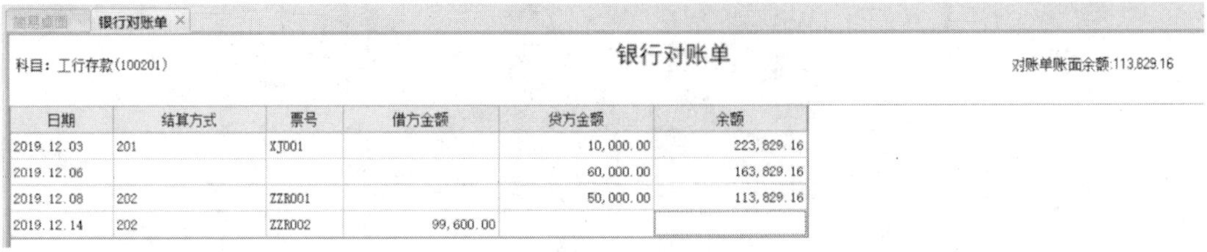

银行对账单

科目：工行存款(100201)　　对账单账面余额:113,829.16

日期	结算方式	票号	借方金额	贷方金额	余额
2019.12.03	201	XJ001		10,000.00	223,829.16
2019.12.06				60,000.00	163,829.16
2019.12.08	202	ZZR001		50,000.00	113,829.16
2019.12.14	202	ZZR002	99,600.00		

图 5-57 “银行对账单”窗口

（4）单击“保存”按钮，保存录入的银行对账单数据。

（5）单击“退出”按钮，完成银行对账单数据的录入，返回“总账系统”窗口。

（三）银行对账

需对账的数据全部录入完毕后，即可进行银行对账，银行对账采用自动对账与手工对账相结合的方式。

1. 自动对账

【实例 5-23】

进行 2019 年 12 月的银行对账工作，与工行对账，操作步骤如下。

（1）在“总账系统”窗口中，选择“出纳”→“银行对账”→“银行对账”菜单命令，弹出“银行科目选择”对话框，选择“100201 工行存款”科目，单击“确定”按钮，显示“银行对账”窗口，如图 5-58 所示。

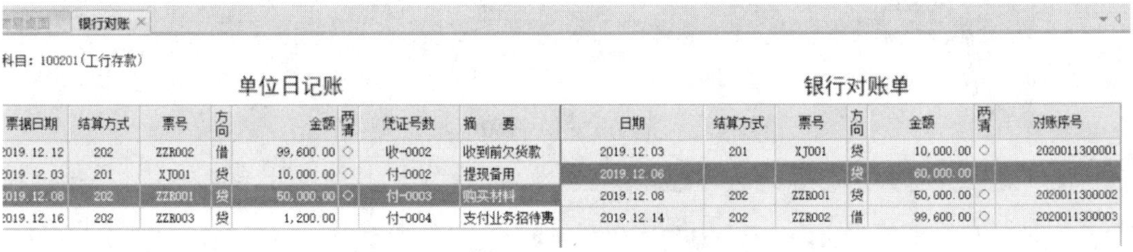

科目：100201(工行存款)

单位日记账

票据日期	结算方式	票号	方向	金额	两清	凭证号数	摘要
2019.12.12	202	ZZR002	借	99,600.00	○	收-0002	收到前欠货款
2019.12.03	201	XJ001	贷	10,000.00	○	付-0002	提现备用
2019.12.08	202	ZZR001	贷	50,000.00	○	付-0003	购买材料
2019.12.16	202	ZZR003	贷	1,200.00		付-0004	支付业务招待费

银行对账单

日期	结算方式	票号	方向	金额	两清	对账序号
2019.12.03	201	XJ001	贷	10,000.00	○	2020011300001
2019.12.06			贷	60,000.00		
2019.12.08	202	ZZR001	贷	50,000.00	○	2020011300002
2019.12.14	202	ZZR002	借	99,600.00	○	2020011300003

图 5-58 “银行对账”窗口

（2）单击“对账”按钮，显示“自动对账”对话框。

（3）输入截止日期，选择对账条件。

（4）单击“确定”按钮，显示自动对账结果。

2. 手工对账

对于一些应勾对而未勾对上的账项，可采用手工对账。

【实例 5-24】

手工对账的操作步骤如下。

（1）在"银行对账"窗口中，双击所在行的"两清"栏，打上标记"√"直接进行手工调整。

（2）对账完毕，单击"检查"按钮，显示"对账平衡检查"对话框，如图 5-59 所示。

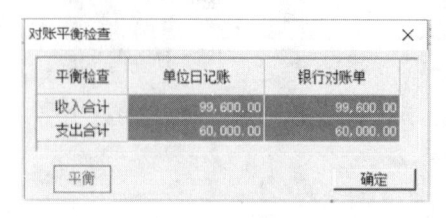

图 5-59　"对账平衡检查"对话框

（3）检查结果平衡后，单击"确定"按钮，完成对账操作。

（4）单击"退出"按钮，返回"总账系统"窗口。

（四）银行存款余额调节表的查询输出

对账完成后，计算机自动整理汇总未达账项和已达账项，生成银行存款余额调节表，用户可查询打印银行存款余额调节表，以检查对账是否正确。

【实例 5-25】

银行存款余额调节表查询输出的操作步骤如下。

（1）在"总账系统"窗口中，选择"出纳管理"→"余额调节表"菜单命令，显示"银行存款余额调节表"窗口，如图 5-60 所示。

图 5-60　"银行存款余额调节表"窗口

（2）定位光标到所要查看的科目名称上，单击"查看"按钮或双击该行，显示该银行账户的银行存款余额调节表，如图 5-61 所示。

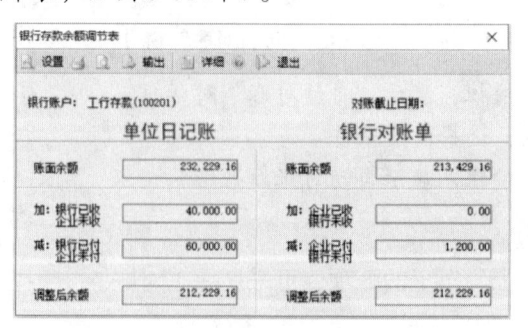

图 5-61　银行存款余额调节表

（3）单击“打印”按钮，可打印银行存款调节表，单击“退出”按钮，返回“银行存款余额调节表”窗口；单击“退出”按钮，返回“总账系统”窗口。

（五）对账结果查询

通过银行存款余额调节表，用户已了解了对账的结果。用户还可以通过查询对账结果，了解对账单上勾对的明细情况，包括已达账项情况和未达账项情况，从而进一步查询对账结果。

【实例 5-26】

对账结果查询的操作步骤如下。

（1）在“总账系统”窗口中，选择“出纳管理”→“查询银行勾对情况”菜单命令，显示“银行科目选择”对话框。

（2）确定科目名称、显示记账范围，包括“全部显示”“显示未达账项”“显示已达账项”三种查询方式。

（3）单击“确定”按钮，显示“查询银行勾对情况”窗口，如图 5-62 所示。

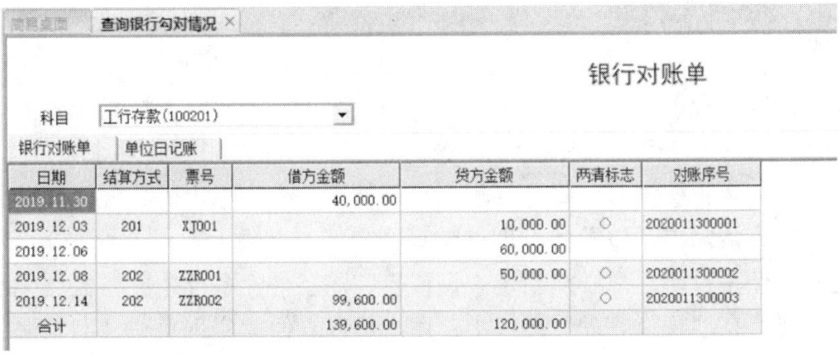

日期	结算方式	票号	借方金额	贷方金额	两清标志	对账序号
2019.11.30			40,000.00			
2019.12.03	201	XJ001		10,000.00	○	2020011300001
2019.12.06				60,000.00		
2019.12.08	202	ZZR001		50,000.00	○	2020011300002
2019.12.14	202	ZZR002	99,600.00		○	2020011300003
合计			139,600.00	120,000.00		

图 5-62 “查询银行勾对情况”窗口

（4）在“查询银行勾对情况”窗口中，单击“银行对账单”和“单位日记账”标签，可显示各自的对账结果。

（5）单击“打印”按钮可打印银行对账单和单位日记账。

（6）单击“退出”按钮，返回“总账系统”窗口。

（六）核销已达账项

在总账系统中，用于银行对账的银行存款日记账和银行对账单的数据是会计核算和财务管理的辅助数据。正确对账后，已达账项数据已无保留价值，因此，可通过“核销银行账”功能核销用于对账的银行存款日记账和银行对账单的已达账项，以清理计算机系统的硬盘空间。在执行核销操作时，应确信银行对账正确。执行核销操作后已达账项消失，不能被恢复。

【实例 5-27】

核销已达账项的操作步骤如下。

（1）在“总账系统”窗口中，选择“出纳”→“银行对账”→“核销银行账”菜单命令，显示"核销银行账"对话框。

（2）输入核销银行存款科目"工行存款（100201）"。

（3）单击"确定"按钮，显示提示对话框，如图5-63所示。

（4）单击"是"按钮，系统自动核销已达账项。

（5）银行账核销完毕，如图5-64所示，单击"确定"按钮。

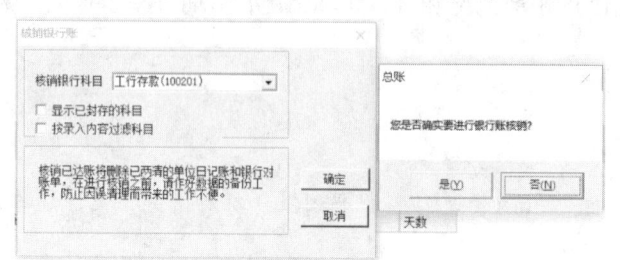

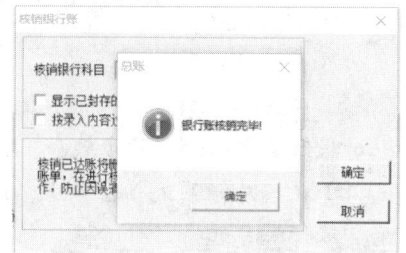

图 5-63 "核销银行账"对话框

图 5-64 银行账核销完毕

任务五 账簿管理

企业发生的经济业务，经过制单、审核、记账等程序之后，就形成了正式的会计账簿。对发生的经济业务进行查询、统计分析等操作，都可以通过账簿管理来完成。查询账簿，是会计工作的另一个重要内容。除库存现金、银行存款查询输出外，账簿管理还包括基本会计核算账簿的查询输出，以及各种辅助核算账簿的查询输出。

不论是查询还是打印，都必须指定查询或打印的条件，系统才能将数据显示在屏幕上或输出到打印机。在"账簿管理"系统中，用户可以方便地实现总账、明细账、凭证联查等功能。在各个账簿查询结果窗口，都有打印、打印预览和数据输出三项功能。打印功能是打印所显示的查询结果；打印预览功能可根据需要设置纸张大小并自动缩放，可从屏幕上查看打印效果；数据输出功能可以将查询结果存为各种类型的文件，如文本文件、Excel、Foxpro文件等，便于对数据进行进一步的综合处理。

账簿查询提供未记账凭证的模拟记账功能，使企业能随时了解各科目的最新余额和明细情况，及时反映部门、项目信息，使费用控制更加可靠。

一、基本会计核算账簿

基本会计核算账簿管理功能包括总账、余额表、明细账、多栏账、日记账和日报表的查询及打印。

（一）总账的查询及打印

1. 总账查询

总账查询不但可以查询各总账科目的年初余额、各月发生额合计和月末余额，还可以查询所有的明细科目的年初余额、各月发生额合计和月末余额。

【实例 5-28】

查询库存现金科目的总账操作步骤如下。

（1）在"总账系统"窗口中，选择"账表"→"总账查询"菜单命令，显示"总账查询条件"对话框，在科目栏输入"1001"，如图 5-65 所示，科目栏为空时，系统默认为查询所有科目。

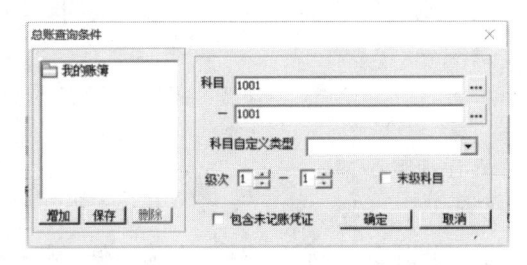

图 5-65 "总账查询条件"对话框

（2）根据需要，在级次栏输入科目级次范围。

（3）如果想将查询条件保存，可单击"增加"按钮，给出保存账簿名称，保存在"我的账簿"中，供以后使用。在以后确定查询条件时，可直接在"我的账簿"中调出保存的查询条件。此操作可略过。

（4）单击"确定"按钮，显示"总账"窗口，如图 5-66 所示。

图 5-66 "总账"窗口

（5）在"总账"窗口中，单击科目下拉列表框，可选择查看其他科目的总账；单击屏幕右上方账页格式下拉列表框，可选择显示科目的数量、外币总账；单击工具栏中的"明细"按钮，可查看当前科目当前月份的明细账。

（6）查询完毕，单击"退出"按钮，返回"总账系统"窗口。

2. 总账打印

如果总账内容要作为正式会计账簿保存，可应用"账簿打印"功能专门打印正式账簿。

【实例 5-29】

总账打印的操作步骤如下。

（1）在"总账系统"窗口中，选择"账表"→"账簿打印"→"总账"菜单命令，显示"三栏式总账打印"对话框。

（2）输入科目范围、开始科目和结束科目、科目级次范围及账页格式等打印条件，单击"打印预览"按钮，显示打印效果。

(3) 如果要改变打印设置，单击"设置"按钮，进行调整。
(4) 单击"确定"按钮打印总账。

（二）余额表的查询和打印

发生额及余额表用于查询统计各级科目的本月发生额、累计发生额和余额等。余额表的查询和打印功能可输出某月或某几个月的所有总账科目或明细科目的期初余额、本期发生额、累计发生额、期末余额等。

【实例 5-30】

余额表查询和打印的操作步骤如下。

（1）在"总账系统"窗口中，选择"账表"→"余额表查询"菜单命令，显示"发生额及余额查询条件"对话框，如图 5-67 所示，输入查询条件，在月份栏输入起止月份，在余额栏输入查询的余额范围，输入科目类型及外币名称等内容。

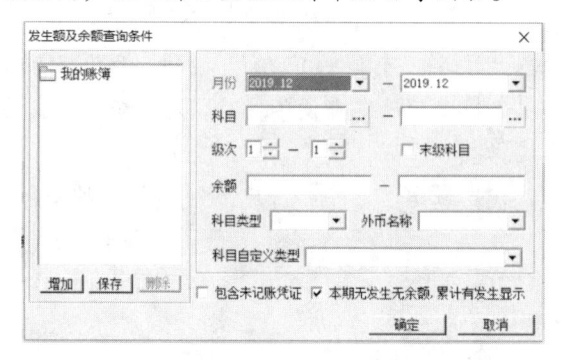

图 5-67　"发生额及余额查询条件"对话框

（2）单击"确定"按钮，显示"发生额及余额表"窗口，如图 5-68 所示。

科目编码	科目名称	期初余额		本期发生		期末余额	
		借方	贷方	借方	贷方	借方	贷方
1001	库存现金	6,875.70		10,200.00	200.00	16,875.70	
1002	银行存款	193,829.16		168,300.00	61,200.00	300,929.16	
1122	应收账款	157,600.00			99,600.00	58,000.00	
1123	预付账款	642.00				642.00	
1221	其他应收款	3,800.00			2,000.00	1,800.00	
1231	坏账准备		800.00				800.00
1401	材料采购		294,180.00				294,180.00
1403	原材料	2,058,208.00		50,000.00	25,000.00	2,083,208.00	
1404	材料成本差异	1,000.00				1,000.00	
1405	库存商品	544,000.00		8,000.00		552,000.00	
1601	固定资产	260,860.00				260,860.00	
1602	累计折旧		47,120.91				47,120.91
1701	无形资产	58,500.00				58,500.00	
资产小计		3,285,314.86	342,100.91	236,500.00	188,000.00	3,333,814.86	342,100.91
2001	短期借款		200,000.00				200,000.00
2202	应付账款		276,850.00		9,040.00		285,890.00
2211	应付职工薪酬		8,200.00				8,200.00
2221	应交税费	16,800.00		1,040.00		17,840.00	
2241	其他应付款		2,100.00				2,100.00
负债小计		16,800.00	487,150.00	1,040.00	9,040.00	17,840.00	496,190.00
4001	实收资本		2,609,052.00		68,700.00		2,677,752.00

图 5-68　"发生额及余额表"窗口

（3）在查询结果窗口中，可通过账页下拉列表框更改账页格式；单击“累计”按钮，显示或取消显示借贷方累计发生额；定位光标到进行辅助核算的科目所在行，单击“专项”按钮，可查看相应科目的辅助总账或余额表；单击“过滤”按钮，可进行过滤条件查询，只查询符合条件的科目的发生额及余额表，在过滤条件查询时，输入的科目编码可使用通配符“？”，如“？01”表示查一级科目为任何编码、二级科目为01的科目。

（4）查询完毕，单击“退出”按钮，返回“总账系统”窗口。

（三）明细账的查询及打印

查询明细账可了解各账户的明细发生情况，用户可按任意条件组合查询明细账或未记账的凭证。明细账的查询格式有三种：普通明细账、按科目排序明细账、月份综合明细账。普通明细账是按科目查询、按发生日期排序的明细账；按科目排序明细账是按非末级科目查询、按有发生额的末级科目排序的明细账；月份综合明细账是按非末级科目查询，包含末级科目总账数据及末级科目明细账数据的综合明细账。

【实例 5-31】

查询“应收账款”科目 2019 年 12 月的明细账，操作步骤如下。

（1）在“总账系统”窗口中，选择“账簿”→“明细账查询”菜单命令，显示“明细账查询条件”对话框，在科目栏输入科目“1122 应收账款”。

（2）在月份栏输入起止月份。

（3）输入其他条件，单击“确定”按钮，显示“明细账”窗口，如图 5-69 所示。

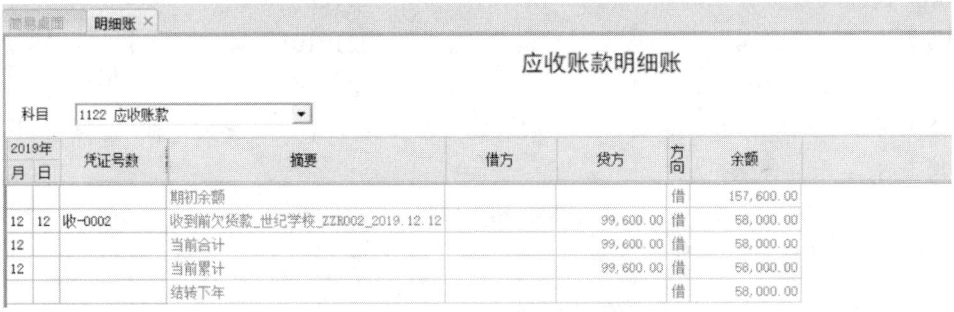
明细账

应收账款明细账

科目 1122 应收账款

2019年 月	日	凭证号数	摘要	借方	贷方	方向	余额
			期初余额			借	157,600.00
12	12	收-0002	收到前欠货款_世纪学校_ZZR002_2019.12.12		99,600.00	借	58,000.00
12			当前合计		99,600.00	借	58,000.00
12			当前累计		99,600.00	借	58,000.00
			结转下年			借	58,000.00

图 5-69 “明细账”窗口

（4）在“明细账”窗口，单击账页格式下拉列表框，选择查询的格式；单击“凭证”按钮或双击某行，可查看相应的凭证；单击“总账”按钮可查看某科目的总账信息；单击“锁定”按钮，可锁定或取消锁定摘要栏。

（5）查询完毕，单击“退出”按钮，返回“总账系统”窗口。

（四）多栏账的查询及打印

在总账系统中，系统将要分析科目的下级科目自动生成“多栏账”。一般负债、收入类科目分析其下级科目的贷方发生额，资产、费用类科目分析其下级科目的借方发生额，并允许随时调整。

自定义多栏账的栏目内容由使用者定义，可以对科目的分析方向、分析内容、输出内容进行定义，同时可定义多栏账格式，以满足核算管理的需要。

【实例 5-32】

以应交增值税多栏账为例，介绍多栏账的定义和查询操作步骤。

（1）在"账表"菜单中，单击"多栏账"按钮，显示"多栏账"窗口，如图 5-70 所示，单击"增加"按钮，显示"多栏账定义"对话框，如图 5-71 所示。

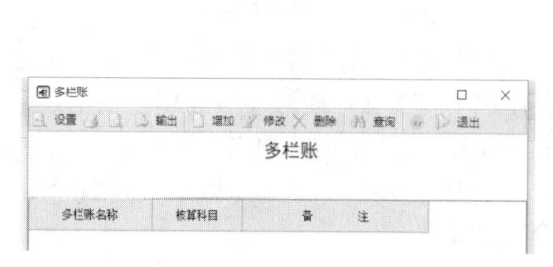

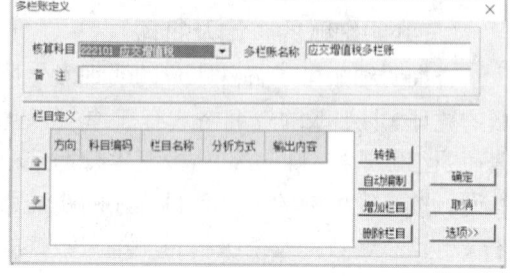

图 5-70 "多栏账"窗口　　　　图 5-71 "多栏账定义"对话框

（2）在核算科目栏选择"应交增值税"科目。

（3）单击"自动编制"按钮，系统根据所选核算科目的下级科目自动编制多栏账分析栏目。

（4）选择"分析方式""输出内容"选项为"金额"。

（5）单击"选项"按钮，打开"格式选项"窗口。

（6）选择"分析栏目前置"选项。

（7）在"栏目定义"中，确定"方向"，其中"22210101""22210104"为"借方"，"22210102""22210103"为"贷方"。

（8）单击"确定"按钮，返回"查询条件"对话框，单击"查询"按钮，输入多栏账的查询条件。

（9）单击"确定"按钮，显示"增值税多栏账"对话框。

（10）单击"退出"按钮，返回"总账系统"窗口。

（五）日记账和日报表的查询及打印

通过日记账和日报表的查询，可查询及打印除库存现金日记账、银行日记账以外的其他日记账。具体操作与总账、明细账的查询和打印操作基本相同。

二、辅助会计核算账簿

（一）部门辅助账的管理

在总账系统中，如果在定义会计科目时，把某科目账类标注为部门辅助核算，那么系统除了对这些科目进行部门核算，还提供了横向和纵向的查询统计功能，为企业管理者输出各种会计信息，真正体现了"管理"的功能。

部门辅助账的管理功能主要涉及部门辅助总账、明细账的查询，正式账簿的打印及部门收支分析。

1. 部门辅助总账的查询

通过部门辅助总账的查询功能，用户能够查询部门业务发生的汇总情况。如果在设置会计科目时指定某科目为部门核算类科目且在录入凭证时填写了相应的辅助信息，那么通过部门辅助总账的查询，可从部门角度检查费用或收入的发生额及余额情况，系统提供了横向和纵向查询。

部门辅助总账的查询有科目查询、部门查询、科目和部门查询三种方式。

（1）科目查询：查询某部门核算科目下各个部门的发生额及余额汇总和明细账情况。

（2）部门查询：查询某部门的各费用、收入科目的发生额及余额汇总和明细账情况。

（3）科目和部门查询：查询某部门下某科目各个月的发生额及余额汇总和明细账情况。

2. 部门明细账查询

部门明细账查询用于查询部门业务发生的明细情况。系统提供以下四种查询方式：按科目查询部门的明细账、按部门查询科目的发生情况、查询某科目某部门各期的明细账、横向和纵向列示查询部门各科目的发生情况。

部门明细账的具体格式有金额式、外币金额式、数量金额式和数量外币式四种，输出明细账时，可根据自己的实际情况选择输出格式。另外，系统还可输出多栏式明细账。

【实例 5-33】

用科目和部门查询方式查询科目为"660201 工资"，部门为"总经理办公室"的明细账，操作步骤如下。

（1）在"总账系统"窗口中，选择"部门辅助账"→"部门科目明细账"菜单命令，显示"部门科目明细账条件"对话框。

（2）单击"科目"下拉列表框选取"660201 工资"科目，如图 5-72 所示。

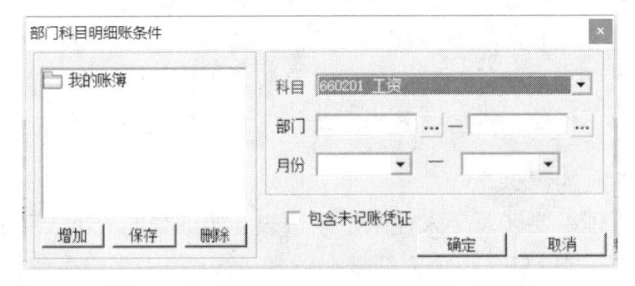

图 5-72 "部门科目明细账条件"对话框

（3）在部门栏输入"办公室"。

（4）在起止月份栏分别选取"2019.12"和"2019.12"。

（5）单击"确定"按钮，显示查询结果。

（6）将光标定位于某条记录上，单击"明细"按钮，可以联查部门明细账。

3. 部门收支分析

部门收支分析功能可对部门收支情况进行管理，能够核算出部门核算科目的发生额及余额情况。在对发生额及余额进行分析时，系统可将科目、部门的期初、借方、贷方余额一一列出，以便于分析比较。

【实例 5-34】

对本账套下的所有部门核算科目及所有部门的收支进行分析，操作步骤如下。

（1）在"总账系统"窗口中，选择"部门辅助账"→"部门收支分析"菜单命令，显示"部门收支分析条件"向导一"选择分析科目"对话框，如图 5-73 所示。

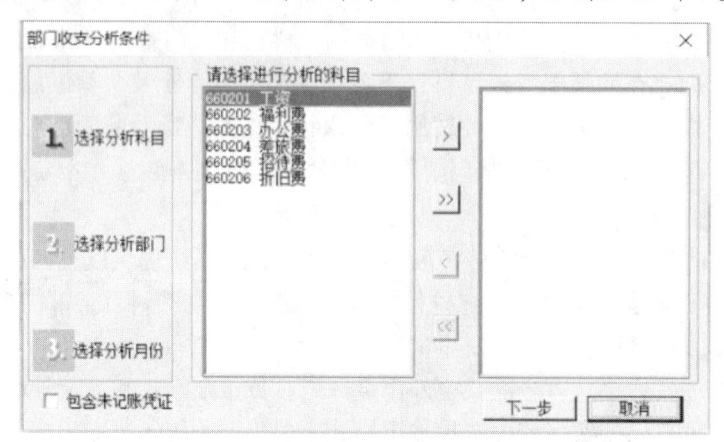

图 5-73　"部门收支分析条件"对话框

（2）单击"全选"按钮，选取所有的部门核算科目。

（3）单击"下一步"按钮，在"部门收支分析条件"向导二"选择分析部门"对话框中，单击"全选"按钮，选取所有的部门。

（4）单击"下一步"按钮，在"部门收支分析条件"向导三"选择分析月份"对话框中，输入起止月份。

（5）单击"完成"按钮，显示"部门收支分析表"窗口。

（6）在"部门收支分析表"窗口中，单击"过滤"按钮，选择"全部"标签、"收入科目"标签或"费用科目"标签，可查询所需要的数据。

（7）单击"退出"按钮，返回"总账系统"窗口，完成此项操作。

（二）个人往来账的管理

个人往来账的管理主要涉及个人往来账余额表、明细账的查询及正式账簿的打印，以及个人往来账的清理，这里只介绍个人往来账清理。个人往来账清理包括个人往来的勾对、个人往来催款单及个人往来账龄分析。

1. 个人往来的勾对

勾对是指系统在已结清的账项上打上标记。如总经理办公室肖剑上月借款 2 000 元，本月归还 2 000 元，则勾对操作就是在这两笔业务上同时打上标记"√"，表示这两笔往来业务已结清。个人往来的勾对主要用于对个人的借款、还款记录进行清理，使企业能够及时了解个人借款、还款情况，清理个人借款。

勾对有自动勾对和手工勾对两种方式。自动勾对是按"专认+逐笔+总额"方式进行勾对的。专认勾对是指对同一科目下的业务号相同、借贷方向相反、金额一致的两笔分录进行自动勾对。逐笔勾对是指在用户未指定业务号时，系统按金额一致、方向相反的原则进行自动勾对。总额勾对是指当某个人的所有未勾对的借方发生额之和等于所有未勾对的贷方发生额之和时，系统将这些业务进行自动勾对。手工勾对是指在系统无法进行自动勾对时，采用手工方式对业务进行勾对。手工勾对时，双击已结清业务的"两清"栏，打上标记"√"即可。

【实例5-35】

个人往来勾对的操作步骤如下。

（1）在"总账系统"窗口中，选择"个人往来账"→"个人往来清理"菜单命令，显示"个人往来两清"对话框。

（2）在科目栏输入核算科目。

（3）分别在部门栏和个人栏输入需要勾对的部门和个人。

（4）在起止月份栏指定要勾对的月份范围。

（5）单击"确定"按钮，显示"个人往来两清"窗口，如图5-74所示。

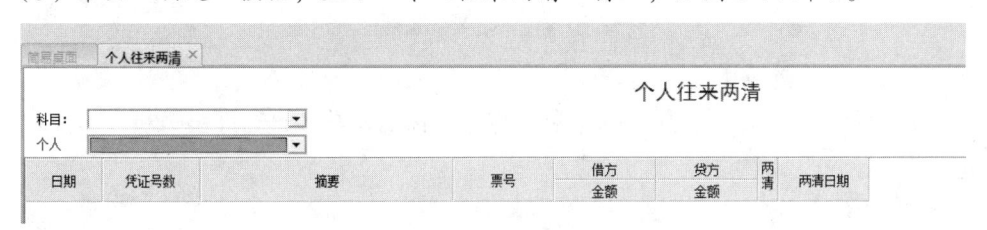

图5-74　"个人往来两清"窗口

（6）在"个人"下拉列表框中，输入进行两清勾对的个人。

（7）单击"勾对"按钮，进行自动勾对，显示勾对结果。如果有应该勾对而没有勾对的业务，可双击"两清"栏或按空格键，进行手工勾对。

（8）在"个人往来两清"窗口中，单击"取消"按钮，可自动取消勾对；单击"检查"按钮，可对已勾对的业务进行平衡检查；单击"总账"按钮，可联查当前科目及个人的余额表；单击"凭证"按钮，可联查相应的凭证；单击"锁定"按钮，可锁定或取消锁定摘要栏。

（9）完成勾对后，单击"退出"按钮，返回"总账系统"窗口。

2．个人往来催款单

打印个人往来催款单，使企业及时清理个人借款。

【实例5-36】

生成个人往来催款单的操作步骤如下。

（1）在"总账系统"窗口中，选择"个人往来账"→"个人往来催款单"菜单命令，显示"个人往来催款单条件"对话框，如图5-75所示。

（2）输入科目、部门、姓名、截止日期及催款单信息，单击"确定"按钮，显示个人往来催款单。

（3）单击"退出"按钮，返回"总账系统"窗口。

在执行个人往来催款单操作时,"个人往来催款单条件"对话框中的"催款单信息"内容是催款单的提示信息,如"请于某年某月到财务处结算"。"包含已两清部分"选项是指是否显示已两清的个人往来款项。

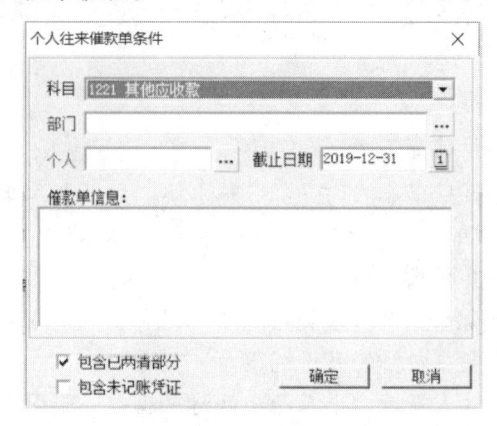

图 5-75 "个人往来催款单条件"对话框

3. 个人往来账龄分析

个人往来账龄分析功能能够对个人往来账余额的时间分布进行账龄分析。

【实例 5-37】

进行个人往来账龄分析的操作步骤如下。

(1)在"总账系统"窗口中,选择"个人往来账"→"个人往来账龄分析条件"菜单命令,显示"个人往来账龄分析条件"对话框,如图 5-76 所示。

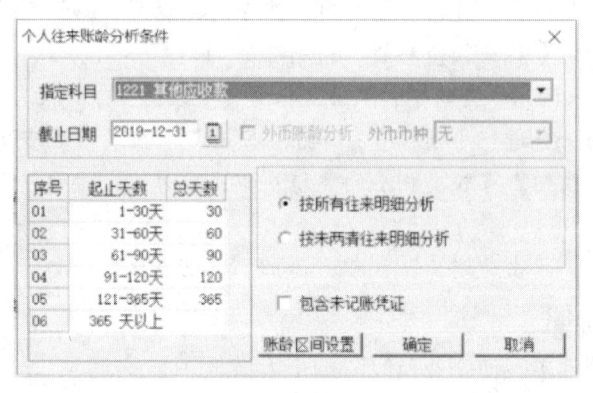

图 5-76 "个人往来账龄分析条件"对话框

(2)在"指定科目"栏输入要查的科目。
(3)在"截止日期"栏输入要查看的月份范围。
(4)在"起止天数"栏输入进行账龄分析的区间。
(5)根据需要选择"按所有往来明细分析"和"按未两清往来明细分析"选项中的一种。
(6)输入完条件后,单击"确定"按钮,显示"个人往来账龄分析"窗口,如图 5-77 所示。

部门编码	部门名称	个人编码	姓名	方向	余额	1-30天	31-60天	61-90天
101	总经理办公室	101	肖剑	贷	2,000.00	2,000.00		
			人数	贷	1	1		
			合计	贷	2,000.00	2,000.00		
			百分比(%)	贷		100.00		

图 5-77　"个人往来账龄分析"窗口

（7）单击"退出"按钮，返回"总账系统"窗口。

（三）项目辅助账的管理

项目辅助账的管理涉及项目总账、明细账的查询及打印，以及项目统计表的查询。因为操作方法基本类似，在此只给出项目总账的查询操作及项目统计表的操作。

1. 项目总账的查询

项目总账的查询用于查询各项目所发生业务的汇总情况，系统提供了以下五种项目总账的查询方式。

（1）科目总账：查询某科目下各明细项目的发生额及余额情况。

（2）项目总账：查询某部门某项目下的各费用、收入类科目的发生额及余额汇总情况。

（3）三栏总账：查询某项目下某科目各月的发生额及余额汇总情况。

（4）部门项目总账：查询某部门各项目的发生额及余额汇总情况。

（5）分类总账：查询某科目下各项目的发生额及余额汇总情况。

【实例 5-38】

项目总账查询的操作步骤如下。

（1）选择"账表"→"项目总账"→"科目总账"菜单命令，显示"项目科目总账条件"对话框，如图 5-78 所示。

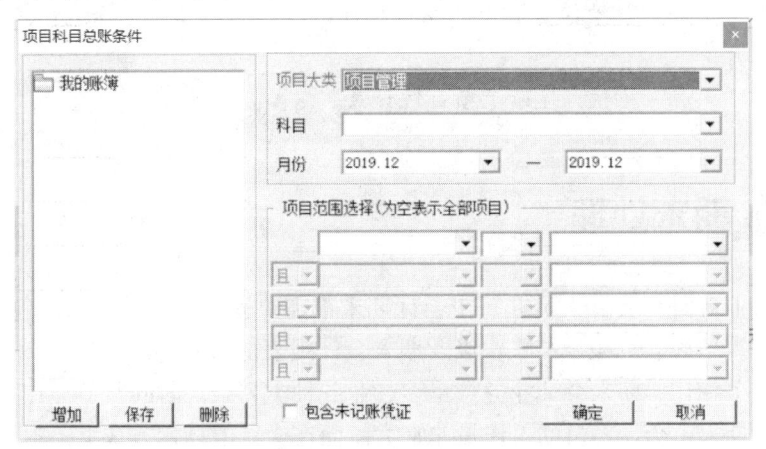

图 5-78　"项目科目总账条件"对话框

（2）输入科目等信息。

（3）单击"确定"按钮，显示"项目总账"窗口。

（4）单击"退出"按钮，返回"总账系统"窗口。

2. 项目统计表

项目统计表用来统计所有项目的发生额及余额汇总情况。在对发生额及余额进行统计分析时，系统将科目及项目的期初、借方、贷方余额一一列出，进行比较分析。

【实例 5-39】

查询项目统计表的操作步骤如下。

（1）选择"账表"→"项目辅助账"→"项目统计分析"菜单命令，显示"项目统计条件"向导一"选择统计项目"对话框，如图 5-79 所示。

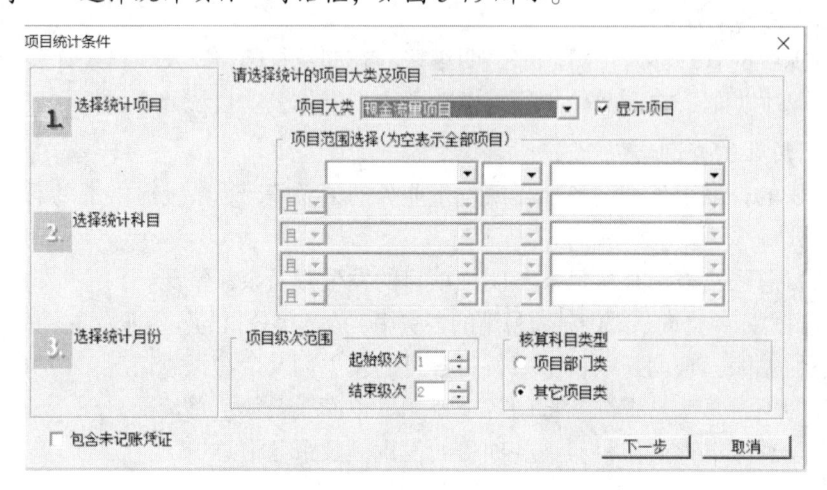

图 5-79　"项目统计条件"对话框

（2）选择要统计的项目大类及项目范围。

（3）单击"下一步"按钮，显示"项目统计条件"向导二"选择统计科目"对话框，选择要查询的项目核算科目。

（4）单击"下一步"按钮，显示"项目统计条件"向导三"选择统计月份"对话框，选择要查询的月份。

（5）单击"完成"按钮，显示"项目统计表"窗口。

任务六　期末处理

期末会计业务是指会计人员在每个会计期末都需要完成的会计工作，包括银行对账、期末转账、试算平衡、对账、结账，以及期末会计报表的编制等。

与日常业务相比，期末会计业务数量多、业务种类繁杂且时间紧迫。在手工会计工作中，每到会计期末，会计人员的工作量非常大。而在会计电算化方式下，由于各会计期间的许多期末业务具有较强的规律性，可以由计算机来处理这些有规律的业务，不但减少了会计人员的工作量，也可以提高财务核算的正确性和规范性。

一、定义转账凭证

转账分为外部转账和内部转账。外部转账是指将其他专项核算子系统生成的凭证转入总账系统中;内部转账是指在总账系统内部把某个或某几个会计科目的余额或本期发生额结转到一个或多个会计科目中。自动转账主要包括自定义转账、对应结转、销售成本结转、汇兑损益结转和期间损益结转等。

(一)自定义转账设置

由于各个企业情况不同,会计核算方法也不尽相同,特别是对各类成本费用分摊结转方式的差异,必然会造成各个企业该类转账业务处理的不同。在会计电算化方式下,用户可以自行定义自动转账凭证。在生成自动转账凭证之前,系统要求先将以前的经济业务全部登记入账,然后才可以采用已定义的转账分录格式生成机制凭证。

设置转账凭证时,首先设置转账凭证的凭头部分,包括转账序号、转账说明及凭证类别;其次设置转账分录的借方和贷方,包括摘要、科目编码、借贷方向等内容。自定义转账设置可分三步完成。

【实例 5-40】

计提短期借款利息业务,利息为期末余额的 0.184%。

对应的会计分录为:

借:财务费用——利息支出

　　贷:应付利息

1. 输入转账凭证的凭头部分

(1)在"期末"菜单中,选择"转账定义"→"自定义结转"菜单命令,显示"自动转账设置"窗口。

(2)单击"增加"按钮,显示"转账目录"对话框。

(3)输入转账序号。

(4)输入转账说明。

(5)选择凭证类别为"转　转账凭证",如图 5-80 所示。

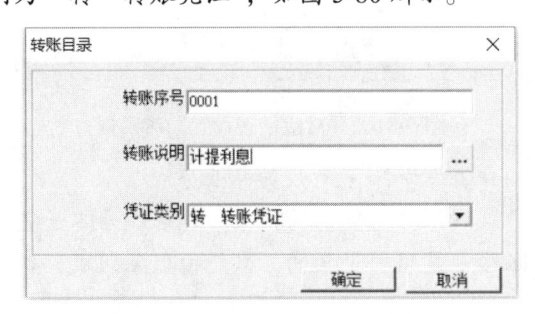

图 5-80　"转账目录"对话框

(6)单击"确定"按钮,返回"自动转账设置"窗口,继续定义转账凭证分录信息。

2. 定义借方转账分录信息

(1)在"科目编码"栏,输入借方科目的编码或科目名称"财务费用——利息支出"。

（2）在"方向"栏，选择"借"选项。

（3）在"金额公式"栏输入公式，可直接输入金额公式，也可采用引导方式录入公式。

3. 定义贷方转账分录信息

（1）在"自动转账设置"窗口中，单击"增加"按钮，输入"摘要"。

（2）在"科目名称"栏输入贷方科目的编码或科目名称"应付利息"。

（3）在"方向"栏，选择"贷"选项。

（4）在"金额公式"栏利用公式向导输入公式。

（5）单击"保存"按钮，保存转账分录。

（6）重复上面操作，可继续定义其他自定义转账分录，完成后，单击"退出"按钮，返回"总账系统"窗口。

（二）对应结转设置

对应结转就是对两个科目进行一一对应结转。对应结转不仅可进行两个科目一对一结转，还可以进行科目的一对多结转。对应结转的科目可为非末级科目，但其下级科目的科目结构必须一致（具有相同的明细科目），如有辅助核算，则两个科目的辅助账类也必须一一对应。

【实例 5-41】

将进项税转入多交的增值税中，操作步骤如下。

（1）在"总账系统"窗口中，选择"期末"→"转账定义"→"对应结转"菜单命令，显示"对应结转设置"对话框，如图 5-81 所示。

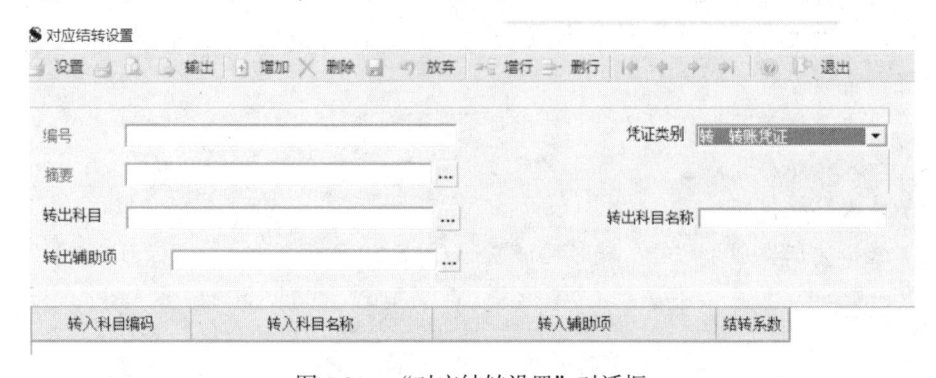

图 5-81　"对应结转设置"对话框

（2）单击"增加"按钮，增加一笔对应转账业务。

（3）在"编号"栏输入该张转账凭证的代号，转账编号不是凭证号，凭证号是系统在转账时自动产生的，转账编号是用户定义的，只能由数字组成，转账编号必须与凭证号一一对应。

（4）在"凭证类别"栏选取结转生成的凭证所使用的凭证类别，本例为转账凭证。

（5）输入转出科目的编码和科目名称。

（6）输入转入科目的编码和科目名称；在"结转系数"栏输入结转系数"1"，转入科目可定义多条，但结转系数之和应为 1。

（7）单击"保存"按钮保存此笔结转业务。

（8）定义完结转后，单击"退出"按钮，退回"总账系统"窗口。

在定义对应结转时，如果同一凭证的转入科目有多个，并且同一凭证的结转系数之和为1，那么最后一笔结转金额为转出科目余额减当前凭证已输出的余额。

（三）销售成本结转设置

销售成本结转是指将月末商品（或产成品）销售数量乘以库存商品（或产成品）的平均单价计算各类商品销售成本并进行结转。

【实例 5-42】

设置企业的销售成本结转，操作步骤如下。

（1）在"总账系统"窗口中，选择"期末"→"转账定义"→"销售成本结转"菜单命令，显示"销售成本结转设置"对话框。

（2）在"凭证类别"下拉列表框中选取凭证类别，如转账凭证。

（3）在"库存商品科目"输入框中输入"库存商品"。

（4）在"商品销售收入科目"输入框中输入"主营业务收入"。

（5）在"商品销售成本科目"输入框中输入"主营业务成本"。

（6）单击"确定"按钮，完成销售成本结转的设置，返回"总账系统"窗口。

（四）汇兑损益结转设置

汇兑损益结转用于期末自动计算外币账户的汇兑损益，并在转账过程中自动生成汇兑损益转账凭证。汇兑损益结转只处理外汇存款户、外币现金、外币结算的各项债权债务产生的汇兑损益。

为了保证汇兑损益计算正确，填制某月的汇兑损益凭证时必须先将本月的所有未记账凭证先记账。汇兑损益入账科目不能是辅助账科目或有数量外币。

【实例 5-43】

设置期间损益结转，操作步骤如下。

（1）在"总账系统"窗口中，选择"期末"→"转账定义"→"期间损益结转"菜单命令，显示"期间损益结转设置"对话框。

（2）在"凭证类别"下拉列表框中选取凭证类别，如转账凭证。

（3）在"汇兑损益入账科目"下拉列表框中选择汇兑损益科目。

（4）定位光标到要计算汇兑损益的科目处，按空格键，在"是否计算汇兑损益"栏打上"\"标记。

（5）单击"确定"按钮，完成汇兑损益结转设置，返回"总账系统"窗口。

（五）期间损益结转设置

期间损益结转指在一个会计期间终了时将损益类科目的余额结转到"本年利润"科目中，从而及时反映企业利润的盈亏情况，主要是对"管理费用""销售费用""财务费用"

"销售收入""营业外收支"等科目进行结转。

每个损益类科目的期末余额将结转到同一行的"本年利润"科目中去。若损益类科目与"本年利润"科目都有辅助核算,则辅助账类必须相同,"本年利润"科目必须为末级科目,且为本年利润入账科目的下级科目。

【实例 5-44】

设置期间损益结转,操作步骤如下。

(1)在"总账系统"窗口中,选择"期末"→"转账定义"→"期间损益结转"菜单命令,显示"期间损益结转设置"对话框。

(2)在"凭证类别"下拉列表框中选取凭证类别,如转账凭证。

(3)在"本年利润科目"下拉列表框中选取本年利润的入账科目。

(4)单击"确定"按钮,完成期间损益设置,返回"总账系统"窗口。

二、生成转账凭证

在定义完转账分录后,每月月末只需执行生成转账凭证操作,即可由计算机自动填制转账凭证,经审核、记账后,真正完成结转工作。

由于转账凭证数据是按照已记账的数据进行计算的,所以在进行月末转账工作之前,请先将所有未记账凭证记账,否则,生成的转账凭证数据可能有误。特别是对于一组相关的转账分录,必须按顺序依次进行转账生成、审核、记账。

如果使用了应收、应付系统,那么在总账系统中不能按客户、供应商进行结转。

(一)生成自定义转账凭证

在生成自定义转账凭证时必须注意业务发生的先后次序,否则在计算金额、生成相关自动转账分录时就会发生差错。

【实例 5-45】

生成自定义转账凭证的操作步骤如下。

(1)在"总账系统"窗口中,选择"期末"→"转账生成"→"自动转账"菜单命令,选中"自定义转账"前的单选框,显示用户在"自定义转账设置"中定义的内容,如图 5-82 所示。如果对转账设置不满意,单击其右边的按钮,调出相应的转账定义功能,对转账定义进行修改。

(2)单击"结转月份"下拉列表框选取结转月份。

(3)在要结转的凭证的"是否结转"处双击,打上标记"√",也可单击"全选"按钮选择全部凭证,单击"全消"按钮取消全部打上标记"√"要结转的凭证。

(4)选取要结转的凭证后,单击"确定"按钮,系统进行结转计算,并显示生成的凭证。

(5)如果结转凭证设置正确,单击"保存"按钮,系统将当前凭证追加到未记账凭证中;如果结转凭证设置有误,则系统提示出错,需修改结转设置后再执行此功能。

(6)单击"退出"按钮,返回"总账系统"窗口。

项目五 | 总账管理

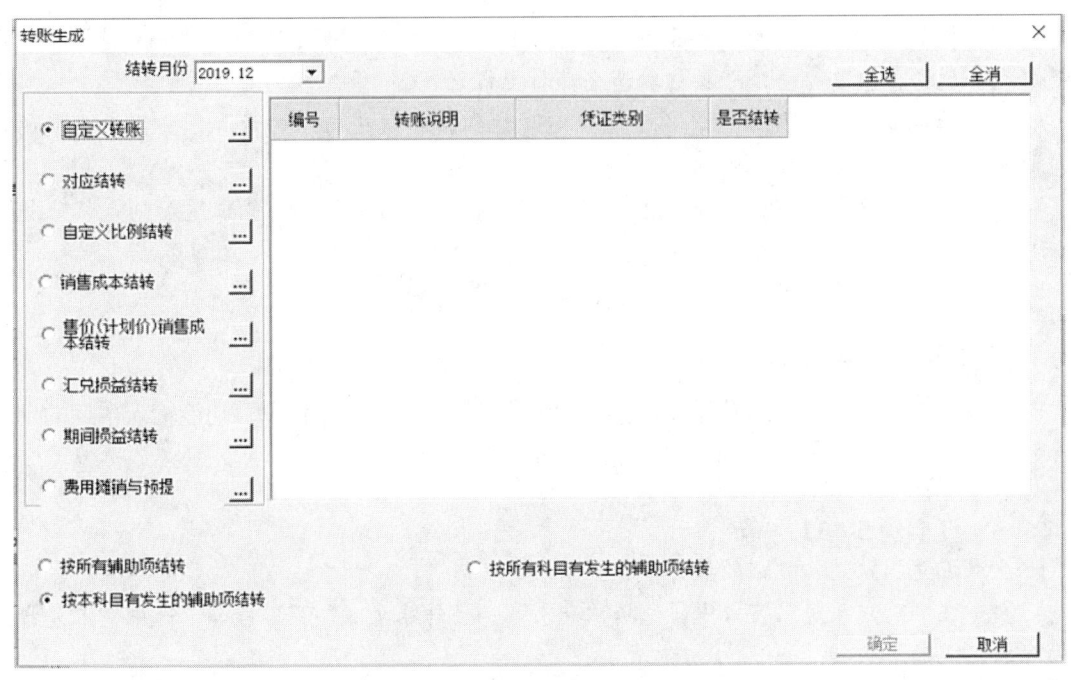

图 5-82 "转账生成"对话框

（二）生成对应结转凭证

【实例 5-46】

生成对应结转凭证的操作步骤如下。

（1）在"总账系统"窗口中，选择"期末"→"转账生成"菜单命令，选中"对应结转"前的单选框。

（2）单击"结转月份"下拉列表框选取结转月份。

（3）在要结转的凭证的"是否结转"处双击，打上标记"√"，也可单击"全选"按钮选择全部凭证，单击"全消"按钮取消全部打上标记"√"要结转的凭证。

（4）选取要结转的凭证后，单击"确定"按钮，系统进行结转计算，并显示生成的凭证。

（5）确定系统显示的凭证正确后，单击"保存"按钮，将当前凭证追加到未记账凭证中。

（6）单击"退出"按钮，返回"总账系统"窗口。

（三）生成销售成本结转凭证

【实例 5-47】

生成销售成本结转凭证的操作步骤如下。

（1）在"总账系统"窗口中，选择"期末"→"转账生成"菜单命令，选中"销售成本结转"前的单选框。

（2）单击"结转月份"下拉列表框选取结转月份。

（3）在要结转的凭证的"是否结转"处双击，打上标记"√"，也可单击"全选"按钮选择全部凭证，单击"全消"按钮取消全部打上标记"√"要结转的凭证。

（4）选取要结转的凭证后，单击"确定"按钮，系统进行结转计算，并显示生成的凭证。

（5）确定系统显示的凭证正确后，单击"保存"按钮，将当前凭证追加到未记账凭证中。

（6）单击"退出"按钮，返回"总账系统"窗口。

（四）生成汇兑损益结转凭证

在执行生成汇兑损益结转凭证操作之前，应先通过"外币及汇率"功能输入本期的期末汇率。

【实例5-48】

生成汇兑损益结转凭证的操作步骤如下。

（1）在"总账系统"窗口中，选择"期末"→"转账生成"菜单命令，选中"汇兑损益结转"前的单选框。

（2）单击"结转月份"下拉列表框选取结转月份。

（3）在要结转的凭证的"是否结转"处双击，打上标记"√"，也可单击"全选"按钮选择全部结转的凭证，单击"全消"按钮取消全部打上标记"√"要结转的凭证。

（4）在外币"币种"框中选择外币种类。

（5）选取要结转的凭证后，单击"确定"按钮，系统进行结转计算，并显示生成的凭证。

（6）确定系统显示的凭证正确后，单击"保存"按钮，将当前凭证追加到未记账凭证中。

（7）单击"退出"按钮，返回"总账系统"窗口。

（五）生成期间损益结转凭证

【实例5-49】

生成期间损益结转凭证的操作步骤如下。

（1）在"总账系统"窗口中，选择"期末"→"转账生成"菜单命令，选中"期间损益结转"前的单选框，如图5-83所示。

（2）单击"结转月份"下拉列表框选取结转月份。

（3）在"损益类型"框中选择损益科目编码等。

（4）在要结转的凭证的"是否结转"处双击，打上标记"√"，也可单击"全选"按钮选择全部凭证，单击"全消"按钮取消全部打上标记"√"要结转的凭证。

（5）选取要结转的凭证后，单击"确定"按钮，系统进行结转计算，并显示生成的凭证，如图5-84所示。

图 5-83 "转账生成"对话框

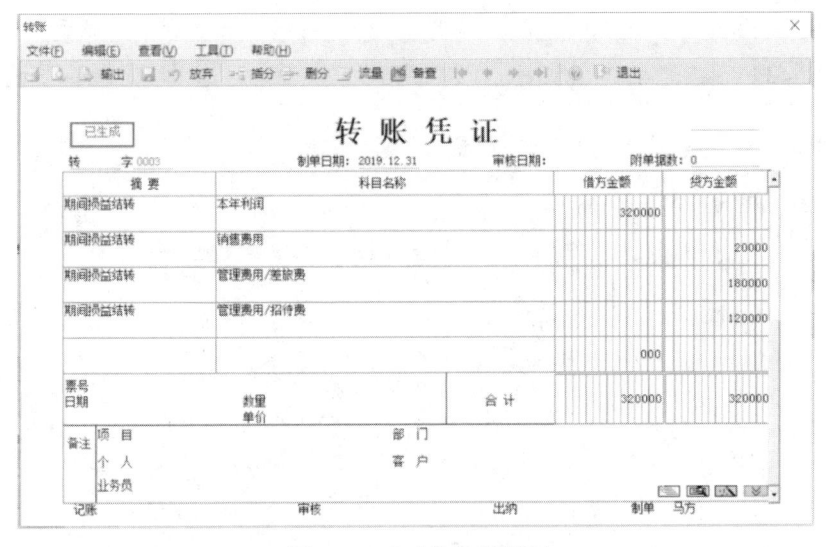

图 5-84 生成的转账凭证

（6）确定系统显示的凭证正确后，单击"保存"按钮，将当前凭证追加到未记账凭证中。

（7）单击"退出"按钮，返回"总账系统"窗口。

在执行生成转账凭证操作之前，应注意转账月份为当前会计月份，应先将相关的经济业务的凭证登记入账。转账凭证每月只生成一次，生成的转账凭证经审核后才能记账。

三、其他期末业务

（一）对账及试算平衡

在会计期末，除对收入、费用类账户余额进行结转外，还要对账、结账，并在结账之前进行试算平衡。

对账是对账簿数据进行核对，以检查记账是否正确、账簿是否平衡，主要通过核对总账与明细账、总账与辅助账数据来完成账账核对。

试算平衡就是将系统中设置的所有科目的期末余额按会计平衡公式"借方余额=贷方余额"进行平衡检验，并输出科目余额表及是否平衡信息。

一般来说，实行会计电算化后，只要记账凭证录入正确，计算机自动记账后各种账簿的数据都应是正确、平衡的，但非法操作、计算机病毒等原因可能会使某些数据被破坏，导致账账不符。为了保证账证相符、账账相符，应经常使用对账功能进行对账，至少每月一次，一般在月末结账前进行。

在对账功能中，有一个隐含的功能为"恢复记账前状态"，当记完账后，发现记账有误而又不想通过其他方式来修正时，可以按"Ctrl+H"键，激活恢复记账前功能，再到"凭证"菜单中调用此功能。

【实例 5-50】

对账及试算平衡的操作步骤如下。

（1）在"总账系统"窗口中，选择"期末"→"对账"菜单命令，显示"对账"对话框，如图 5-85 所示。

图 5-85　"对账"对话框

（2）单击"选择"按钮，选择待对账的会计期间。

（3）在"选择核对内容"框中，选择核对内容。

（4）单击"对账"按钮，系统开始自动对账，在对账的过程中，可单击"停止"按钮，停止对账。

（5）若账账相符，则显示"正确"信息，否则显示"错误"信息。

（6）在"对账"对话框中，单击"试算"按钮，对各科目余额进行试算平衡，显示"试算平衡表"，如图 5-86 所示。

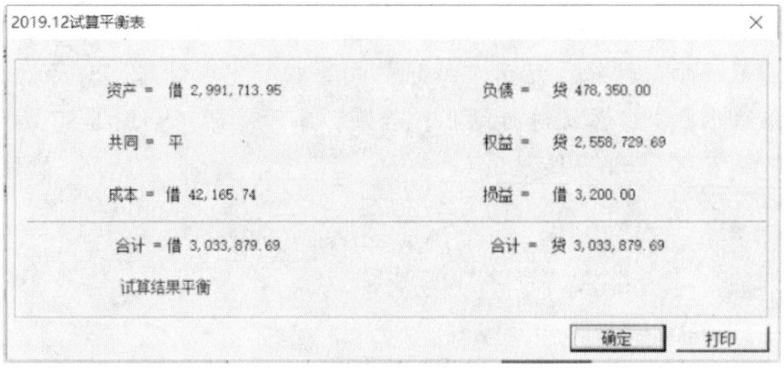

```
2019.12试算平衡表                           ×

    资产 = 借 2,991,713.95      负债 = 贷 478,350.00
    共同 = 平                   权益 = 贷 2,558,729.69
    成本 = 借 42,165.74         损益 = 借 3,200.00

    合计 = 借 3,033,879.69      合计 = 贷 3,033,879.69
    试算结果平衡
                                          确定    打印
```

图 5-86　试算平衡表

（7）单击"打印"按钮，可打印试算平衡表，单击"确定"按钮，返回"对账"对话框。

（8）单击"退出"按钮，返回"总账系统"窗口。

（二）结账

每月月底都需要进行结账处理，结账实际上就是计算和结转各账簿的本期发生额和期初余额，并终止本期的账务处理工作。

在手工方式下，必须要有结账过程，并且结账过程非常烦琐。利用计算机进行会计处理也要有结账过程，以符合会计制度的要求。在电算化方式下的结账工作，与手工相比简单多了，电算化方式下的结账采用成批数据处理的方式，结账由计算机自动完成。在结账之前应做下列检查。

（1）检查本月业务是否全部记账，有未记账的凭证不能结账。

（2）月末结转凭证必须全部生成并记账，否则本月不能结账。

（3）检查上月是否结账，上月未结账，则本月不能结账。

（4）核对总账与明细账、主体账与明细账、总账系统与其他子系统数据是否一致，如果不一致，总分类账不能结账。

（5）检查损益类账户是否全部结转完毕，如果未全部结转完毕，则本月不能结账。

（6）结账前，还要进行数据备份。

结账即计算本月各账户发生额合计和期末余额并将余额结转至下月月初，结账只能每月一次。结账后，不能再输入该月的凭证，应终止本月各账户的记账工作。

【实例 5-51】

结账的操作步骤如下。

（1）在"总账系统"窗口中，选择"期末"→"结账"菜单命令，显示"结账"向导一"开始结账"对话框，选择结账月份。

（2）单击"下一步"按钮，显示"结账"向导二"核对账簿"对话框。

（3）单击"对账"按钮，系统进行账账核对，在对账的过程中，可单击"停止"按钮终止对账。

（4）对账完成后，单击"下一步"按钮，显示"结账"向导三"月度工作报告"对话框，可查看工作报告。

（5）单击"下一步"按钮，显示"结账"向导四"完成结账"对话框。单击"结账"按钮，如果符合结账要求，系统进行结账；否则，不予结账。如图5-87所示。

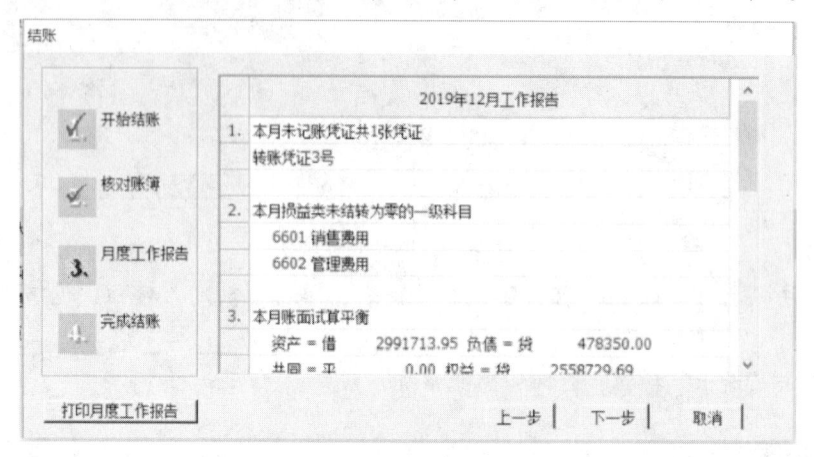

图5-87 "结账"对话框

（6）在"结账"向导一"开始结账"对话框中，选择要取消结账的月份，按"Ctrl+Shift+F6"键即可取消结账。

注意：
- 如果系统提示"未通过检查不能结账"时，可单击"上一步"按钮，查看月度工作报告，仔细查找原因。
- 已结账月份不能再填制凭证。
- 结账操作只能由有结账权限的人员进行。
- 反结账操作只能由账套主管执行。

本项目小结

总账系统在电算化会计信息系统中处于核心地位，与应收、应付、材料、薪资、固定资产、成本等系统有着十分密切的数据关系。其他系统要将其数据处理结果传递给总账系统，并在账务业务上进行汇总传递，同时，也可以共享并读取总账系统的数据。因此，总账系统是整个电算化会计信息系统的控制中心和传输中心，是会计电算化工作的基础。

总账系统的任务是以记账凭证为原始数据，按照用户设置的会计科目进行分类核算，输出各类账务信息，为编制会计报表和进行财务管理提供数据和信息。

总账系统的功能主要有日常业务管理、出纳管理、账簿管理及期末处理等。

日常业务管理一般包括填制凭证、审核凭证、凭证汇总和记账等内容，其任务是通过输入和处理各种记账凭证，完成记账工作，查询和输出各种日记账、明细账和总分类账，同时对个人往来、部门、项目和单位辅助账进行管理。凭证的输入和审核是保证系统数据正确的关键，工作量大且易出现错误，必须严肃认真对待。

出纳管理功能是出纳人员进行管理的一套工具，它包括库存现金和银行存款日记账的输出、支票登记簿的管理及银行对账功能，并可对长期未达账项提供审计报告。

账簿管理是对发生的经济业务进行查询、统计分析等操作，是会计工作的另一个重要内容。除库存现金、银行存款查询输出外，账簿管理还包括基本会计核算账簿的查询输出，以及各种辅助核算账簿的查询输出。

期末处理是指会计人员在每个会计期末都需要完成的会计工作，包括银行对账、期末转账业务、试算平衡、对账、结账等。掌握自动转账技术是提高工作效率的关键，当多个系统同时使用时，应注意自动转账和结账的顺序。

关键概念

凭证审核　末级科目　辅助核算　记账　结账　内部转账　外部转账

课堂讨论题

（1）在总账系统中日常会计凭证处理与手工处理系统有何异同？

（2）自动转账有什么意义？如何进行自动转账？

复习思考题

（1）总账系统的初始化有哪些步骤？为什么建立会计科目和录入期初余额最为重要？

（2）填制凭证时应注意哪些问题？

（3）为什么对输入的凭证要进行出纳签字和审核？

（4）记账过程中应注意哪些问题？什么情况下不能记账？

（5）出纳员在总账系统中主要承担哪些工作？

（6）结账如何进行？结账前计算机自动进行哪些检查？

实训操作题

实验目的

（1）掌握用友 U8V10.1 中总账系统初始设置的相关内容。

（2）理解总账初始设置的意义。

（3）掌握总账系统初始设置的操作方法。

实验内容

（1）总账系统参数设置。

（2）基础档案设置：会计科目、凭证类别、外币及汇率、结算方式、辅助核算档案等。

（3）期初余额录入。

实验要求

以"001 陈明"的身份进行初始设置

实验资料

1. 总账控制参数

选项卡	参数设置
凭证	制单序时控制
	支票控制

续表

选 项 卡	参数设置
凭证	科目余额控制 打印凭证页脚姓名 凭证审核控制到操作员 出纳凭证必须经由出纳签字 凭证由系统进行编号 外币核算采用固定汇率 应收账款
会计日历	会计日历为1月1日至12月31日
其他	数量小数位和单价小数位设为2位 部门、个人、项目按编码方式排序

2. 基础数据

(1) 币别及汇率：币别为 USD（美元）；固定汇率为 1：6.87。

(2) 会计科目及期初余额表。

科目名称	辅助核算	方向	币别/计量	期初余额
库存现金（1001）	日记	借		6 875.70
银行存款（1002）	银行日记	借		193 829.16
工行存款（100201）	银行日记	借		193 829.16
中行存款（100202）	银行日记	借	美元	
存放中央银行款项（1003）		借		
存放同业（1011）		借		
其他货币资金（1012）		借		
应收票据（1121）	客户往来	借		
应收账款（1122）	客户往来	借		157 600.00
预付账款（1123）		借		642.00
报刊费（112301）		借		642.00
应收股利（1131）		借		
应收利息（1132）		借		
其他应收款（1221）	个人往来	借		3 800.00
坏账准备（1231）		贷		800.00
材料采购（1401）		借		−294 180.00
生产用物资采购（140101）		借		−101 000.00
其他物资采购（140102）		借		−193 180.00
在途物资（1402）		借		
原材料（1403）		借		2 058 208.00

续表

科目名称	辅助核算	方向	币别/计量	期初余额
生产用原材料（140301）	数量核算	借	吨	150 000.00
其他原材料（140302）		借		1 908 208.00
材料成本差异（1404）		借		1 000.00
库存商品（1405）		借		544 000.00
发出商品（1406）		借		
商品进销差价（1407）		贷		
委托加工物资（1408）		借		
周转材料（1411）		借		
包装物（141101）		借		
消耗性生物资产（1421）		借		
持有至到期投资（1501）		借		
持有至到期投资减值准备（1502）		贷		
可供出售金融资产（1503）		借		
长期股权投资（1511）		借		
长期股权投资减值准备（1512）		贷		
投资性房地产（1521）		借		
固定资产（1601）		借		260 860.00
累计折旧（1602）		贷		47 120.91
固定资产减值准备（1603）		贷		
在建工程（1604）		借		
人工费（160401）		借		
材料费（160402）		借		
其他（160403）		借		
工程物资（1605）		借		
固定资产清理（1606）		借		
未担保余值（1611）		借		
生产性生物资产（1621）		借		
生产性生物资产累计折旧（1622）		贷		
公益性生物资产（1623）		借		
油气资产（1631）		借		
累计折耗（1632）		贷		
无形资产（1701）		借		58 500.00
累计摊销（1702）		贷		
无形资产减值准备（1703）		贷		

续表

科目名称	辅助核算	方向	币别/计量	期初余额
商誉（1711）		借		
长期待摊费用（1801）		借		
递延所得税资产（1811）		借		
独立账户资产（1821）		借		
待处理财产损溢（1901）		借		
待处理流动财产损溢（190101）		借		
待处理固定资产损溢（190102）		借		
短期借款（2001）		贷		200 000.00
存入保证金（2002）		贷		
拆入资金（2003）		贷		
向中央银行借款（2004）		贷		
吸收存款（2011）		贷		
同业存放（2019）		贷		
贴现负债（2021）		贷		
交易性金融负债（2101）		贷		
卖出回购金融资产款（2111）		借		
应付票据（2201）	供应商往来	贷		
应付账款（2202）	供应商往来	贷		276 850.00
预收账款（2203）	客户往来	贷		
应付职工薪酬（2211）		贷		8 200.00
工资（221101）		贷		
福利费（221102）		贷		8 200.00
工会经费（221103）		贷		
教育经费（221104）		贷		
养老保险金（221105）		贷		
其他（221106）		贷		
应交税费（2221）		贷		−16 800.00
应交增值税（222101）		贷		−16 800.00
进项税额（22210101）		贷		−33 800.00
销项税额（22210102）		贷		17 000.00
应付利息（2231）		贷		
应付股利（2232）		贷		
其他应付款（2241）		贷		2 100.00
实收资本（4001）		贷		2 609 052.00

续表

科目名称	辅助核算	方向	币别/计量	期初余额
资本公积（4002）		贷		
盈余公积（4101）		贷		
一般风险准备（4102）		贷		
本年利润（4103）		贷		
利润分配（4104）		贷		−119 022.31
未分配利润（410401）		贷		−119 022.31
库存股（4201）		借		
生产成本（5001）		借		17 165.74
直接材料（500101）		借		10 000.00
直接人工（500102）		借		4 000.74
制造费用（500103）		借		2 000.00
折旧费（500104）		借		1 165.00
其他（500105）		借		
制造费用（5101）		借		
工资（510101）		借		
折旧费（510102）		借		
劳务成本（5201）		借		
主营业务收入（6001）		贷		
利息收入（6011）		贷		
手续费及佣金收入（6021）		贷		
保费收入（6031）		贷		
租赁收入（6041）		贷		
其他业务收入（6051）		贷		
投资收益（6111）		贷		
营业外收入（6301）		贷		
主营业务成本（6401）		借		
其他业务成本（6402）		借		
营业税金及附加（6403）		借		
利息支出（6411）		借		
销售费用（6601）		借		
管理费用（6602）	部门核算	借		
工资（660201）	部门核算	借		
福利费（660202）	部门核算	借		
办公费（660203）	部门核算	借		

续表

科目名称	辅助核算	方向	币别/计量	期初余额
差旅费（660204）	部门核算	借		
招待费（660205）	部门核算	借		
折旧费（660206）	部门核算	借		
其他（660207）	部门核算	借		
财务费用（6603）		借		
利息支出（660301）		借		
营业外支出（6711）		借		
所得税费用（6801）		借		
以前年度损益调整（6901）		借		

（3）凭证类别。

凭证类别	限制类型	限制科目
收款凭证	借方必有	1001，100201，100202
付款凭证	贷方必有	1001，100201，100202
转账凭证	凭证必无	1001，100201，100202

（4）结算方式。

结算方式编码	结算方式名称	票据管理
1	现金结算	否
2	支票结算	否
201	现金支票	是
202	转账支票	是
9	其他	否

3. 期初余额辅助账期初余额表

（1）会计科目：其他应收款；余额：3 800（借）。

部门	个人	摘要	方向	期初余额
总经理办公室	肖剑	出差借款	借	2 000
销售一部	赵斌	出差借款	借	1 800

（2）会计科目：应收账款；余额：157 600（借）。

客户	业务员	摘要	方向	期初余额
世纪学校	宋佳	销售商品	借	99 600
海达公司	宋佳	销售商品	借	58 000

(3) 会计科目：应付账款；余额：276 850（贷）。

供应商	业务员	摘要	方向	期初余额
万科	宋佳	购买商品	贷	276 850

4. 12月经济业务

（1）12月2日，销售一部赵斌购买了200元的办公用品，以现金支付，附单据一张。

（2）12月3日，财务部王晶从工行提取现金10 000元，作为备用金，现金支票号为XJ001。

（3）12月5日，收到泛美集团投资资金10 000美元，汇率为1：6.87，转账支票号为ZZW001。

（4）12月8日，供应部白雪采购原纸10吨，每吨5 000元，材料直接入库，货款以银行存款支付，转账支票号为ZZR001。

（5）12月12日，销售二部宋佳收到北京世纪学校转来转账支票一张，金额为99 600元，用以偿还货款，转账支票号为ZZR002。

（6）12月14日，供应部白雪从南京多媒体研究所购入"管理革命"光盘100张，单价80元，货税款暂欠，商品已验收入库，适用税率13%。

（7）12月16日，总经理办公室支付业务招待费1 200元，转账支票号为ZZR003。

（8）12月18日，总经理办公室肖剑出差归来，报销差旅费1 800元，交回现金200元。

（9）12月20日，生产部领用原纸5吨，单价5 000元，用于生产普通A4打印纸。

5. 银行对账期初

阳光公司银行账的启用日期为2019年12月1日，工行人民币户企业日记账调整前余额：193 829.16，银行对账单调整前余额为233 829.16元，未达账项一笔，系银行已收企业未收款40 000元。

12月银行对账单如下

日期	结算方式	票号	借方金额	贷方金额
2009.12.01			40 000	
2009.12.03	201	XJ001		10 000
2009.12.06				60 000
2009.12.08	202	ZZR001		50 000
2009.12.14	202	ZZR002	99 600	

项目六

报表处理

学习目标

（1）了解用友 U8V10.1 报表系统（UFO）的功能特点。
（2）弄清 UFO 有关术语的基本概念，掌握各种符号、运算符和表达式的约定。
（3）掌握使用"报表模板""套用格式""自定义"三种方法进行报表的格式设计。
（4）学会报表汇总中常用的采集、透视、表页处理、数据重算、数据审核、舍位平衡等功能。
（5）掌握图表制作，报表打印，文件保护、导入与导出，以及文件的日常管理方法。

任务一 用友 U8V10.1 报表系统（UFO）概述

一、UFO 的主要功能

UFO 与一般表处理软件的最大区别在于它是真正的三维立体表，并在此基础上提供了丰富的实用功能，完全实现了三维立体表的四维处理能力。

1. 文件管理

UFO 能对报表文件的创建、读取、保存和备份进行管理，能够进行不同文件格式（如文本文件、DBF 文件、MDB 文件、Excel 文件、LOTUS1-2-3 等）的转换；支持多窗口同时处理和显示，同时打开的窗口和文件可达 40 个；提供了标准财务数据的"导入"和"导出"功能，可与其他财务软件交换数据。

2. 格式管理

UFO 提供了丰富的格式设计功能，如定义组合单元、画表格线（包括斜线）、设置行高列宽、设置颜色字体、设置显示比例等，可制作各种要求的报表。

3. 数据处理

UFO 以固定格式管理大量不同的表页，能将多达 99 999 张格式相同的报表放在一个报表文件中进行管理，并可在每张表页之间建立有机的联系；提供了排序、审核、舍位平衡、汇总功能；提供了绝对单元公式和相对单元公式，可以方便迅速地定义计算公式；提供了种类丰富的函数，可从账务、应收、应付、薪资、固定资产、采购、销售、库存等模块中提取数据，生成财务报表。

4. 图表功能

UFO 可进行"图文混排"，方便地进行图表数据组织，可以制作直方图、立体图、饼形图、折线图等 10 种分析图表，可对图表的位置、大小、标题、字体、颜色进行编辑，并可以打印输出。

5. 二次开发功能

UFO 提供批命令和自定义菜单，自动记录命令窗中输入的多条命令，将有规律的操作过程编制成批命令文件；提供 Windows 风格的自定义菜单，综合利用批处理命令，可在短时间开发出适合本企业的专用系统。

二、UFO 报表系统与其他子系统的主要关系

UFO 报表系统与其他子系统的主要关系如图 6-1 所示。

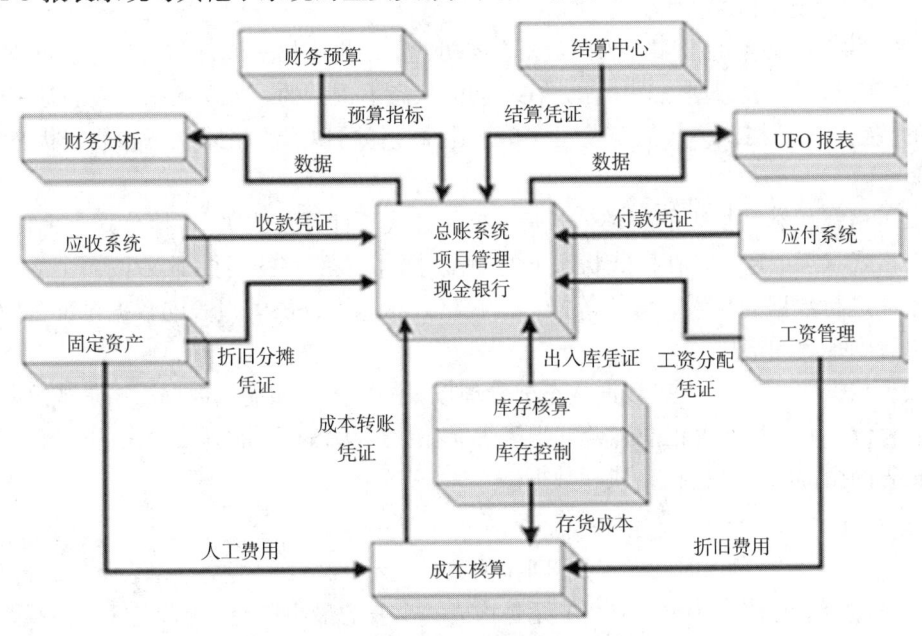

图 6-1　UFO 报表系统与其他子系统的主要关系

三、UFO 报表制作的基本操作流程

UFO 报表制作的基本操作流程如图 6-2 所示。

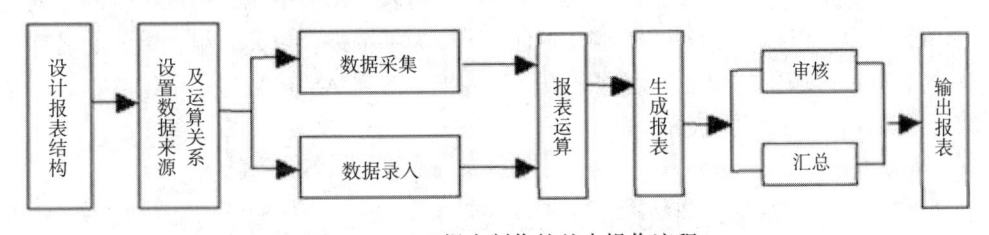

图 6-2　UFO 报表制作的基本操作流程

四、基本概念

1. "维"

在 UFO 系统中，将确定某一数据的要素称为维。例如，在一张有方格的纸上填写一个数，这个数的位置可通过行和列来描述。如果将一张有方格的纸称为表，那么这个表为二维表，通过行（X 轴）和列（Y 轴）可以找到这个二维表中任何位置的数据。

如果将多个相同的二维表叠在一起，定位某个数据的要素需增加一个，即表页（页号，Z 轴），这一叠表可以称为三维表。这个三维表中的所有表页具有相同的格式，但其中的数据不同。

如果将多个不同的三维表放在一起，要从多个三维表中找到一个数据，又需要增加一个要素，即表名。三维表中的表间操作可称为四维运算。

UFO 是一个三维立体报表管理系统，因此，确定一个数据的所有要素为：<表名><列><行><表页（面）>。

2. 格式状态和数据状态

UFO 将含有数据的报表分为两大部分来处理，即报表格式设计与报表数据处理。报表格式设计工作和报表数据处理工作是在不同的状态下进行的。实现状态切换的是一个特别重要的按钮——"格式/数据"按钮，单击这个按钮可以实现格式状态和数据状态之间的切换。

（1）格式状态。报表的三类公式——单元公式（计算公式）、审核公式、舍位平衡公式也在格式状态下定义。在格式状态下的操作对本报表所有的表页都发生作用。在格式状态下不能进行数据的录入、计算等操作。在格式状态下，虽然报表的数据全部都隐藏了，但可以看到报表的格式。

（2）数据状态。UFO 在数据状态下管理报表的数据，如输入数据、增加或删除表页、审核、舍位平衡、做图、汇总、合并报表等。在数据状态下不能修改报表的格式，但可以看到报表的全部内容，包括格式和数据。

3. 单元

任何一个表均有行和列，行号用阿拉伯数字表示，列号用英文字母表示。由行和列确定的方格称为单元。在 UFO 中，单元是构成一个表的最小单元，单元名称由表示其列的字母和表示其行的数字组成，如第 10 行第 5 列的单元表示为 "E10"。

4. 组合单元

UFO 将同一行上相邻的两个以上单元视为一个组合单元。这些单元必须是同一种单元类型（表样、数值、字符），UFO 可以组合同一行相邻的几个单元，可以组合同一列相邻的几个单元，也可以把一个多行多列的平面区域设为一个组合单元。组合单元的名称可以用区域的名称或区域中的单元的名称来表示，如把 A3 到 A5 定义为一个组合单元，这个组合单元可以用 "A3:A5" 表示。

5. 单元类型

（1）数值单元，是报表的数据，在数据状态下（"格式/数据"按钮显示为"数据"

时）输入的必须是数字，可以直接输入，也可以由单元中存放的单元公式运算生成。建立一个新表时，所有单元的类型缺省为数值。

（2）字符单元，在数据状态下（"格式／数据"按钮显示为"数据"时）输入。字符单元的内容可以是汉字、字母、数字及各种键盘可输入的符号组成的一串字符，一个单元中最多可输入 63 个字符或 31 个汉字。字符单元的内容也可由单元公式生成。

（3）表样单元，是报表的格式，是定义一个没有数据的空表所需的所有文字、符号或数字。一旦单元被定义为表样，那么在其中输入的内容对所有表页都有效。表样在格式状态下（"格式／数据"按钮显示为"格式"时）输入和修改，在数据状态下（"格式／数据"按钮显示为"数据"时）不允许修改。一个单元中最多可输入 63 个字符或 31 个汉字。

6. 区域（或块）

区域由一组单元组成，自起点单元至终点单元是一个完整的长方形矩阵。在 UFO 中，区域是二维的，最大的区域是一个二维表（一个表页）的所有单元，最小的区域是一个单元，在描述一个区域时，开始单元和结束单元之间用冒号（：）连接，即"左上角单元：右下角单元"。

7. 固定区和可变区

固定区指组成一个区域的行数和列数的数量是固定的数目。一旦设定好，固定区域内的单元总数就是不变的。

可变区指屏幕显示一个区域的行数或列数是不固定的数字，可变区的最大行数或最大列数是在格式设计中设定的。

在一个报表中只能设置一个可变区，或是行可变区或是列可变区。行可变区是指可变区中的行数是可变的；列可变区是指可变区中的列数是可变的。设置可变区后，屏幕只显示可变区的第一行或第一列，其他可变行列隐藏在表体内。在以后的数据操作中，可变行列数随着实际情况的需要而增减。

8. 报表的分类

（1）固定表：在这一类表中，行数和列数是固定的数字，表的总单元数是不变的（不含可变区的表）。

（2）可变表：在这一类表中，屏幕显示的行数或列数是可以变化的数字（含有可变区的表），表的总单元数是可以变化的。

9. 报表的大小

（1）行数：1～9 999（缺省值为 50 行）。

（2）列数：1～255（缺省值为 7 列）。

（3）行高：0～160 毫米（缺省值为 5 毫米）。

（4）列宽：0～220 毫米（缺省值为 26 毫米）。

（5）表页数：1～99 999 页（缺省值为 1 页）。

10. 关键字

关键字是游离于单元之外的特殊数据单元，可以唯一标识一个表页，用于在大量表页中快速选择表页。UFO 共提供了以下六种关键字，关键字的显示位置在格式状态下设置，关键字的值在数据状态下录入，每个报表可以定义多个关键字。

（1）单位名称：字符（最多30个字符），为该报表表页编制单位的名称。

（2）单位编号：字符型（最多10个字符），为该报表表页编制单位的编号。

（3）年：数字型（1904—2100），为该报表表页反映的年度。

（4）季：数字型（1~4），为该报表表页反映的季度。

（5）月：数字型（1~12），为该报表表页反映的月份。

（6）日：数字型（1~31），为该报表表页反映的日期。

11. 筛选

筛选是在执行 UFO 的命令或函数时，根据用户指定的筛选条件，对报表中每一个表页或每一个可变行（列）进行判断，只处理符合筛选条件的表页或可变行（列），不处理不符合筛选条件的表页或可变行（列）。

筛选条件分为表页筛选条件和可变区筛选条件。表页筛选条件指定要处理的表页，可变区筛选条件指定要处理的可变行（列）。

筛选条件跟在命令、函数的后面，用"FOR<筛选条件>"来表示。

12. 关联

UFO 报表中的数据有着特殊的经济含义，因此报表数据不是孤立存在的，一张报表中不同表页的数据或多个报表中的数据可能存在着这样或那样的经济关系或钩稽关系。要根据这种对应关系找到相关联的数据进行引用，就需要定义关联条件。UFO 在多个报表之间操作时，主要通过关联条件来实现数据组织。关联条件跟在命令、函数的后面，用"RELATION<关联条件>"来表示。如果有筛选条件，则关联条件应跟在筛选条件的后面。

13. 应用服务

应用服务用于从用友公司的财务级企业管理软件系列产品中提取数据。

例如，函数 QC（"1001"，"全年"，"借"，1001，2005）表示提取用友账务系统中 2005 年全年在 001 账套、101 科目的期初借方余额。这些函数可以用于单元公式、命令窗、批命令中。

应用服务实现了一体化。财务级企业管理软件的各个产品模块紧密结合在一起，可以看作一个大的产品。使用 UFO 可以从各个产品模块中提取数据，包括账务、应收、应付、薪资、固定资产、财务分析、采购、存货、库存、销售、成本 11 个模块。

14. 业务函数

UFO 通过定义"业务函数"来提取符合条件的数据。以前版本的 UFO 只能从账务系统中提取数据，共 50 多个业务函数，新版 UFO 的业务函数增加到 163 个，并且增加了一些新的、实用的函数，如"累计发生函数 LFS""条件发生函数 TFS""对方科目发生函数 DFS"等，UFO 不用设置任何参数，它采用自动化技术，当一个产品被安装后，自动将相应的应用函数加入 UFO 函数向导中。例如，用户安装了账务、应收、应付模块，则账务函数、应收应付函数自动加入 UFO 函数向导中。

五、符号约定

1. 描述一个数据的约定

在 UFO 中，确定一个数据的约定为：<表名>，<列>，<行>，<表页（面）>，如表名为"FZB"的第 1 页第 3 列第 8 行的数据表示为："FZB"->C8@1。

注意：
- 如果该数据是当前打开的表，可省略为：C8@1
- 如果该数据是当前表页的数据，可省略为：C8

2. 使用的符号约定

（1）报表：报表名必须用""括起来，如利润表应表示为"利润表"。当报表名用来表示数据的位置时，在报表名的后面应跟减号和大于号。例如，利润表中第 10 页的 D5 单元表示为"利润表"->D5@10。

（2）行：#（N），N 为行号，如第 2 行表示为 02。

（3）列：A—IU，用字母表示列，超过 26 列时，用 26 进制的方法表示，如第 28 列为 AB。

（4）页（画）号：@<N>，N 为页号，如第二页为@2。

（5）最大列：!!，用两个感叹号表示。

（6）最大行：##，用两个#号表示。

（7）最大面：@@，用两个@号表示。

（8）当前列：!，当前正在处理的单元所在列。

（9）当前行：#，当前正在处理的单元所在行。

（10）当前面：@，当前正在处理的表面。

（11）单元名称：

①<列标><行号>：如 B3 表示 B 列中的第 3 个单元。

②<列标>#<行号>：如 B#3（等同于 B3）。

③!<列号>#<行号>：如!2#3（等同于 B3）。

④!! ##：表示当前表页的最大单元（以屏幕显示的最大行列数为准，而不是以表尺寸为准）。

（12）单元描述：

①单元的完整描述为："报表名"-><单元名称>@表页号。

例如，在"利润表"第 3 张表页上的 B12 单元描述为："利润表"->B12@3，当表页号省略时，即单元描述为"报表名"-><单元名称>时，系统默认为单元在指定报表的第 1 页上。

②单元在当前正在处理的报表上时，报表名可以省略。单元描述为：<单元名称>@表页号，如在当前报表第 3 张表页上的 B12 单元描述为 B12@3。

③单元在当前报表的当前表页上时，报表名和表页号均可以省略。单元描述为：<单元名称>，如在当前表页上的 B12 单元描述为 B12。

（13）区域名称：

①<单元名称>：<单元名称>。

用形成区域对角线的两个单元的单元名称表示区域名称，不分先后顺序，如 A:F, F:A, B:E, E:B。

②<行>。

例如，"#3"表示第 3 行所有单元组成的区域，"##"表示表页中最后一行所有单元组成的区域。

③<列>。

例如，"C"或"！3"表示 C 列所有单元组成的区域，"!!"表示表页中最后一列所有单元组成的区域。

④<行>：<行>。

例如，"#3:#5"表示第 3 行到第 5 行所有单元组成的区域，"#1:##"表示整个表页的区域。

⑤<列>：<列>。

例如，"B:D"或"！2:！4"或"B:！4"或"！2:D"表示 B 列到 D 列所有单元组成的区域，"A:!!"或"！1:!!"表示整个表页的区域。

（14）区域描述：

①区域的完整描述为："报表名"–><区域名称>@表页号。

例如，在"利润表"第 5 张表页上的 A1:A11 区域描述为："利润表"–>A1:A11@5。

当表页号省略时，即区域描述为"报表名"–><区域名称>时，系统默认为区域在指定报表的第 1 页上。

②区域在当前正在处理的报表上时，报表名可以省略。区域描述为：<区域名称>@表页号。例如，在当前报表第 5 张表页上的 A1:A11 区域描述为 A1:A11@5。

③区域在当前表页上时，报表名和表页号可以省略。区域描述为：<区域名称>。例如，在当前表页上的 A1:A11 区域描述为 A1:A11。

（15）可变区：可变区有特殊的表示方法，即用"V_<可变区内相对地址>"表示。

可变区分为行可变区和列可变区，同样一个名称在行可变区时和在列可变区时会有不同的含义。例如，"V_1"在行可变区时表示第 1 可变行（整行）；"V_1"在列可变区时表示第 1 行在列可变区中的部分（非整行）。

注意：

● 描述区域时，在"："两边的单元名称应统一，不能混用可变区描述和固定区描述。

例如，区域可以表示为 B2:B5 或 V_B1:V_B4，不能表示为 B2:V_B4 或 V_B1:B5。

3. 运算符约定

（1）算术运算符及其优先级顺序：^（平方）>*，/（乘、除）>+，–（加、减）。

（2）比较运算符：=（等号），>（大于），<（小于），≠（不等于），≤（小于或等于），≥（大于或等于）。

（3）逻辑运算连接符：OR（或），AND（与），NOT（非）。

逻辑运算连接符在使用时，如与其他内容相连，必须至少有一个前置空格和一个后置空格，如：

A1=B1 AND B2=B3，NOT A=B

4. 表达式的约定

（1）算术表达式：运算符、区域和单元、常数、变量、关键字、非逻辑类函数，以及算术表达式的组合，其结果为一个确定值。表达式中括号嵌套应在 5 层以下。算术表达式又分为单值算术表达式和多值算术表达式。

①单值算术表达式：其结果为一个数值，也可为一个单纯的常数，可将其赋值给一个单元。例如：

C1=100

C2=A3+B3

等号后面的式子即单值算术表达式。

②多值算术表达式：其结果为多个数值，可将其运算结果赋值给多个单元。例如：

C1:C10=A1: A10+B1:B10

（表示 C1=A1+B1，C2=A2+B2，…，C10=A10+B10）

C1:C10=100

（表示 C1=100，C2=100，…，C10=100）

等号后面的式子即多值算术表达式。

（2）条件表达式（逻辑表达式）：利用比较运算符、逻辑运算符和算术表达式形成的判定条件，其结果只有两个，即 1（真）、0（假）。例如：

D5≥10，表示比较 D5 单元的值和数字"10"，如果 D5 单元的值大于或等于 10，则条件表达式为真，否则为假。

月≤12，表示比较关键字"月"的值和数字"12"，如果关键字"月"的值小于或等于 12，则条件表达式为真，否则为假。

（3）关联关系表达式：

RELATION<算术表达式 1>WITH<算术表达式 2>

当<算术表达式 1>=<算术表达式 2>成立（为真）时，关联关系成立，否则关联关系不成立。

六、UFO 的启动

启动 UFO，建立报表。

【实例 6-1】

启动 UFO，操作步骤如下。

（1）进入"企业应用平台"，选择"业务工作"→"财务会计"→"UFO 报表"菜单命令，如图 6-3 所示。

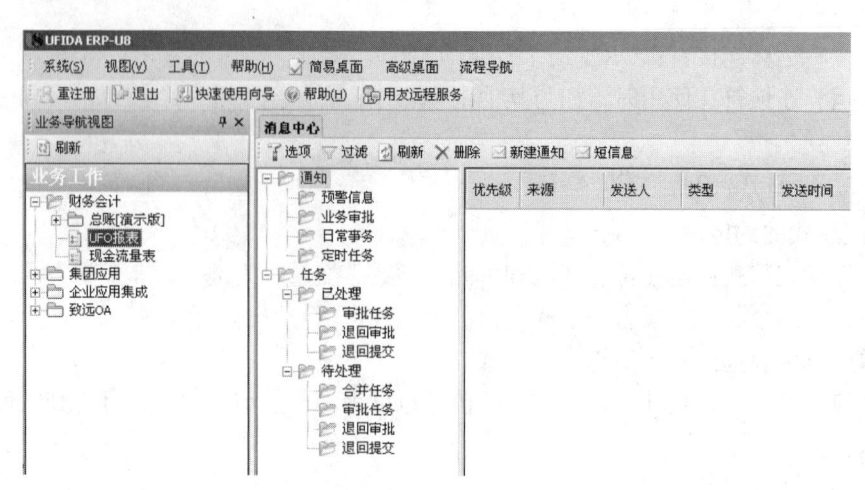

图 6-3　UFO 的启动

（2）进入 UFO 报表，显示"UFO 报表"窗口，单击"关闭"按钮，如图 6-4 所示。
（3）单击"新建"按钮，进入新建报表界面，如图 6-5 所示。

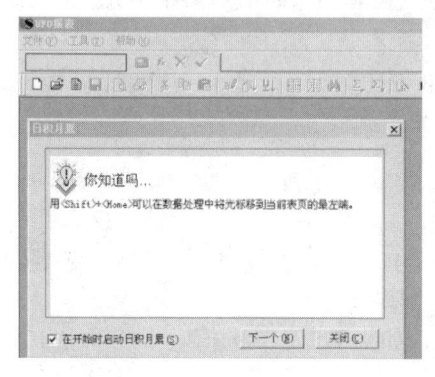

图 6-4　进入 UFO 报表窗口　　　　　图 6-5　新建报表界面

任务二　报表格式设计概述

本节主要介绍报表格式的设计、编辑及各类公式的定义。

一、报表格式设计

报表格式设计是指在格式状态下设计报表的格式，如表尺寸、行高列宽、单元属性、单元风格、组合单元、关键字、可变区等。在进行格式设计时，首先考虑"套用格式"和"报表模板"中有无符合要求的报表格式，如有则可直接套用，没有再进行格式设计。用户也可以根据自己的需要自定义模板。

1. 套用格式

【实例 6-2】
套用格式的操作步骤如下。

（1）单击"格式/数据"按钮，进入格式状态。
（2）选取要套用格式的区域。
（3）单击"格式"菜单中的"套用格式"按钮，弹出"套用格式"对话框，如图 6-6 所示，在对话框中选取一种套用格式。

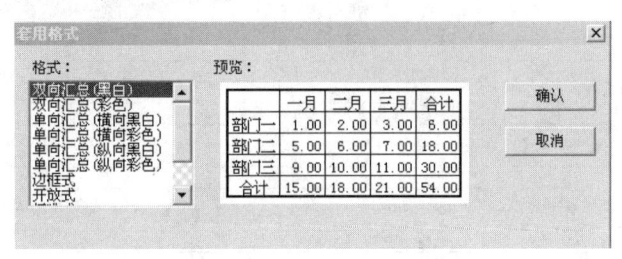

图 6-6　"套用格式"对话框

（4）单击"确认"按钮。

注意：
- 区域套用格式之后，区域中原有格式和数据全部丢失。
- 有些套用格式中已设置了计算公式，当前区域套用该格式后，公式同时写入了相应单元中。

2. 报表模板

UFO 提供的报表模板包括了 19 个行业的 70 多张标准财务报表（包括现金流量表），也可以包含用户自定义的模板。用户可以根据所在行业挑选相应的报表套用其格式及计算公式。

【实例 6-3】

利用"报表模板"制作"资产负债表"的操作步骤如下。
（1）单击"格式/数据"按钮，进入格式状态。
（2）单击"格式"菜单，在下拉菜单中选择"报表模板"选项，弹出"报表模板"对话框，如图 6-7 所示，在其中选取行业和财务报表名，确认后，生成一张空的标准财务报表。
（3）单击"确认"按钮，系统提示："模板格式将覆盖本表格式！是否继续？"如图 6-8 所示。

图 6-7　"报表模板"对话框　　　图 6-8　"系统提示"对话框

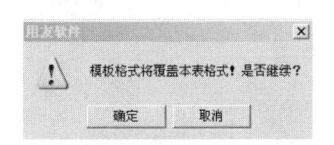

（4）单击"确定"按钮，打开按"新会计制度科目"设置的"资产负债表"模板，如图 6-9 所示。

图 6-9 "资产负债表"模板

（5）在格式状态下，单击 A3 单元，将"编制单位"删除。选择"数据"→"关键字"→"设置"菜单命令，打开"设置关键字"对话框，如图 6-10 所示。

（6）单击"确定"按钮。在格式状态下单击"数据"按钮，不进行全表重算，进入报表的"数据"状态，选择"数据"→"关键字"→"录入"菜单命令，打开"录入关键字"对话框，在单位名称栏录入"北京阳光信息技术有限公司"，如图 6-11 所示。

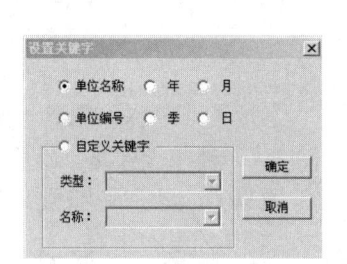

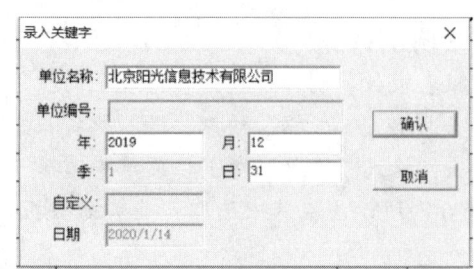

图 6-10 "设置关键字"对话框　　　图 6-11 "录入关键字"对话框

（7）单击"确认"按钮。系统提示："是否重算第 1 页？"如图 6-12 所示。

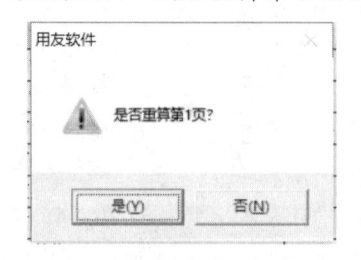

图 6-12 "系统提示"对话框

（8）单击"是"按钮，生成资产负债表的数据，如表 6-1 所示。

表 6-1 资产负债表

编制单位：北京阳光信息技术有限公司　　　2019 年 12 月 31 日　　　　　　会企 01 表　　单位：元

资　产	行次	期末余额	年初余额	负债和所有者权益（或股东权益）	行次	期末余额	年初余额
流动资产：				流动负债：			
货币资金	1	317 804.86	200 704.86	短期借款	32	200 000.00	200 000.00
交易性金融资产	2			交易性金融负债	33		
应收票据	3			应付票据	34		
应收账款	4	57 200.00	156 800.00	应付账款	35	285 890.00	276 850.00
预付款项	5	642.00	642.00	预收款项	36		
应收利息	6			应付职工薪酬	37	8 200.00	8 200.00
应收股利	7			应交税费	38	-17 840.00	-16 800.00
其他应收款	8	1 800.00	3 800.00	应付利息	39		
存货	9	2 384 193.74	2 326 193.74	应付股利	40		
一年内到期的非流动资产	10			其他应付款	41	2 100.00	2 100.00
其他流动资产	11			一年内到期的非流动负债	42		
流动资产合计	12	2 761 640.60	2 688 140.60	其他流动负债	43		
非流动资产：				流动负债合计	44	478 350.00	470 350.00
可供出售的金融资产	13			非流动负债：			
持有至到期投资	14			长期借款	45		
长期应收款	15			应付债券	46		
长期股权投资	16			长期应付款	47		
投资性房地产	17			专项应付款	48		
固定资产	18	213 739.09	213 739.09	预计负债	49		
在建工程	19			递延所得税负债	50		
工程物资	20			其他非流动负债	51		
固定资产清理	21			非流动负债合计	52		
生产性生物资产	22			负债合计	53	478 350.00	470 350.00
油气资产	23			所有者权益（或股东权益）：			
无形资产	24	58 500.00	58 500.00	实收资本（或股本）	54	2 677 752.00	2 609 052.00
开发支出	25			资本公积	55		
商誉	26			减：库存股	56		
长期待摊费用	27			盈余公积	57		

续表

资　产	行次	期末余额	年初余额	负债和所有者权益（或股东权益）	行次	期末余额	年初余额
递延所得税资产	28			未分配利润	58	–122 222.31	–119 022.31
其他非流动资产	29			所有者权益（或股东权益）合计	59	2 555 529.69	2 490 029.69
非流动资产合计	30	272 239.09	272 239.09				
资产总计	31	3 033 879.69	2 960 379.69	负债和所有者权益（或股东权益）总计	60	3 033 879.69	2 960 379.69

注意：
- 因为不同行业的会计报表内容不同，在调用报表模板时一定要正确选择所在行业的相应的会计报表。
- 如果调用报表模板与实际需要的报表格式或公式不完全一致，可以在此基础上进行修改。

3. 自行设计报表格式

【实例 6-4】

设计利润表的格式。表样内容如表 6-2 所示。

表 6-2　利润表

编制单位：北京阳光信息技术有限公司　　　　2019 年 12 月

项　目	行数	本月数	本年累计数
一、主营业务收入	1	Fs（6001，月，"贷"，年）+ Fs（6051，月，"贷"，年）	C4+select（D4，年@=年 and 月@=月+1）
减：主营业务成本	4	Fs（6401，月，"借"，年）+ Fs（6402，月，"借"，年）	C5+select（D5，年@=年 and 月@=月+1）
主营业务税金及附加	5	Fs（6403，月，"借"，年）	C6+select（D6，年@=年 and 月@=月+1）
二、主营业务利润	10	C4–C5–C6	C7+select（D7，年@=年 and 月@=月+1）
减：销售费用	11	Fs（6601，月，"借"，年）	C8+select（D8，年@=年 and 月@=月+1）
管理费用	12	Fs（6602，月，"借"，年）	C9+select（D9，年@=年 and 月@=月+1）
财务费用	15	Fs（6603，月，"借"，年）	C10+select（D10，年@=年 and 月@=月+1）
三、营业利润	17	C7–C8–C9–C10	C11+select（D11，年@=年 and 月@=月+1）
加：投资收益	18	Fs（6111，月，"贷"，年）	C12+select（D12，年@=年 and 月@=月+1）
减：营业外支出	19	Fs（6711，月，"借"，年）	C13+select（D13，年@=年 and 月@=月+1）

续表

项目	行数	本月数	本年累计数
四、利润总额	22	C11+C12–C13	C14+select（D14，年@=年 and 月@=月+1）
减：所得税费用	23	Fs（6801，月，"借"，年）	C15+select（D15，年@=年 and 月@=月+1）
五、净利润	24	C14–C15	C16+select（D16，年@=年 and 月@=月+1）

操作步骤具体如下。

（1）表尺寸。

①单击"格式/数据"按钮，进入格式状态。

②选择"格式"→"表尺寸"菜单命令，弹出"表尺寸"对话框，在对话框中输入报表的行数和列数，如图6-13所示。

③单击"确认"按钮，表尺寸设置完成。如果想修改表尺寸，重复①、②步操作即可。

（2）行高。

①在格式状态下，选定要调整行高的1行或多行。

②选择"格式"→"行高"菜单命令，弹出"行高"对话框，在对话框中输入要设置的行高值，如图6-14所示。

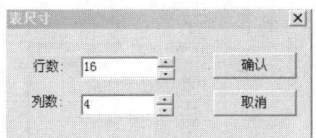

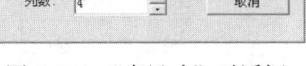

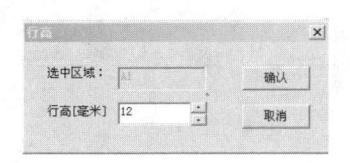

图6-13 "表尺寸"对话框 　　　图6-14 "行高"对话框

注意：

- 可把鼠标移动到两个行标之间，直接用鼠标拖动行线改变行高。

（3）列宽。

①在格式状态下，选定要调整列宽的1列或多列。

②选择"格式"→"列宽"菜单命令，弹出"列宽"对话框，在对话框中输入要设置的列宽值，如图6-15所示。

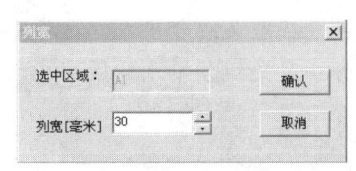

图6-15 "列宽"对话框

注意：

- 可把鼠标移动到两个列标之间，直接用鼠标拖动列线改变列宽。

（4）区域画线。

①在格式状态下，选定要画线的区域。

②选择"格式"→"区域画线"菜单命令，弹出"区域画线"对话框，在"画线类型"

和"样式"中选择一种即可,确认后,在选定区域中按指定方式画线,如图6-16所示。

③如果想删除区域中的表格线,则重复①、②步,在对话框中画线类型、样式选空即可。

④若要画斜线,选择"正斜线"或"反斜线"选项;要删除斜线,选择"正斜线"或"反斜线"选项,线形选择"空线"选项。

(5) 组合单元。

①在格式状态下,选定要组合单元的区域,如单击选中A1后拖动鼠标到D1。

②选择"格式"→"组合单元"菜单命令,弹出"组合单元"对话框,如图6-17所示。

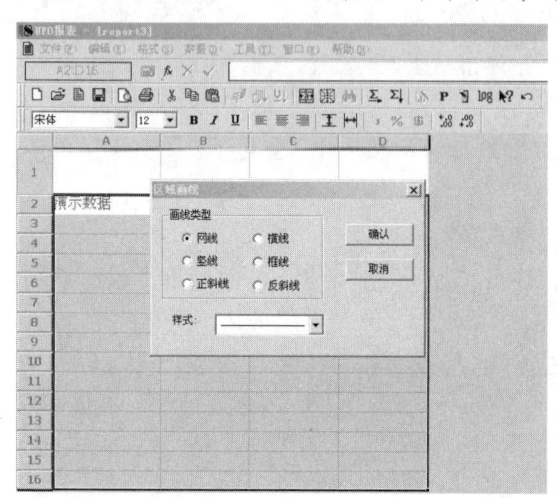

图6-16 "区域画线"对话框　　　　图6-17 "组合单元"对话框

③单击"按行组合"按钮,设置组合单元,将第1行组合成1个单元。

④如要取消组合单元,选取要取消组合的组合单元,选择"格式"→"组合单元"菜单命令,弹出"组合单元"对话框,单击"取消组合"按钮,则取消组合单元。

注意:
- 定义组合单元后,组合单元的单元类型和内容以区域左上角单元为准。
- 取消组合单元后,区域恢复原有单元类型和内容。
- 有单元公式的单元不能包含在定义组合单元的区域中。
- 可变区中的单元不能包含在定义组合单元的区域中。

(6) 输入项目内容。

根据所给资料直接在对应单元中输入项目内容,如图6-18所示。

(7) 设置单元格属性。

①在格式状态下,选定要设置的单元。

②选择"格式"→"单元格属性"菜单命令,弹出"单元格属性"对话框,如图6-19所示。

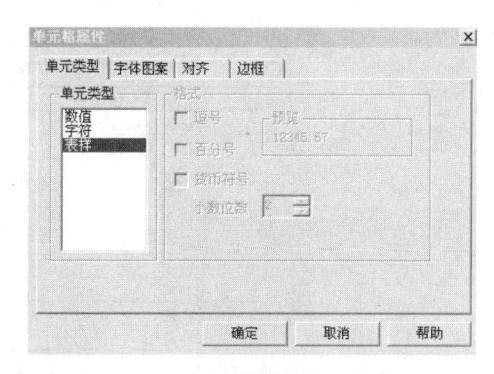

图 6-18 输入项目内容　　　　图 6-19 "单元格属性"对话框

③在"单元格属性"对话框中设置单元格的单元类型、字体图案、对齐方式和边框线。
④要改变单元格属性时,重复①、②、③步即可。

注意:
- "单元格属性"对话框用于设置单元类型、字体图案、对齐方式和边框线。
- "单元类型"组:有数值、字符、表样三个单选选钮,可在其中选择一个。数值可选格式有:

逗号:(数值型数据每三位用逗号分隔)缺省为无逗号分隔。
百分号:缺省为空。
货币符号:选中此项则显示设置的常用货币符号,缺省为空。
小数位数:指定数值型数据的小数点位数,缺省为没有小数位(整数)。

- "字体图案"组:设置单元格内容的字体、字型、字号、前景色、背景色、图案。
- "对齐方式"组:设置水平方向和垂直方向的对齐方式。
- "边框线"组:边框线指单元格的四条边线,边框线样式有空线、细实线、虚线、粗实线等8种,缺省线形为空,即单元格没有边框线。

(8)设置关键字。
UFO共提供了6个关键字和1个自定义关键字:关键字的显示位置在格式状态下设置,关键字的值在数据状态下录入,每个报表可以定义多个关键字。

①在格式状态下,选定要设置的单元,如A2单元。
②选择"数据"→"关键字"→"设置"菜单命令,打开"设置关键字"窗口,如图6-20所示。
③在窗口中的关键字名称中进行选择,确认后在选定单元中显示关键字名称为红色。反复进行①、②、③步,分别设置单位名称、年和月。

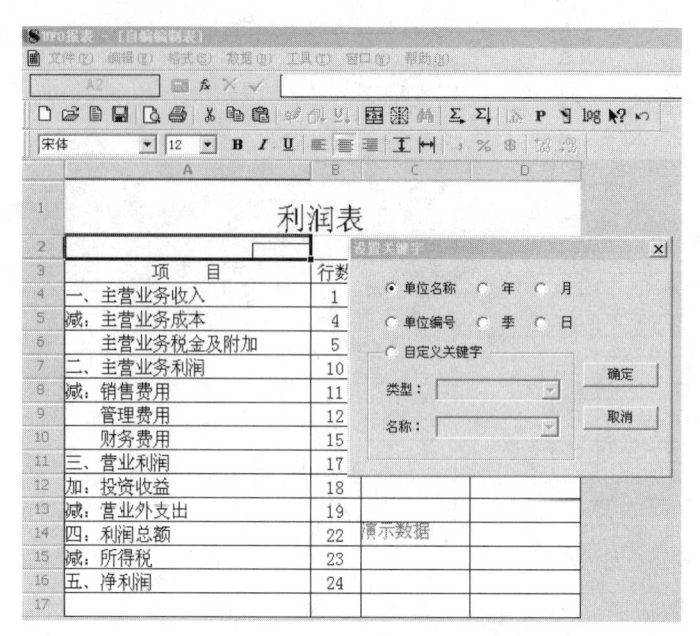

图 6-20 "设置关键字"窗口

④如要取消关键字,选择"数据"→"关键字"→"取消"菜单命令,打开"关键字取消"窗口,选取要取消的关键字即可。

⑤关键字设置之后,可能会重叠在一起,可以调整关键字在单元中的左右位置。选择"数据"→"关键字"→"偏移"菜单命令,在"定义关键字偏移"对话框中输入关键字的偏移量。单元偏移量的范围是[−300,300],负值表示向左偏移,正值表示向右偏移。

注意:
- 每个关键字只能定义一次,第二次定义已经定义的关键字时,系统自动取消对第一次的定义。
- 每个单元中可以设置多个关键字,其显示位置由单元偏移量控制。

(9) 录入单元公式。

①在格式状态下,选定要设置的单元,如 C4 单元。

②选择"数据"→"编辑公式"→"单元公式"菜单命令,打开"定义公式"对话框。

③在"定义公式"对话框中,录入 C4 单元公式"Fs(6001,月,'贷',年)+Fs(6051,月,'贷',年)",如图 6-21 所示。

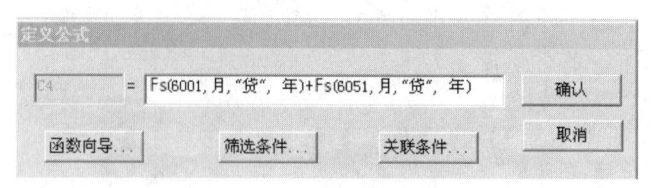

图 6-21 "定义公式"对话框

④单击"确认"按钮,按此方法录入其他单元的计算公式,如图 6-22 所示。

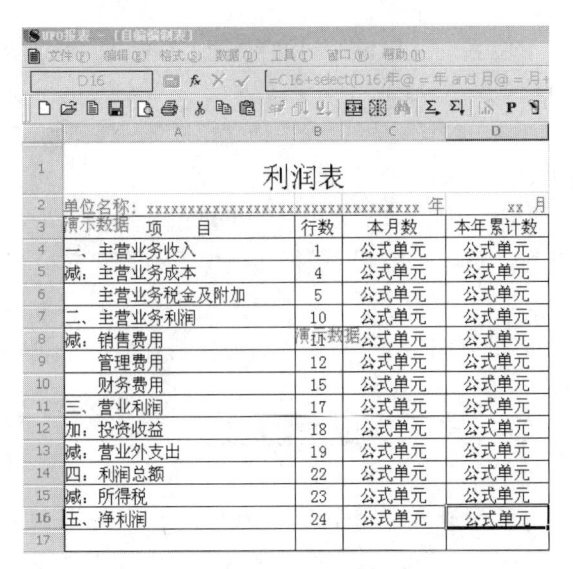

图 6-22 录入单元计算公式

注意：
- 单元公式是为报表数值单元进行赋值的公式，其作用是从账簿、凭证、本表或其他报表等处调用、运算所需要的数据，并填入相应的报表单元中。它既可以将数值单元赋值为数值，也可以赋值为字符。
- 必须在英文状态下录入计算公式。
- 计算公式可以直接录入，也可以利用函数向导参照录入。
- 所录入的公式必须符合公式的模式，否则会被系统判定为公式错误。

（10）将报表格式在"我的文档"中保存为"自编利润表"。
①选择"文件"→"保存"菜单命令，打开保存文件路径对话框，如图6-23所示。

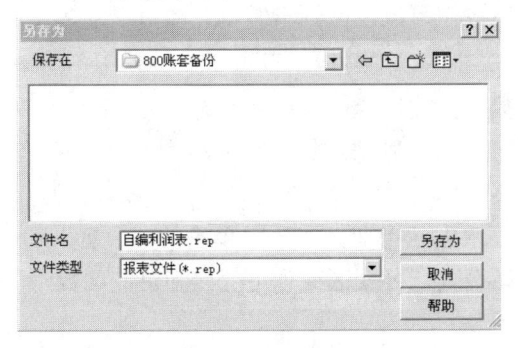

图 6-23 保存"自编利润表"文件

②单击"另存为"按钮。

4．自定义模板

用户可以根据本单位的实际需要定制内部报表模板，并将自定义的模板加入系统提供的模板库内，也可以根据本行业的特征，增加或删除各个行业及其内置的模板。

第一步：定制行业。

定制行业可以将本单位名称或单位所属的行业加入模板的行业类型中，在套用模板时可以直接选择定制的行业或单位名称。

（1）在 UFO 中做出本单位的模板后，选择"格式"→"自定义模板"菜单命令，弹出"自定义模板"对话框。

（2）单击"增加"按钮，弹出"定义模板"编辑框，在编辑框中录入模板所属的行业名称（也可以是单位名称），录入正确后该行业被加入"自定义模板"对话框的"行业名称"列表框中。

（3）单击"删除"按钮，可以将不需要的行业从行业名称中删除，如想恢复删除的行业可执行"增加"操作。

（4）如果要重新定义行业名称，则选定需要改变的行业，单击"修改"按钮，在弹出的编辑框中重新输入。

（5）单击"下一步"按钮进入定制模板对话框。

第二步：定制模板。

定制模板可以将本单位自制的模板加入定制行业或系统提供的行业模板下。

（1）选定某行业，单击"自定义模板"对话框的"下一步"按钮。

（2）单击"增加"按钮，弹出模板编辑框。在"模板名称"框中录入模板的名称（如利润分配表），在"模板路径"框中录入模板保存的路径（如 D：\UFSOFT \ MODEL \ 利润分配表.rep），也可以单击"浏览"按钮，找到模板保存的目录。确定后自定义的模板加入"自定义模板"对话框中的模板名称列表框，在对话框下自动标记模板路径。

（3）单击"删除"按钮可以删除选定的模板。要恢复已删除的模板，单击"增加"按钮，重新录入模板路径及名称。

（4）如要重新定义模板名称，则选定需要改变的模板，单击"修改"按钮，在弹出的对话框中重新输入模板名称。

（5）单击"上一步"按钮可以返回到定制行业的对话框。

5. 设置可变区

（1）单击"格式／数据"按钮，进入格式状态。

（2）如果要设置行可变区，则选取第一可变行中的某个单元；如果要设置列可变区，则选取第一可变列中的某个单元。

（3）单击"格式"菜单中"可变区"子菜单中的"设置"命令，弹出"设置可变区"对话框。在对话框中选择设置行可变区或列可变区和可变区数量。

注意：
- 一个报表中只能定义一个可变区。如果想重新设置可变区，要先取消现有可变区，再设置新的可变区。

6. 重新设置可变区

（1）单击"格式／数据"按钮，进入格式状态。

（2）单击"格式"菜单中"可变区"子菜单中的"重新设置"命令，弹出"重新设置可变区"对话框。

（3）在"可变区大小"框中显示可变区当前的大小，在其中输入要设定的数值即可。

7. 取消可变区

（1）单击"格式／数据"按钮，进入格式状态。

（2）单击"格式"菜单中"可变区"子菜单中的"取消"命令，可变区被取消。

注意：
- 可变区被取消后，其中的数据全部丢失。

二、报表格式编辑

本节仅介绍对报表固定区的行或列进行插入、追加、交换和删除操作，对可变区的相应操作基本相同，不再赘述。

【实例 6-5】

进行报表格式编辑的操作步骤如下。

1. 在固定区中插入行

在固定区中插入的行是带格式的行，它沿用插入位置行的格式，包括表格线、单元格属性和单元格风格。

（1）单击"格式／数据"按钮，进入格式状态。

（2）把当前单元移动到想要插入行的位置上。

（3）单击"编辑"菜单中的"插入"按钮，在下拉菜单中单击"行"单选按钮，弹出"插入"对话框。

（4）在"插入数量"编辑框中输入要插入的行数。

2. 在固定区的最后追加行

在固定区中追加的行是不带格式的空行。

（1）单击"格式／数据"按钮，进入格式状态。

（2）单击"编辑"菜单中的"追加"按钮，在下拉菜单中单击"行"单选按钮，弹出"追加行"对话框。

（3）在"追加数量"框中输入要追加的行数。

3. 交换固定区中的行

交换固定区中的行是将一张表页中的指定的行的所有内容（包括格式和数据）进行交换。

（1）单击"格式／数据"按钮，进入格式状态。

（2）单击"编辑"菜单中的"交换"按钮，在下拉菜单中单击"行"单选按钮，弹出"交换"对话框。

（3）在"源行号"和"目标行号"框中输入两个要互相交换位置的行号。用户可以一次交换多个行，多个行号之间用","隔开。

注意：
- 固定区的行和可变区的行不能交换，如果在对话框中输入了固定区的行和可变区的行，将出现"交换行错误"的提示信息。
- 在交换多个行时，如果源行数和目标行数不一致，将出现"输入的源行数应与目标行数一一对应"的提示信息。

4. 删除固定区中的行

（1）单击"格式/数据"按钮，进入格式状态。
（2）选取要删除的行的区域。
（3）单击"编辑"菜单中的"删除"按钮，在下拉菜单中单击"行"单选按钮，弹出对话框，单击"确认"按钮则删除选定的行，单击"取消"按钮则放弃操作。

注意：
- 删除行后，在删除位置上的单元公式将随之删除。

5. 在固定区中插入列

在固定区中插入的列是带格式的列，它沿用插入位置列的格式，包括表格线、单元格属性和单元风格。

（1）单击"格式/数据"按钮，进入格式状态。
（2）把当前单元移动到想要插入列的位置上。
（3）单击"编辑"菜单中的"插入"按钮，在下拉菜单中单击"列"单选按钮，弹出"插入"对话框。
（4）在"插入数量"框中输入要插入的列数。

6. 在固定区的最后追加列

在固定区追加的列是不带格式的空列。

（1）单击"格式/数据"按钮，进入格式状态。
（2）单击"编辑"菜单中的"追加"按钮，在下拉菜单中单击"列"单选按钮，弹出"追加"对话框。
（3）在"追加数量"框中输入要追加的列数。

7. 交换固定区中的列

交换固定区中的列是将一张表页中的指定的列的所有内容（包括格式和数据）进行交换。

（1）单击"格式/数据"按钮，进入格式状态。
（2）单击"编辑"菜单中的"交换"按钮，在下拉菜单中单击"列"单选按钮，弹出"交换"对话框。
（3）在"源列标"和"目标列标"编辑框中输入两个要互相交换位置的列标。用户可以一次交换多个列标，多个列标之间用"，"隔开。

注意：
- 固定区的列和可变区的列不能交换，如果在对话框中输入了固定区的列和可变区的列，将出现"交换列错误"的提示信息。
- 在交换多个列时，如果源列数和目标列数不一致，将出现"输入的源列数应与目标列数一一对应"的提示信息。

8. 删除固定区中的列

（1）单击"格式/数据"按钮，进入格式状态。

（2）选取要删除的列的区域。

（3）单击"编辑"菜单中的"删除"按钮，在下拉菜单中单击"列"单选按钮，弹出对话框，单击"确认"按钮则删除选定的列，单击"取消"按钮则放弃操作。

注意：

- 删除列后，在删除位置中的单元公式将随之删除。

三、公式相关

（一）计算公式

UFO 提供了丰富的计算公式，可以完成几乎所有的计算要求。

1. 计算方式

单元公式存储在报表单元中，按"="即可定义。

命令窗口中的计算公式在命令窗口中一条一条地书写，按 Enter 键计算。

批命令中的计算公式在批命令（SHL 文件）中一次性书写，执行批命令时即可批量计算。

2. 数据选取

在计算公式中，可以提取本表页中的数据，可以提取其他表页中的数据，还可以提取其他报表的数据，在用友 U8V10.1 中，除了可以从账务模块中提取数据，还可以从用友产品的应收、应付、薪资、固定资产、资金管理、财务分析、采购、存货、库存、销售模块中提取数据。

3. 单元公式的格式

<算术表达式>［FOR<表页筛选条件>［；<可变区筛选条件>］］［RELATION<表页关联条件>［，<表页关联条件>］*］。

注意：

- 所有公式中的符号，如冒号（:）、逗号（,）、分号（;）等均应使用半角符号，不能使用全角符号。

计算公式在单元公式中的格式特点是：

（1）单元公式所赋值的区域应在进入"定义公式"对话框前用鼠标选定，选定的区域地址显示在对话框中，无须用户输入。

（2）如果使用"筛选条件"对话框输入筛选条件，不用输入 FOR。

（3）如果使用"关联条件"对话框输入关联条件，不用输入 RELATION。

4. 命令窗和批命令中计算公式的格式

LET<区域|关键字|变量>=<算术表达式>［，<区域|关键字|变量>=<算术表达式>］*FOR <表页筛选条件>［；<可变区筛选条件>］］［RELATION<表页关联条件>［，<表页关联条件>］*］

注意：
- 所有公式中的符号，如冒号（:）、逗号（,）、分号（;）等均应使用半角符号，不能使用全角符号。

计算公式在命令窗和批命令中的格式特点是：

（1）以 LET 引导计算公式。

（2）一个计算公式可以为若干个筛选条件、关联条件相同的区域赋值，各赋值表达式间用逗号（,）分隔。

5. 公式定义

单元公式可以一个单元一个单元地定义，也可以给一个区域定义公式，称为区域公式。

B5="部门一"（一个单元的公式）

C5=234

C5=PTOTAL（C5:F5）

C9:F9=C5:F5+C6:F6+C7:F7+C8:F8〔区域公式，拖动鼠标选中 C9:F9，按等号（=），输入区域公式。〕

B2=C5@1（单元公式令各页 B2 单元均取当前表第一页 C5 单元的值。）

C=（D@1／E@5）*169.4 FOR 年=1992（单元公式令"年"关键字为"1992"的各页 C 列取第 1 页 D 列值与第 5 页 E 列值的商乘以 169.4。）

LET V_A="AJ1.REP" ->V-A@1（命令窗或批命令中的计算公式令各页可变区 A 列均取第一页 A 列的值，设当前行可变表为"AJ1.REP"。）

D5="Y" ->D5@4（令当前表页 D5 的值等于表"Y"第 4 页 D5 的值。）

C5="Y" ->C10@1+C2@2（令当前表所有表页 C5 的值等于表"Y"第 1 页中 C10 的值与当前表第 2 页中 C2 的值的和。）

A1="FYB" ->A1 FOR ALL RELATION 月 WITH "FYB" ->月（取 FYB 表的与当前表页月相同的月的 A1 单元的值。如果当前表页为 9 月，则取 FYB 表 9 月表页 A1 的值。）

A="LRB" ->B RELATION 月 WITH "LRB" ->月+1（单元公式令本表各页 A 列取表"LRB"上月各页 B 列数值。）

6. 应用服务的使用

用户可以在单元公式、命令窗、批命令中使用 UFO 的应用服务提供的函数。当应用服务（如账务系统、薪资系统等）被安装到系统后，UFO 可自动检测到应用服务及应用服务提供的函数。

（1）在"数据"菜单中，单击"账套初始"命令，在对话框中设置账套号和会计期。

（2）在"数据"菜单中，选择"编辑公式"→"单元公式"→"函数向导"菜单命令，也可以单击工具栏。快捷键为"="。

（3）函数向导的左边列表框中列出应用服务的名称，当选择某一应用服务时，右边的列表框就会列出应用服务提供的所有函数。

（4）双击某一函数，弹出函数对话框，然后按给出的函数格式手工输入单元公式并确认，经检查正确后输入成功。

（二）审核公式

在各类财务报表中的每个数据都有明确的经济含义，并且各个数据之间一般都有一定的钩稽关系。例如，在一个报表中，小计等于各分项之和，而合计等于各个小计之和，等等。在实际工作中，为了确保报表数据的准确性，经常使用这种报表之间或报表内的钩稽关系对报表进行钩稽关系检查，即进行数据的审核。

1. 定义报表审核关系

（1）在报表格式设计状态下，选择"数据"→"编辑公式"→"审核公式"菜单命令，弹出"定义审核关系"对话框。

（2）在编辑框中按照对话框右侧的格式范例输入审核公式。

（3）审核公式编辑完毕，检查无误后单击"确认"按钮，系统将保存此次审核公式的设置；按"ESC"键或单击"取消"按钮将放弃此次操作。

2. 审核公式的格式

[<算术表达式><关系表达式><算术表达式>，]*<算术表达式><关系表达式><算术表达式>[FOR<页面筛选条件>[；<可变区筛选条件>]][RELATION<页面关联条件>[，<页面关联条件>]*] MESSAGE "<提示信息>"

注意：

- RELATION 可以简写为 RELA，MESSAGE 可以简写为 MESS。

3. 审核公式定义

（1）假设我们要审核的调查表有以下审核关系：C9=C5+C6+C7+C8，若此项关系不成立，则提示"一季度小计不等!"。

该表的审核公式为：

C9=C5+C6+C7+C8 MESSAGE "一季度小计不等!"

（2）假设我们要审核调查表"xx2.rep"，该表数据部分来自调查表"xx1.rep"。调查表"xx2.rep"中一季度的数据来自调查表"xx1.rep"，调查表"xx2.rep"中应有以下审核关系：C5=调查表"xx1.rep"的 F5，若此项关系不成立，则提示"一季度部门一数据与表'xx2.rep'数据不符!"。

调查表的审核公式为：

C5="xx1.rep" ->F5 MESSAGE "一季度部门一数据与表"xx2.rep"数据不符!"

4. 审核公式组

一个报表中常常存在着许多平衡关系。编辑审核公式时，类似的平衡关系可以放在一个审核公式组中，这样可以使审核公式更加简明。审核公式组应遵循以下原则。

（1）一个报表可以存在多个审核公式组，每个审核公式组中各审核公式的筛选条件和关联条件完全相同，共用一条提示信息。

（2）筛选条件、关联条件、提示信息有所不同的审核公式应分为不同的审核公式组。

（3）提示信息应尽量详细明确，以便检查错误。

如调查表"xx2.rep"对应调查表"xxl.rep"有以下取数关系：

C5:C8=调查表"xxl.rep"一季度，即关键字"季"为1的表页的F5:F8。

因此，调查表"xx2.rep"的审核公式可以表示为：

C5＝"xxl.rep" －＞F5，

C6＝"xxl.rep" －＞F6，

C7＝"xxl.rep" －＞F7，

C8＝"xxl.rep" －＞F8

RELATION 1 WITH "xxl.rep" －＞季 MESSAGE "一季度数据错误！"

（三）舍位平衡公式

报表数据在进行进位时，如以"元"为单位的报表在上报时可能会转换为以"千元"或"万元"为单位的报表，原来的数据平衡关系可能被破坏，因此需要进行调整，使之符合指定的平衡公式。例如，原始报表数据平衡关系为：

50.23+5.24=55.47

若舍掉一位数，即除以10后数据平衡关系成为：

5.02+0.52=5.54

原来的平衡关系被破坏，应调整为：

5.02+0.53=5.55

报表经舍位之后，重新调整平衡关系的公式称为舍位平衡公式。其中，进行进位的操作叫作舍位，舍位后调整平衡关系的操作叫作平衡调整公式。

1. 舍位平衡公式的格式

REPORT "<舍位表文件名>" RANGE<区域>［，<区域>］*WEI<位数>［FORMULA<平衡公式>［，<平衡公式>］*［FOR<页面筛选条件>］］

注意：

- 平衡公式中涉及的数据应完全包含在参数<区域>所确定的范围之内，否则平衡公式无意义。

2. 定义舍位平衡公式

（1）在报表格式设计状态下，选择"数据"→"编辑公式"→"舍位公式"菜单命令，弹出"舍位平衡公式"对话框。

（2）舍位平衡公式编辑完毕，检查无误后单击"完成"按钮，系统将保存此次舍位平衡公式的设置；按"ESC"键或单击"取消"按钮将放弃此次操作。

3. 在编辑框中输入的内容

（1）舍位表名，它和当前文件名不能相同，默认在当前目录下。

（2）舍位范围，即舍位数据的范围，要把所有要舍位的数据包括在内。

（3）舍位位数，包括1~8位。舍位位数为1，区域中的数据除以10；舍位位数为2，区域中的数据除以100；依次类推。

（4）平衡公式，书写时注意以下几点：

- 按倒序写，即首先写最终运算结果，然后一步一步向前推。
- 每个公式一行，各公式之间用逗号（,）隔开，最后一个公式后不写逗号。
- 公式中只能使用"+""–"符号，不能使用其他运算符及函数。
- 等号左边只能为一个单元（不带页号和表名）。
- 一个单元只允许在等号右边出现一次。

4. 编辑举例

舍位范围：A1:F6

舍位公式：F1=B2+D2+F2

　　　　　B2=B3+B4+B5+B6

　　　　　D2=D3+D4+D5+D6

　　　　　F2=13+F4+F5+F6

任务三　报表数据处理

一、数据处理

（一）录入关键字

用户应在格式状态下设置关键字，在数据状态下录入关键字的值，每张表页上的关键字的值最好不要完全相同。（如果有两张关键字的值完全相同的表页，则利用筛选条件和关联条件寻找表页时，只能找到第一张表页。）

（1）单击"格式/数据"按钮，进入数据状态。

（2）单击要录入关键字的值的表页的页标，使它成为当前表页。

（3）选择"数据"→"关键字"→"录入"菜单命令，弹出"录入关键字"对话框。

（4）在"年""季""月""日"编辑框中显示系统时间。在已定义的关键字编辑框中录入关键字的值。未定义的关键字编辑框为灰色，不能输入内容。确认后，关键字的值显示在相应的关键字所在单元中。

（5）如果要修改关键字的值，重复（1）、（2）、（3）、（4）步即可。

（二）数据采集

UFO 可以把下面几类数据采集到当前报表中。

（1）其他报表文件中的数据。

（2）文本文件中的数据。

（3）DBASE 数据库文件中的数据。

数据采集时源表可以带筛选条件，源表文件名可以用变量表示。

（1）单击"格式/数据"按钮，进入数据状态。

（2）选择"数据"→"采集"菜单命令，弹出"数据采集"对话框。

（3）在对话框中选取源数据所在的文件名，单击"采集"按钮，或者双击该文件名即可执行数据采集命令，UFO 将在当前报表中自动追加表页以存放数据。

（三）数据透视

在 UFO 中，大量的数据是以表页的形式分布的，正常情况下每次只能看到一张表页。用户要想对各个表页的数据进行比较，可以利用数据透视功能，把多张表页的多个区域的数据显示在一个平面上。

（1）单击"格式/数据"按钮，进入数据状态。

（2）单击要透视的第一张表页的页标，将对它和它之后的表页的数据进行透视。

（3）选择"数据"→"透视"菜单命令，弹出"多区域透视"对话框，在编辑框中输入区域范围，如 A1:B4，C4:E6。

（4）输入完毕，单击"确定"按钮，在"透视"对话框中生成透视结果。拉动水平滚动条到最右边，可以看到各个表页中的关键字的值显示在相应数据的右边。

（5）单击"保存"按钮，可以把数据透视结果保存为报表，单击"确认"按钮关闭对话框。数据透视结果将保存在报表中。

（四）表页排序

UFO 提供表页排序功能，可以按照表页关键字的值，或者按照报表中的任何一个单元的值重新排列表页。"第一关键值"指按照此关键值对表页进行排序；"第二关键值"指当有的表页的第一关键值相等时，按照此关键值进行排序；"第三关键值"指当有多张表页用第一关键值和第二关键值还不能进行排序时，按照第三关键值进行排序。

（1）单击"格式/数据"按钮，进入数据状态。

（2）选择"数据"→"排序"→"表页"菜单命令，将弹出"排序"对话框。

（3）在"第一关键值"编辑框中选择一个关键字或输入一个单元名称，选择"递增"或"递减"顺序。

（4）依次定义第二和第三关键值。

注意：

- 以关键字为关键值进行排序时，空值表页在"递增"时排在最前面，在"递减"时排在最后面。例如，以关键字"单位名称"递增排序，"单位名称"为空的表页排在第 1 页。

（五）报表汇总

报表汇总是对报表数据不同形式的叠加。UFO 提供了表页汇总和可变区汇总两种汇总方式。表页汇总是把整个报表的数据进行立体方向的叠加，汇总数据可以存放在本报表的最后一张表页中，也可以存放在新生成的汇总报表中，表页汇总可汇总报表中所有的表页，也可汇总只符合指定条件的表页；可变区汇总是把指定表页中可变区数据进行平面方向的叠加，把汇总数据存放在可变区的最后一行或一列。

（1）单击"格式/数据"按钮，进入数据状态。

（2）选择"数据"→"汇总"→"表页"菜单命令，弹出"表页汇总——步骤 1/3"对话框，此对话框用于指定汇总数据保存的位置。

（3）单击"下一步"按钮，弹出"表页汇总——步骤 2/3"对话框，此对话框用于指定汇总哪些表页。

（4）单击"下一步"按钮，弹出"表页汇总——步骤3/3"对话框，此对话框用于处理报表中的可变区。

（5）单击"完成"按钮，生成汇总结果。

注意：
- UFO将自动给汇总表页设置"表页不计算"标志。

二、表页处理

【实例6-6】
进行表页处理的操作步骤如下。

1. 插入表页

向一个报表中增加表页有追加和插入两种方式。插入表页即在当前表页前面增加新的表页。

（1）单击"格式/数据"按钮，进入数据状态。

（2）单击要插入表页的表页页标，使它成为当前表页。

（3）选择"编辑"→"插入"→"表页"菜单命令，弹出"插入"对话框。

（4）在"插入表页数量"编辑框中输入要插入的表页数，确认后在当前表页之前增加新表页。

2. 追加表页

追加表页即在最后一张表页后面增加新的表页。

（1）单击"格式/数据"按钮，进入数据状态。

（2）选择"编辑"→"追加"→"表页"菜单命令，弹出"追加"对话框。

（3）在"追加表页数量"编辑框中输入追加的表页数，确认后追加相应表页。

3. 交换表页

交换表页是将指定的表页中的全部数据进行交换。

（1）单击"格式/数据"按钮，进入数据状态。

（2）选择"编辑"→"交换"→"表页"菜单命令，弹出"交换"对话框。

（3）在"源表页号"和"目标表页号"编辑框中输入要互相交换位置的表页页号。用户可以一次交换多个表页，多个表页号用","隔开。

例如，要同时交换第1页和第2页、第3页和第4页、第10页和第20页，则在"源表页号"编辑框中输入"1，3，10"，在"目标表页号"编辑框中输入"2，4，20"。

4. 删除表页

删除表页是将指定的整个表页删除，报表的表页数相应减少。

（1）单击"格式/数据"按钮，进入数据状态。

（2）选择"编辑"→"删除"→"表页"菜单命令，弹出"删除表页"对话框。

（3）如果不指定表页号和删除条件，确认后删除当前表页。

（4）如果要删除指定表页号的表页，则在"删除表页"编辑框中输入要删除的表页号。可以同时删除多个表页，多个表页号之间用逗号（,）隔开。例如，输入表页号"1，

3,10",则删除第 1 页、第 3 页和第 10 页。

(5) 如果要删除符合删除条件的表页,应在"删除条件"编辑框中输入删除条件,或者单击"条件"按钮,在"定义条件"对话框中定义删除条件。

5. 清除

(1) 要清除所有内容,单击"格式/数据"按钮,进入格式状态;要清除数据,单击"格式/数据"按钮,进入数据状态。

(2) 选取要删除的区域。

(3) 选择"编辑"→"清除"菜单命令,则相应内容被删除。

6. 定位

利用"定位"命令,可以在大量表页中快速找到指定单元,使之成为当前单元,并使定位单元位于报表窗口的左上角。

(1) 单击"格式/数据"按钮,进入数据状态。

(2) 选择"编辑"→"定位"菜单命令,弹出"定位"对话框,对话框中列出了当前单元所在的表页号、行号和列标。

(3) 在对话框中输入定位表页号、行号、列标。

注意:

- 表页号用数字 1~99 999 表示,行号用数字 1~9 999 表示,列标用字符 A-IU 表示。当输入的内容不符合规范时,系统将弹出相应提示框。
- 当输入的表页号、行号或列标不存在时,系统将弹出"定位目标错误!"提示框。

7. 查找表页

(1) 单击"格式/数据"按钮,进入数据状态。

(2) 选择"编辑"→"查找"菜单命令,弹出"查找"对话框。

(3) 在"查找内容"中单击"表页"按钮。

(4) 在"查找条件"框中定义查找条件。

(5) 单击"查找"按钮后,第一个符合条件的表页将成为当前表页。

(6) 单击"下一个"按钮后,下一个符合条件的表页将成为当前表页。

(7) 如果没有符合条件的表页,或查找到最后一个符合条件的表页时,状态栏中将显示"满足条件的记录未找到"。

例如,要查找 2009 年 12 月的表页,则单击"表页"按钮,定义查找条件"年=2009AND月=12";要查找 A10 单元的值大于 1 000 的表页,则单击"表页"按钮,定义查找条件"A10>1 000"。

8. 区域填充

有时报表中一个区域的表样或数据都一样,这时可以利用"区域填充"来快速输入。

(1) 单击"格式/数据"按钮,进入数据状态。

(2) 在要填充的区域中输入一个填充数值或字符,选取要填充的区域。

(3) 选择"编辑"→"区域填充"菜单命令,其下拉菜单包括"向下""向右""向上""向左"四个菜单项,单击合适的菜单项进行区域的填充。

三、报表数据重算、审核和舍位平衡

(一) 整表重算

如果在格式状态下定义了单元公式,进入数据状态之后,当前表页的单元公式将自动运算并显示结果;当单元公式中引用单元的数据发生变化时,公式也随之自动运算并显示结果。

要重新计算所有表页的单元公式,请在数据状态下选择"数据"→"整表重算"菜单命令。在计算过程中,按"Esc"键可以终止计算。

【实例 6-7】

生成"自制利润表"的操作步骤如下。

(1) 在 UFO 报表系统中,选择"文件"→"打开"菜单命令,进入"打开"对话框。
(2) 在"打开"对话框中,找到"我的文档"中的"自制利润表",单击"打开"按钮。
(3) 单击"数据"按钮,进入"数据"格式状态。
(4) 选择"数据"→"关键字"→"录入"菜单命令,打开"录入关键字"对话框。
(5) 录入单位名称"北京阳光信息技术有限公司"、年"2019"、月"12"。单击"确认"按钮。
(6) 系统提示"是否重算第 1 页?",单击"是"按钮。系统自动计算报表数据,得到计算结果,如图 6-24 所示。

利润表

编制单位:北京阳光信息技术有限公司　　2019 年　12 月

会企02表
单位:元

项目	行数	本期金额	上期金额
一、营业收入	1		
减:营业成本	2		
营业税金及附加	3		
销售费用	4	200.00	
管理费用	5	3,000.00	
财务费用	6		
资产减值损失	7		
加:公允价值变动收益(损失以"-"号填列)	8		
投资收益(损失以"-"号填列)	9		
其中:对联营企业和合营企业的投资收益	10		
二、营业利润(亏损以"-"号填列)	11	-3,200.00	
加:营业外收入	12		
减:营业外支出	13		
其中:非流动资产处置损失	14		
三、利润总额(亏损总额以"-"号填列)	15	-3,200.00	
减:所得税费用	16		
四、净利润(净亏损以"-"号填列)	17	-3,200.00	

图 6-24　生成利润表

(二) 用审核关系验证报表

在数据处理状态下,报表数据录入完毕,应对报表进行审核,以检查报表中各项数据钩稽关系的准确性。

进入数据处理状态，用鼠标选择"数据"→"审核"菜单命令。系统按照审核公式逐条审核表内的关系，当报表数据不符合钩稽关系时，屏幕上出现提示信息，记录该提示信息后按任意键继续审核其余的公式。

按照记录的提示信息修改报表数据，重新进行审核，直到不出现任何提示信息，表示该报表各项钩稽关系正确。

（三）对报表进行舍位平衡操作

当报表编辑完毕时，根据需要对报表进行舍位平衡操作。

进入数据处理状态，选择"数据"→"舍位平衡"菜单命令。系统按照定义的舍位关系对指定区域的数据进行舍位，并按照平衡公式对舍位后的数据进行平衡调整，将舍位平衡后的数据存入指定的新表或他表中。打开舍位平衡公式指定的舍位表，可以看到调整后的报表。

四、函数及数据提取

（一）应用服务业务函数

用户可以在单元公式、命令窗、批命令中使用 UFO 的应用服务提供的函数。当应用服务（如账务系统、薪资系统等）被安装到系统后，UFO 可以自动检测到应用服务及应用服务提供的函数。

（1）在"数据"菜单中，单击"账套初始"按钮，在对话框中设置账套号和会计期。

（2）在"数据"菜单中，选择"编辑公式"→"单元公式"菜单命令下的"函数向导"菜单命令，也可以单击工具栏中相应按钮。

（3）在函数向导的左边列表框中列出应用服务的名称，当选中某一应用服务时，右边的列表框就会列出应用服务提供的所有函数。

（4）双击某一函数，弹出"函数"对话框，按给出的函数格式手工输入单元公式并确认，经检查正确后输入成功。

注意：

- 业务函数共有 153 个，详细情况可查阅"UFO 帮助"。其中，总账函数 22 个，工资函数 3 个，固定资产函数 6 个，应收应付函数 8 个，财务分析函数 1 个，采购函数 32 个，库存函数 31 个，存货核算函数 11 个，销售函数 39 个。

（二）其他函数

另外，系统还提供了 58 个其他函数。其中，统计函数 21 个，数学函数 12 个，表操作辅助函数 2 个，日期函数 7 个，条件取值函数 1 个，读取数据库数据函数 1 个，指针状态类函数 4 个，字符处理函数 7 个，交互输入函数 2 个，文件检测函数 1 个。这些函数的详细使用情况可查阅"UFO 帮助"。

五、图表制作

（一）图表特点

（1）图表格式：UFO 提供了直方图、圆饼图、折线图、面积图共 4 大类 10 种格式的图表。

（2）图表与报表的关系：图表是利用报表文件中的数据生成的，图表与报表存在着紧密的联系，当报表中的源数据发生变化时，图表也随之变化。一个报表文件可以生成多个图表，最多可以保留12个图表。

（3）图表的存在方式：图表以图表窗口的形式存在。图表并不是独立的文件，它的存在依附于源数据所在的报表文件，只有打开报表文件后，才能打开有关的图表。报表文件被删除之后，根据该报表文件中的数据生成的图表也同时被删除。

（4）图表的操作：用户可以给图表命名，可以选择图表名打开图表，可以修改、保存或删除图表。与报表文件一样，图表可以打印输出。

（二）插入图表对象

用户可以在 UFO 报表文件的数据状态下，插入图表对象。报表数据和图表同时存在于一个报表文件中。插入的图表对象与创建它的报表数据相连接，当报表数据改变时，图表对象也随之更新。

1. 选取区域

（1）在报表窗口中，单击"格式 / 数据"按钮，进入数据状态。

（2）在任何一张表页中选取一个数据区域，该区域不能少于 2 行 × 2 列。系统把区域中的第一行和第一列默认为标注，其余为数据区。

2. 插入图表对象

（1）选择"工具"→"插入图表对象"菜单命令，弹出"区域做图"对话框。

（2）在对话框中定义以"行"或以"列"为 X 轴，定义数据操作范围、图表名称、标题内容、图表格式。

（3）确认后，在报表数据附近，插入相应的图表。

（4）将鼠标放在插入的图表对象边框上，按住鼠标左键拖动边框，可调整图表大小。

3. 激活图表对象

双击图表对象，即可激活图表对象窗口。

注意：

● 图表名在"区域做图"对话框中定义，在以后将不能被修改。

（三）图表对象激活与编辑

双击插入的图表对象，即可激活图表对象窗口。

（1）在报表文件中选取了一个数据区域后，如果此数据区域有多组源数据，则每次只能显示一组数据的图表，多组数据的图表不能同时显示。

（2）要观看其他数据的图表，可以单击工具栏中的图标↑和图标↓。单击图标↑后显示上一组数据的图表，单击图标↓后显示下一组数据的图表。

（3）当焦点在图表对象上时，单击鼠标右键可以选择图表格式。

（4）在图表对象窗口中，可以调整标题、X 轴标题、Y 轴标题、图表和图例的位置，以及对象和图表的尺寸。调整方法如下：

①要调整标题、X轴标题、Y轴标题、图表和图例的位置，分别单击它们，用鼠标拖动到适当位置。

②要调整对象或图表的尺寸，将鼠标放在图表对象或图表边框的黑点上，拖动鼠标至合适大小。

（四）图表对象的管理

在报表中插入图表对象后，选定图表对象单击鼠标右键可以对图表对象进行管理。

（1）可以将图表对象剪切、复制、清除（从当前表删除选定的图表对象）。

（2）如果插入多个图表对象，选定某个对象，选择"对象置前"或"对象置后"选项，使它显示在最前端或其他图表对象之后。

（3）对图表对象进行预览和打印，此时打印和预览的只是插入的图表对象。

（4）如果要将插入的图表对象恢复到原来状态，选择"恢复大小"选项。

（5）选择"属性"选项可以得到图表对象的名称和生成图表的区域，并可以改变图表显示的尺寸大小。

（五）图表窗口下的图表管理

想打开、关闭、删除和显示图表，可分别单击"图表"菜单中的"打开""关闭""删除""显示"按钮进行操作。

（六）编辑标题

图表标题、X轴标题、Y轴标题可以在建立图表时的"区域做图"对话框中输入，也可以在图表建立以后进行编辑。

（1）单击"编辑"菜单中的"主标题""X轴标题"或"Y轴标题"按钮，弹出"编辑标题"对话框。

（2）在"请输入标题"编辑框中输入标题内容。如果此编辑框为空，则不显示相应标题。

注意：

- 双击标题也可弹出"编辑标题"对话框。

（七）编辑标题字体

（1）单击要改变字体的标题。

（2）选择"编辑"→"标题字体"菜单命令，弹出"标题字体"对话框。

（3）在对话框中选择字体、字形、字号等。

（八）定义数据组

图表的坐标轴可以进行转换。

（1）选择"编辑"→"定义数据组"菜单命令，弹出"定义数据组"对话框。

（2）在对话框中单击"行"或"列"，图表将做相应的变化。

（九）改变图表格式

UFO提供了10种图表格式，在"格式"菜单中选择相应的图表格式就可以完成相应图表格式的转换。单击工具栏中的图标也可改变图表格式。

【实例 6-8】

插入图表对象的操作步骤如下。

（1）在 UFO 报表系统中，选择"文件"→"打开"菜单命令，进入"打开"对话框。

（2）在"打开"对话框中，选择"我的文档"→"自制利润表 1"菜单命令，单击"打开"按钮。

（3）单击"数据"按钮，进入"数据"格式状态。

（4）在打开的表页中选取一个数据区域，该区域不能少于 2 行×2 列。系统把区域中的第一行和第一列默认为标注，其余为数据区。

（5）选择"工具"→"插入图表对象"菜单命令，弹出"区域做图"对话框。

（6）在对话框中定义以"行"或以"列"为 X 轴，定义数据操作范围、图表名称、标题内容、图表格式。

（7）单击"确认"按钮后，在报表数据附近，插入相应的图表。

（8）将鼠标放在插入的图表对象边框上，按住鼠标左键拖动边框，调整图表大小。生成的图表如图 6-25 所示。

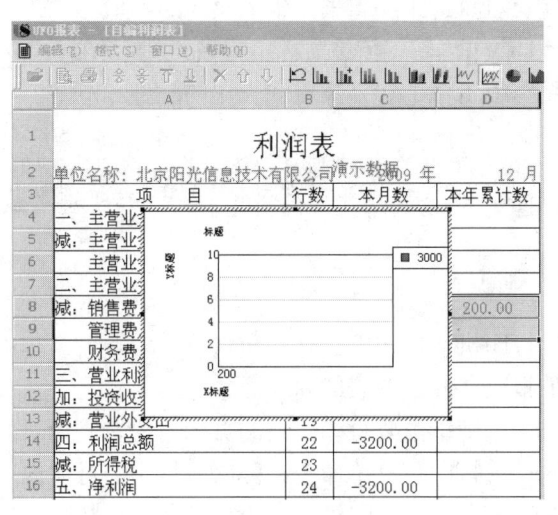

图 6-25　插入图表对象

任务四　报表管理

一、打印

（一）强制分页

系统提供的自动分页功能是按照表页的自然页进行分页的，但是有时自动分页会影响报表的美观或是不能满足用户的需要。强制分页功能用于报表的打印输出，并不是从本质上改变报表格式，所以在格式状态和数据状态中均可进行此项操作。

（1）若只对行或只对列进行分页，则将光标移到相应行的第一列单元或相应列的第一行单元中。

（2）选择"工具"→"强制分页"菜单命令；系统将以该单元的上边线框为分界画出一条横向虚线，或以该单元的左边线框为分界画出一条纵向虚线，即该页将照此虚线按行或列划分为两页。

（3）若要同时对行和列进行分页，则将光标移到相应单元，选择"工具"→"强制分页"菜单命令，系统将以该单元的左上角为分页点画出十字状虚线，即该页将按此虚线划分区域分为四页。

（4）若想恢复分页前的状态，选择"工具"→"取消全部分页"菜单命令，则可恢复分页前的状态。

（二）页面设置

页面设置包括设置报表的页边距、缩放比例、页首和页尾。

（1）激活要进行页面设置的报表文件的窗口。

（2）选择"文件"→"页面设置"菜单命令，弹出"页面设置"对话框。

（3）在上、下、左、右页边距编辑框中输入页边距的值。

（4）在"缩放比例"编辑框中输入缩放倍数，缩放倍数在0.3~3倍之间。

（5）在"页首页尾"编辑框中选择页首和页尾的类型和范围。

注意：

- 进行页面设置之后，报表窗口并没有变化，在"打印预览"中可以观看页面设置效果。

（三）打印设置

打印设置包括设置打印机、打印纸、打印质量等。

（1）激活要打印的报表文件或图表的窗口。

（2）如果要打印报表，则单击要打印表页的页标，使它成为当前表页。

（3）选择"文件"→"打印"菜单命令，弹出"打印"对话框。

（4）在"打印"对话框中设置打印机、打印纸的大小、打印方向、纸张来源、图像的分辨率、图像抖动、图像的浓度、打印品质、打印到文件、打印范围。

（四）打印预览

用户可以随时观看报表或图表的实际打印效果。

（1）激活要打印的报表文件或图表的窗口。

（2）如果要预览报表，则单击要预览的表页的页标，使它成为当前表页。

（3）选择"文件"→"打印预览"菜单命令，进入"打印预览"屏幕。

（4）在"打印预览"屏幕上方有一排按钮，单击这些按钮有不同的效果。单击"打印"按钮，弹出"打印"对话框，在其中可进行打印设置；单击"关闭"按钮，关闭打印预览，回到原窗口。

注意：
- 进入打印预览时，打印纸的显示比例为最小。当鼠标指针在模拟打印纸上移动时，鼠标指针将变为放大镜形状，单击鼠标即可放大显示比例。放大两次后，显示比例达到最大，鼠标指针恢复为通常形状，此时单击鼠标，打印纸的显示比例还原为最小。

（五）完成打印任务

做好打印设置并预览无误后，单击"打印"对话框中的"确定"按钮即可完成打印任务。

注意：
- 如果不想打印报表中的某些行或某些列，则进入格式状态，把行高或列宽调整为 0 即可。

（六）数据套打

执行数据打印操作，可以只打印数据状态下的数据，对于定义的报表格式内容不打印。如果打印整张报表，则选择"文件"→"打印"菜单命令。

（1）单击"格式／数据"按钮，进入数据状态。

（2）单击要打印表页的页标，使它成为当前表页。

（3）选择"文件"→"数据套打"菜单命令，弹出"打印"对话框，可以设置打印机、纸张大小、打印方向等。

（七）打印图表

（1）单击要打印的图表窗口，使它成为当前窗口。

（2）选择"图表"→"打印预览"菜单命令，进入打印预览画面，可以观看图表的打印效果。

（3）选择"图表"→"打印"菜单命令，弹出"打印"对话框，可以设置打印机、纸张大小、打印方向等。

（八）对象打印

对象打印操作可以不打印报表的格式及数据状态的内容，而只打印插入报表的对象。

（1）选定插入的某一对象（被选定对象的边框出现八个黑点）。

（2）单击鼠标右键，在弹出的菜单中单击"对象打印"按钮。

注意：
- 如果要打印插入对象后的整个报表，请选择"文件"→"打印预览"菜单命令。

二、文件保护

（一）文件口令

在实际工作中，一些报表需要限制访问权限，用户可以为报表增加文件口令。在打开一个有口令的报表时，必须输入正确的口令才能打开该报表。

口令不区分大小写，例如，"SYSTEM"等同于"system"。

（1）新建一个报表时，选择"文件"→"文件口令"菜单命令，弹出"设置口令"对话框。

（2）在"新口令"编辑栏内输入文件保护口令，在"确认新口令"编辑栏内输入相同口令，以便用户确定和熟记该口令。如果两次输入不同，将弹出"新口令与确认新口令不匹配，请重新输入！"的提示信息；如果相同，则系统提示"设置口令成功！"。

（3）保存该表，关闭后再打开此报表时，会弹出"文件口令"对话框，在"口令"编辑栏输入正确的口令，就可以打开此报表。

（二）更改口令

对已有口令的报表，可以更改口令或取消口令。

（1）如果需要更改口令，则打开该报表，选择"文件"→"文件口令"菜单命令，弹出"设置口令"对话框。在"口令"编辑栏中输入口令，如果口令正确，"新口令"和"确认新口令"编辑栏变亮。

（2）在"新口令"和"确认新口令"编辑栏输入相同口令，否则系统会提示"新口令与确认新口令不匹配，请重新输入！"；如果输入为空，系统会提示"警告!文件保护口令已经取消!"。

（三）格式加锁

报表格式加锁后，想要进入格式状态修改格式必须输入正确口令。如果口令有误，则不能进入格式状态，只能在数据状态下操作。

（1）选择"格式"→"保护"→"格式加锁"菜单命令，弹出"格式加锁"对话框。

（2）在"输入口令"编辑框中输入格式保护口令，在"确认输入口令"编辑框中再次输入相同的口令。两次输入相同的口令是为了使用户确定并熟记口令。如果两次输入的口令不同，系统会弹出"您两次输入的密码不同，请重新输入"的提示信息。

（3）报表格式加锁之后，在进入数据状态之前，可以进行任何操作。进入数据状态之后，想要回到格式状态，系统会弹出"验证格式口令"对话框。口令输入正确后，用户才能进入格式状态修改报表格式。否则，将出现"口令错误!不能进入格式设计!"的提示信息。

（四）格式解锁

（1）选择"格式"→"保护"→"格式解锁"菜单命令，将弹出"验证格式口令"对话框。

（2）在"请输入格式口令"编辑框中输入正确口令。如果口令输入错误则不能解锁，系统将弹出"输入口令错误!不能解锁!"的提示信息。

三、发送和接收

UFO 内置了"发送和接收"功能，你可以在局域网、远程网或因特网上传输数据，不需要另外安装任何通信软件（如 Microsoft Mail、Exchange 等）。

通过"发送和接收"功能，用户可以发送和接收各种类型的文件，包括报表（*.rep）、批命令（*.shl）、数据库（*.mdb）、应用程序（*.exe）、文本文件等。日常工作中需要传输的所有文件都可以用"发送和接收"功能来完成，UFO 提供了 4 种传输方式。

- 点对点。

- 邮局信箱。
- 电子邮件。
- 磁盘文件。

要发送和接收文件，首先要设置一些必要的传输参数，可选择"工具"→"发送和接收"→"设置"菜单命令，进行设置。

发送文件时，选择"工具"→"发送和接收"→"发送"菜单命令。

接收文件时，选择"工具"→"发送和接收"→"接收"菜单命令。

四、文件管理

（一）UFO 的文件类型

（1）报表文件（*.rep）。

报表文件是我们在日常操作中要熟练使用的文件，一个报表文件就是一个电子报表，如资产负债表、利润表等。它包括一页或多页格式相同，但数据不同的表页。

（2）批命令文件（*.shl）。

批命令文件是多个 UFO 命令的集合，即在一个批命令文件中编写多个命令，执行这个批命令文件就可以一次完成这些命令。批命令文件在二次开发窗口 UFOEDIT 中编写。

（3）菜单文件（*.mnu）。

菜单文件在常规操作中较少用到，是用户设计的、可以实现特定功能和操作流程的菜单文件，可以取代系统菜单。菜单文件在二次开发窗口 UFOEDIT 中编写。

（二）新建文件

创建的报表文件在没有被用户命名之前，使用系统提供的文件名"report1"。新建报表名将按照"report2""report3"……排列。新文件创建之后，自动进入格式状态，内容为空。

选择"文件"→"新建"菜单命令，即可创建新报表文件。

（三）打开文件

UFO 可以直接打开的文件类型有：

（1）本系统的报表文件（*.rep）。

（2）UFO7.X 系列的报表文件（DOS 5.X 系列的报表文件需要进行转换才能打开）。

（3）文本文件（*.txt）。

（4）DBASE 数据库文件（*.dbf）。

（5）ACCESS 文件（*.mdb）。

（6）MS EXCEL 文件（*.xls）。

（7）LOTUS 1-2-3（4.0 版）文件（*.wk4）。

打开文件的操作步骤为：

（1）选择"文件"→"打开"菜单命令，弹出"打开"对话框。

（2）在"打开"对话框中选取适当的文件打开。

注意：

- 在"文件"菜单的下部列出了最近打开的文件列表，可在其中单击文件名打开文件。

（四）关闭文件

报表关闭后，与其他报表间的数据关系也自动关闭。

（1）选择"文件"→"关闭"菜单命令，可以关闭当前活动的报表。

（2）在所有窗口都关闭之后，显示系统主菜单，菜单栏中只有"文件"和"帮助"两个菜单。

注意：

- 如果文件进行了修改后没有保存，单击"关闭"按钮后将弹出提示框提醒用户保存文件；如果报表文件中有打开的图表窗口，应首先关闭图表窗口再关闭报表窗口，否则将出现"关闭本报表的图表窗口后，才能关闭本窗口"的提示信息。

（五）保存文件

保存文件即把当前报表文件的所有内容存盘。用户可以利用"另存为"命令制作报表文件的备份或将报表文件保存为其他文件格式，也可以只保存报表文件的图表，报表文件不变。

（六）另存文件

利用"另存为"命令，可以保存当前文件的备份，或者把文件保存为其他文件格式。UFO 可以保存的文件类型有：

（1）本系统的报表文件（*.rep）。

（2）文本文件（*.txt）。

（3）DBASE 数据库文件（*.dbf）。

（4）ACCESS 文件（*.mdb）。

（5）MS EXCEL 文件（*.xls）。

（6）LOTUS l-2-3（4.0 版）文件（*.wk4）。

另存文件的操作步骤为：

（1）选择"文件"→"另存为"菜单命令，弹出"另存为"对话框。

（2）在对话框中指定新的文件名和文件类型。

五、文件的导入及导出

目前，国内财务软件众多，由于各软件采用的数据库平台和结构各不相同，几乎任意两个软件之间要实现数据传递都存在专门的数据转换问题。

1998 年，经用友公司倡导，各大财务软件公司参加了"标准财务软件接口规范"的制定工作。用友公司制定了财务数据的接口规则和标准数据存储方式，即"文件的导入和导出"功能。

其工作流程是，首先把本软件的数据导出为"标准财务数据"（包括*.ini 配置文件和*.txt 文本文件），然后由另一方导入并转换为自己的数据。

（一）文件导入

文件导入功能，可以将某个软件提供的报表文件数据转换到 UFO 报表中。

（1）选择"文件"→"其他财务软件数据"→"导入"菜单命令。

（2）在对话框中，选定文件存放的初始化设置文件（*.ini），单击"打开"按钮。

（3）在"可导入报表"列表框下，用鼠标选定要导入的报表名称，然后单击"导入"按钮，将该文件转换为 UFO 报表文件。

（二）文件导出

文件导出功能，可以将某一软件生成的报表文件转换为标准的文件格式，便于其他软件读取数据。

（1）打开要导出的文件。

（2）选择"文件"→"其他财务软件数据"→"导出"菜单命令。

（3）选取文件存放的初始化设置文件（*.ini），单击"打开"按钮，弹出"导出文件"对话框。

（4）在"导出文件"对话框中定义导出的文件名称（*.txt），不带路径，与*.ini 文件在相同路径下。单击"导出"按钮，如果在初始化设置文件（*.ini）中该文件已存在，系统提示"文件已存在，请更换文件名？"，单击"确定"按钮，重新输入文件名，否则取消导出操作。

本项目小结

用友通用报表系统 UFO 是一个功能强大的通用财经报表系统，它吸取了国内外很多电子报表的优点，成为目前国内应用最为广泛的专门用于财经业务处理的通用报表软件。它具有以下四个特点。

（1）功能强大，不仅能用于用户所需的各种通用报表的制作，还能用于专用的特殊格式的报表的制作。

（2）通过应用服务的 153 个业务函数，可调用整个财务管理系统内的账务、应收、应付、薪资、固定资产、财务分析、采购、存货、库存、销售、成本 11 个模块的数据，生成管理所需的各种报表，使报表与系统内所有模块的数据实现了集成调用。

（3）提供了 58 个计算、统计函数，可生成管理所需的各种统计报表，并可根据需要制作各种图表，进行直观显示。

（4）特别适合大中型企业进行报表汇总，具有表页处理、关键字定义、报表透视、排序、汇总、查找、定位、审核、舍位平衡等功能，这是一般电子表格软件所不具备的。

在报表制作时，应注意报表有格式状态和数据状态，实现状态切换的是一个特别重要的按钮——"格式/数据"按钮，单击这个按钮可以在格式状态和数据状态之间切换。

报表的三类公式——单元公式（计算公式）、审核公式、舍位平衡公式也在格式状态下定义。在格式状态下所做的操作对本报表所有的表页都起作用。在格式状态下不能进行数据的录入、计算等操作。在格式状态下，用户所看到的是报表的格式，报表的数据全部都隐藏了。

用户可在数据状态下管理报表的数据，如输入数据、增加或删除表页、审核、舍位平衡、做图表、汇总、合并报表等。在数据状态下不能修改报表的格式。在数据状态下，用户看到的是报表的全部内容，包括格式和数据。

进行报表格式设计时，应首先考虑"套用格式""报表模板"中有无符合要求的报表格式，当前财务管理的通用报表在"报表模板"中都已建好，可直接套用；如果没有合适的报表，再进行格式设计。用户也可把自己经常使用的特殊报表定义在"报表模板"中。

UFO 还具有批命令功能，可一次编辑多条命令，执行批命令即可完成多个命令的操作。用户可通过"软件帮助"详细学习 UFO 的具体应用。

关键概念

单元　区域　当前行　当前列　当前页　关键字　格式状态　数据状态

课堂讨论题

（1）要制作一个项目栏带斜线、能实现按列合计的报表，应如何完成？把此报表自定义到"报表模板"中去，需要哪些步骤？每步需要进行哪些操作？

（2）制作单位当月的资产负债表、利润表或现金流量表，需要哪些步骤？每步需要进行哪些操作？

（3）某公司有10个子公司，年末要将反映各个子公司生产状况的1—12月月报表（含月产值、费用、成本、利润等指标）进行汇总，进行相关指标的报表透视，将数据以图表方式显示，需要哪些步骤？每步需要进行哪些操作？

复习思考题

（1）通用财经报表系统与专用财经报表系统的区别是什么？

（2）UFO 通用财经报表系统的功能特点是什么？

（3）通用财经报表系统的基本概念有哪些？

（4）报表处理分哪两大部分？分别包括哪些主要内容？

（5）报表处理的一般流程是什么？

（6）报表格式设计包括哪些内容和主要命令？

（7）报表处理系统主要提供哪两大类函数？

（8）报表处理系统的数据处理公式分为哪三类？如何使用？

（9）报表表页管理的主要命令有哪些？各有什么功能？

（10）报表数据的计算、统计、汇总、审核如何进行？命令各是什么？

（11）报表数据的图表输出有哪些形式？如何实现？

实训操作题

北京阳光信息技术有限公司 2019 年 12 月发生的经济业务已完成业务处理，需要编制相关报表。

实训操作要求如下。

（1）建立报表。

（2）选择系统中的"套用格式"选项建立该公司的资产负债表和利润表的模板。

（3）生成该公司的资产负债表和利润表。

项目七

薪资管理

学习目标
（1）了解用友会计软件中的薪资管理系统与总账系统之间的关系。
（2）熟悉薪资管理系统的各项功能，掌握薪资管理系统的操作。
（3）根据需要建立工资账套，完成各项初始化设置，熟悉工资业务处理。

任务一 薪资管理系统概述

工资是以货币形式支付给个人的劳动报酬，是企事业单位使用职工的知识、技能、时间和精力而给予职工的一种补偿。薪资管理是企业管理的重要组成部分，是企业财务部门最基本的业务之一。薪资管理系统是用友会计信息系统的一个子系统。

用友 U8V10.1 应用系统的薪资管理子系统适用于企业、行政、事业及科研单位，可提供简单方便的工资核算和发放功能，以及强大的工资分析和管理功能，可为同一企业提供多种工资核算类型的解决方案。

一、系统功能

（一）初始设置

各个单位的工资核算有很多共性，但也存在一些差异。通过薪资系统初始设置，可以根据企业需要建立工资账套数据，设置各项基础信息，为日常处理建立应用环境。薪资系统初始设置的主要内容包括以下几方面。

（1）工资账套参数设置：系统提供多种工资类别核算、工资核算币种、扣零、个人所得税扣税处理、是否核算计件工资等账套参数设置。

（2）基础档案设置：系统提供人员附加信息、人员类别、部门选择、人员档案、代发工资银行名称等基础档案设置，可由企业自行设计工资项目、计算公式，以及计件工资标准和方案。

(二) 业务处理

(1) 管理企业所有人员的工资数据，对人员增减、工资变动进行处理。

(2) 自动计算个人所得税，结合工资发放形式进行扣零设置或向代发工资银行传输工资数据。

(3) 自动计算、汇总工资数据，支持计件工资核算模式。

(4) 自动完成工资分摊和相关费用计提，并可直接生成凭证传递到总账系统。

(5) 对不同类别的工资数据进行汇总，实现统一的工资核算管理功能。

(三) 报表管理和统计分析

(1) 提供工资表、汇总表、明细表、统计表、分析表等各种报表。

(2) 提供凭证查询和自定义报表查询功能。

(3) 可进行部门工资项目分析、分部门各月工资构成分析、部门工资项目构成分析、工资项目分析。

(4) 可满足企业多层次、多角度的查询需要。

二、薪资管理系统与其他子系统的关系

薪资管理系统与其他子系统的关系如图 7-1 所示。

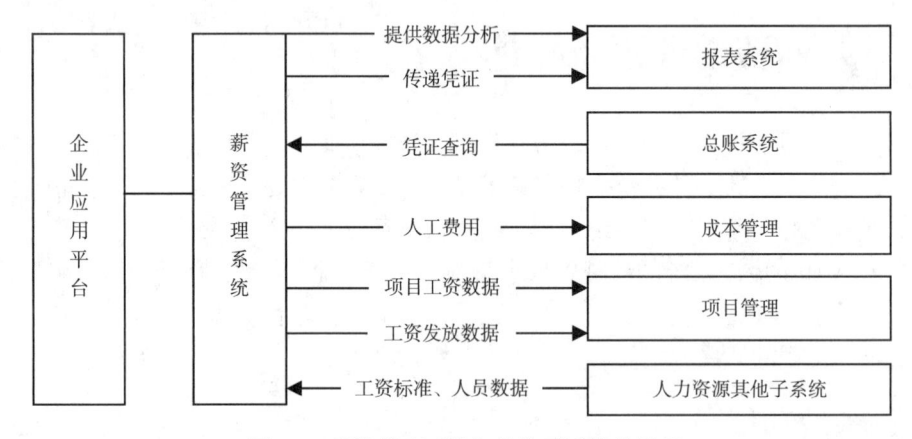

图 7-1 薪资管理系统与其他子系统的关系

三、薪资管理系统应用方案

(一) 单类别工资核算

企业所有员工的工资发放项目相同，工资计算方法相同，则可采用统一的单类别工资核算方案。

(二) 多类别工资核算

企业如存在以下情况之一，则需要进行多类别工资核算。

(1) 存在不同类别人员，其工资发放项目不同，工资计算方法不同，如在职人员与离退休人员、正式工与临时工。

(2) 每月进行多次工资发放，月末统一核算。

（3）企业在不同地区设立分支机构，工资由总部统一管理。
（4）工资发放采用多种货币币种，如美元和人民币。

四、薪资管理系统的操作流程

薪资管理系统的操作流程如图 7-2 所示。

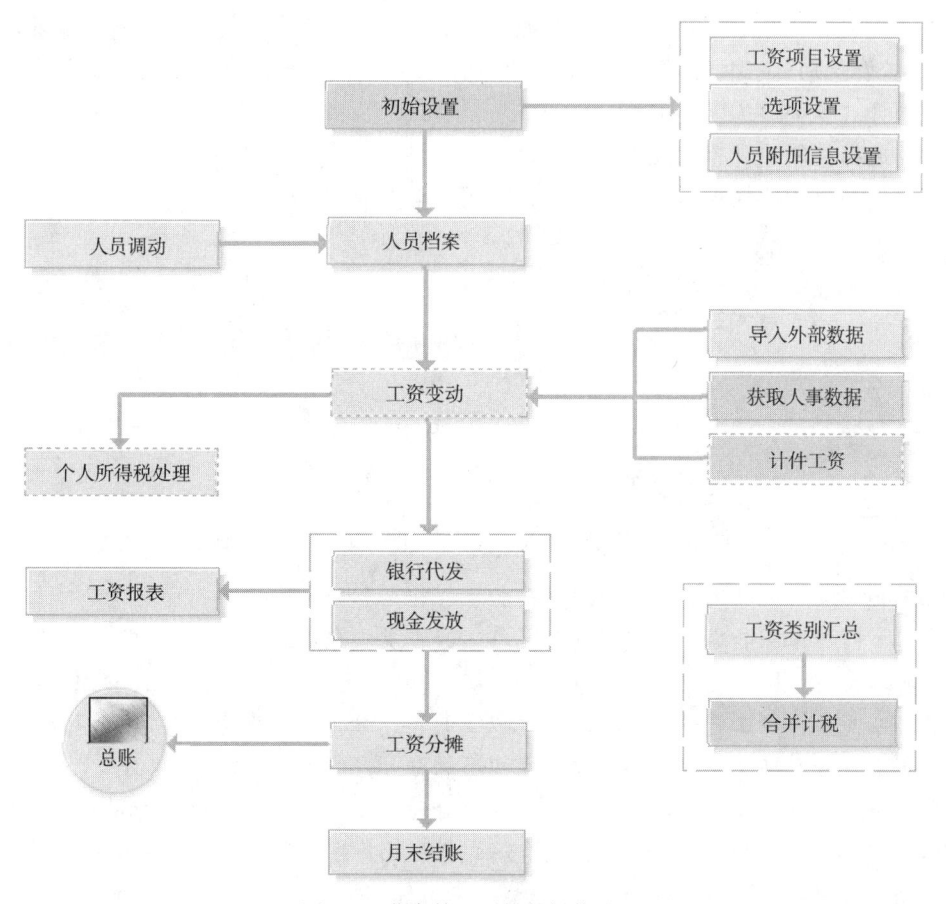

图 7-2　薪资管理系统的操作流程

任务二　初始设置

企业在使用薪资管理系统之前，需要进行初始设置，如部门、人员类别、工资项目、公式、个人工资、个人所得税、银行代发、各种表样的定义等，以建立系统的应用环境。

一、建立工资账套

【实例 7-1】

运行薪资管理系统，必须先建账套。用户可通过系统提供的建账向导，逐步完成建立工资账套的操作。建立工资账套分为四步,即参数设置、扣税设置、扣零设置、人员编码。

操作步骤如下。

(1)启动薪资管理系统,操作员注册完毕后,如选择工资账套(建立账套参见项目四)为首次使用,系统将自动进入建账向导,如图7-3所示。

(2)选择工资账套所需处理的工资类别个数。

工资类别有"单个"和"多个"两类。当核算单位对所有人员实行统一管理时,选择"单个"工资类别;当核算单位每月发放工资的项目不同、计算公式不同,但需统一管理时,则选择"多个"工资类别。

(3)选择核算币种为人民币。

(4)代扣税:选择代扣个人所得税,如图7-4所示。

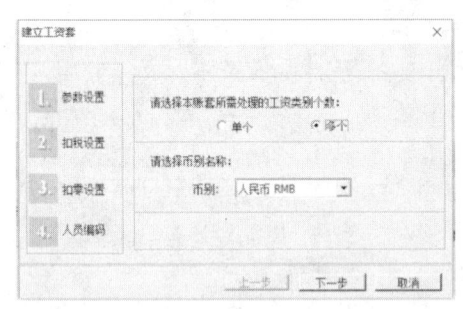

图7-3 建立工资账套——参数设置 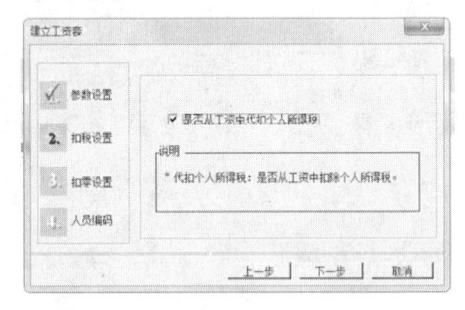　　　　图7-4 建立工资账套——扣税设置

(5)扣零处理:每次发放工资时零头扣下,积累取整,于下次工资发放时补上。系统在计算工资时将依据扣零类型进行扣零计算。扣零类型包括:

①扣零至元,即工资发放时不发10元以下的元、角、分,包括5元、2元、1元。

②扣零至角,即工资发放时不发1元以下的角、分,包括5角、2角、1角。

③扣零至分,即工资发放时不发1角以下的分,包括5分、2分、1分。

用户一旦选择"扣零处理"选项,系统会自动在固定工资项目中增加"本月扣零"和"上月扣零"两个项目。用户不必在计算公式中设置有关扣零处理的计算公式,应发合计中不包括"上月扣零",扣款合计中不包括"本月扣零"。

本例选择扣零至角,如图7-5所示,单击"下一步"按钮。

(6)确定人员编码:本系统要求对员工进行统一编码,人员编码同公共平台的人员编码保持一致,如图7-6所示,设置完毕单击"完成"按钮。

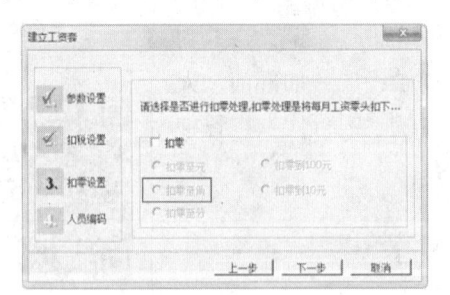

图7-5 建立工资账套——扣零设置 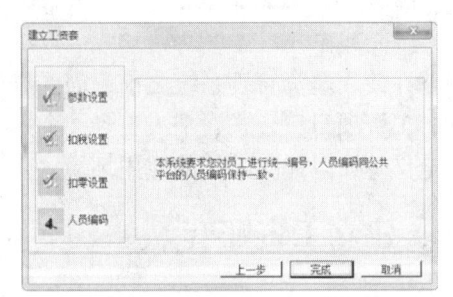　　　　图7-6 建立工资账套——人员编码

二、基础设置

建立账套后，要对整个系统运行所需的一些基础信息进行设置，包括部门档案设置、人员类别设置、人员附加信息设置、工资项目设置、银行档案设置。

其中部门档案、人员类别、银行档案的设置是在企业应用平台的"设置"页签中的"基础档案"中进行设置的。部门档案的设置方法在第四章已有介绍，这里不再赘述，仅对人员类别、银行档案、人员附加信息、工资项目的设置进行介绍。

另外需要特别注意的是，在多工资类别的情况下，在未打开任何工资类别时（或未建立工资类别之前），"工资项目设置"功能是针对所有工资类别所需要使用的全部工资项目进行设置的；在打开某工资类别后，才是针对所打开工资类别进行工资项目的设置。

（一）人员类别设置

进行人员类别设置就是按照某种特定分类方式将企业的人员分为若干类型。不同类型人员的工资水平可能不同，要根据不同的人员类型来进行工资费用的核算，也要根据不同的人员类型进行成本费用的分配、分摊。因此，对人员进行分类有助于实现工资的多级化管理，便于为企业提供不同类别人员的工资信息。

系统一般按树形层次结构对企业的人员进行分类设置和管理，预设了在职人员、离退休人员、离职人员和其他人员四类顶级类别，在此基础上用户可以自定义扩充人员子类别。

【实例 7-2】

将在职人员细分为"管理人员""经理人员""开发人员""经营人员"，操作步骤如下。

（1）在工作列表的"设置"页签中，选择"基础档案"→"机构人员"→"人员类别"菜单命令，打开"人员类别"窗口。

（2）从左侧人员类别目录中选择"正式工"选项，然后单击"增加"按钮，打开"增加档案项"对话框。在对话框中输入档案编码"10102"、档案名称"管理人员"，如图 7-7 所示。

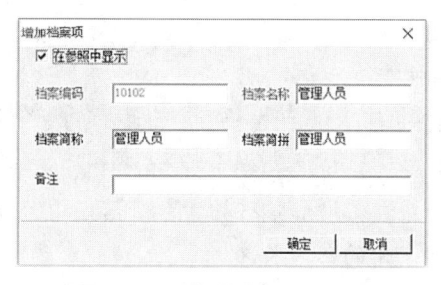

图 7-7 "增加档案项"对话框

（3）单击"确定"按钮，将此记录保存。

（4）在"增加档案项"对话框中继续录入其他人员类别，录入结果如图 7-8 所示。

注意：

- 顶层人员类别由系统预置，不能增加。
- 档案编码不可修改。

- 已使用的人员类别不允许删除。

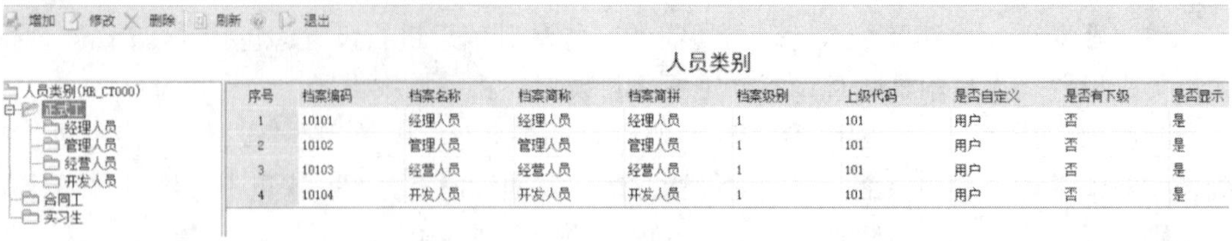

人员类别

序号	档案编码	档案名称	档案简称	档案简拼	档案级别	上级代码	是否自定义	是否有下级	是否显示
1	10101	经理人员	经理人员	经理人员	1	101	用户	否	是
2	10102	管理人员	管理人员	管理人员	1	101	用户	否	是
3	10103	经营人员	经营人员	经营人员	1	101	用户	否	是
4	10104	开发人员	开发人员	开发人员	1	101	用户	否	是

图 7-8 “人员类别”对话框

（二）银行档案设置

当企业采用银行代发形式发放工资时，需要确定银行的名称及账号的长度。代发工资的银行可按需要设置多个。例如，同一工资类别中的人员由于在不同的工作地点工作，需由不同的银行代发工资，或者不同的工资类别由不同的银行代发工资，均需设置相应的银行档案。

【实例 7-3】

进行银行档案的设置，操作步骤如下。

（1）在工作列表的“设置”页签中，选择“基础档案”→“收付结算”→“银行档案”菜单命令，打开“银行档案”窗口，如图 7-9 所示。

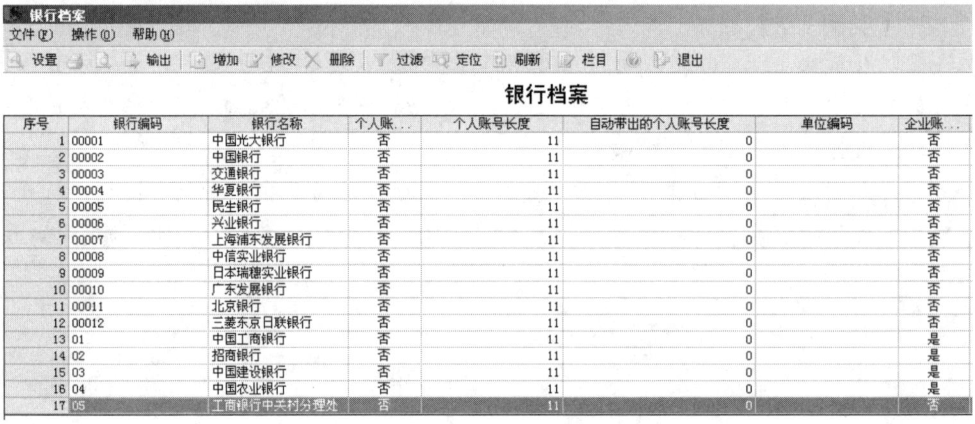

银行档案

序号	银行编码	银行名称	个人账...	个人账号长度	自动带出的个人账号长度	单位编码	企业账...
1	00001	中国光大银行	否	11	0		否
2	00002	中国银行	否	11	0		否
3	00003	交通银行	否	11	0		否
4	00004	华夏银行	否	11	0		否
5	00005	民生银行	否	11	0		否
6	00006	兴业银行	否	11	0		否
7	00007	上海浦东发展银行	否	11	0		否
8	00008	中信实业银行	否	11	0		否
9	00009	日本瑞穗实业银行	否	11	0		否
10	00010	广东发展银行	否	11	0		否
11	00011	北京银行	否	11	0		否
12	00012	三菱东京日联银行	否	11	0		否
13	01	中国工商银行	否	11	0		是
14	02	招商银行	否	11	0		是
15	03	中国建设银行	否	11	0		是
16	04	中国农业银行	否	11	0		是
17	05	工商银行中关村分理处	否	11	0		否

图 7-9 “银行档案”窗口

（2）单击“增加”按钮，在“增加银行档案”对话框中，输入银行名称，确定银行账号长度，定义录入时需自动带出的账号长度。

（3）单击“保存”按钮，将此记录保存。

注意：

- 银行编码不允许修改。
- 对于预置的数据、银行编码和名称不能修改，其他属性可修改。
- 已使用的银行档案不能删除。
- 预置的数据不能删除。

（三）设置人员附加信息

该项设置可增加人员信息，丰富人员档案的内容，便于对人员进行有效的管理。

在"设置"中单击"人员附加信息"设置项，显示附加信息设置界面。

【实例 7-4】

设置年龄、民族、技术职称、职务等人员附加信息，操作步骤如下。

（1）在工作列表的"业务"页签中，在人力资源中的薪资管理系统界面，选择"设置"→"人员附加信息"菜单命令，打开"人员附加信息设置"窗口。

（2）单击"增加"按钮，在"信息名称"文本框中输入人员附加信息项目名称，或从"栏目参照"下拉列表中选择项目，如图 7-10 所示。例如，选择"民族"选项，然后单击"增加"按钮，保存新增内容。同理，增加其他项目。

图 7-10　"人员附加信息设置"对话框

（3）设置完成后，利用列表右侧的上、下箭头调整项目的先后顺序。

（4）单击"删除"按钮，可删除光标所在行的附加信息项目。

（5）单击"确定"按钮，返回薪资管理界面。

注意：

- 已使用的人员附加信息不允许删除，但可以修改。

（四）设置工资项目

设置工资项目，即定义工资项目的名称、类型、宽度。企业可根据需要自由设置工资项目。系统提供了一些固定项目，是工资账套中必不可少的，包括"应发合计""扣款合计""实发合计"。若在建账时设置了"扣零处理"选项，则系统自动在工资项目中生成"本月扣零""上月扣零"两个项目；若选择了"扣税处理"选项，则系统自动生成"代扣税"项目；若选择了"是否核算计件工资"选项，则系统自动在工资项目中生成"计件工资"项目。这些项目不能删除和重命名，其他项目可根据实际情况定义。

在薪资管理系统中，选择"设置"→"工资项目设置"菜单命令，即可进入工资项目设置界面。

【实例7-5】

某企业工资项目中有"基本工资""奖励工资""交补""病假扣款""养老保险金"等项,在建立工资项目时,应进行如下设置(见表7-1):

表7-1　某企业在建立工资项目时的具体设置

项目名称	类　型	长　度	小数位数	工资增减项
基本工资	N	8	2	增项
奖励工资	N	8	2	增项
交补	N	8	2	增项
应发合计	N	10	2	增项
病假扣款	N	8	2	减项
养老保险金	N	8	2	减项
代扣税	N	10	2	减项
扣款合计	N	10	2	增项
实发合计	N	8	2	减项
请假天数	N	2	0	其他

将"基本工资""奖励工资""交补"等加入"应发合计",将"病假扣款""养老保险金""代扣税"等加入"扣款合计"。

操作步骤如下。

(1)选择"设置"→"工资项目设置"菜单命令,即进入"工资项目设置"对话框,工资项目列表中显示系统提供的固定工资项目。

(2)单击"增加"按钮,即可设置工资项目。系统提供若干常用工资项目供参考,可从"名称参照"下拉列表中选择输入。对于系统未提供的工资项目,可以在框内输入。

(3)设置工资项目的类型、长度、小数位数和工资增减项。具体做法是用鼠标双击各栏目,系统会弹出下拉列表或增减按钮供选择,如图7-11所示。

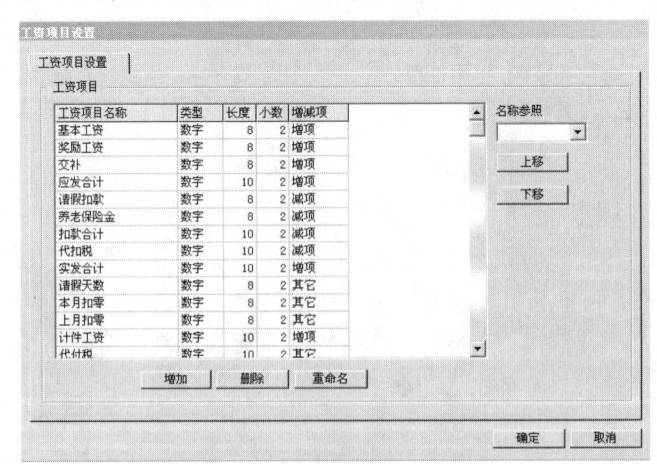

图7-11　"工资项目设置"对话框

（4）单击"上移"或"下移"按钮，调整工资项目的排列顺序。

（5）设置完毕单击"确定"按钮，即可完成工资项目设置。

（6）若单击"取消"按钮，则取消当前操作并返回主界面。

确定工资项目计算属性：如果设为"增项"，则该工资项目自动成为应发合计的组成项目；如果设为"减项"，则该工资项目自动成为扣款合计的组成项目；如果设为"其他"，则该工资项目既不计入应发合计，也不计入扣款合计。

修改、删除工资项目时，将光标放在选项上，单击"重命名"或"删除"按钮。

注意：
- 工资项目名称必须唯一。
- 已使用的工资项目不可删除，不能修改数据类型。
- 系统提供的固定工资项目不能修改、删除。

任务三 薪资管理

薪资管理系统按工资类别进行管理，每个工资类别下有职工花名册、工资变动、工资数据、报税处理、银行代发等项目。有些项目是一次性输入，有些项目是每月录入，有些项目则通过计算公式来实现。

一、设置工资类别

工资类别指在一套工资账中，根据不同情况设置的工资数据类别。如某企业将正式职工和临时职工设为两个工资类别，两个工资类别同时对应一套账务。

（一）建立工资类别

如果在建立工资账套后，在工资类别向导中已建立了工资类别，只需选择"文件"→"打开工资类别"菜单命令即可；否则，需在薪资管理系统主界面选择"文件"→"新建工资类别"菜单命令，输入新建工资类别名称，选择该类别所包含的部门，如图 7-12、图 7-13 所示。

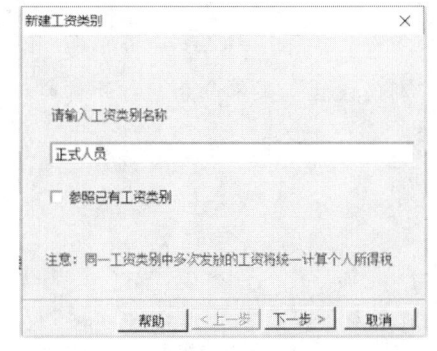

图 7-12 "新建工资类别"对话框　　图 7-13 "薪资管理"对话框

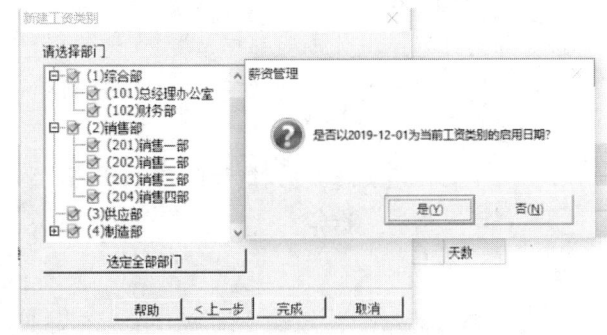

（二）打开、关闭工资类别

在打开工资类别的情况下，"工资类别"菜单下显示"打开工资类别""关闭工资类别"两个选项。选择"关闭工资类别"选项后，"工资类别"菜单下显示"新建工资类别""打开工资类别""删除工资类别"三个选项。

进入"打开工资类别"窗口，选择要打开的工资类别，包含多个发放次数的再选择该类别下的具体发放次数，单击"确定"按钮，如图7-14所示。

进行"关闭工资类别"窗口，则可以关闭正在使用的工资类别及所有正在进行的功能操作。

（三）删除工资类别

在关闭工资类别的情况下，选择"删除工作类别"选项，打开"删除工作类别"对话框，在工资类别列表中单击要删除的工资类别后，单击"确认"按钮。只有主管才有权进行删除工资类别的操作，删除后数据不可恢复。

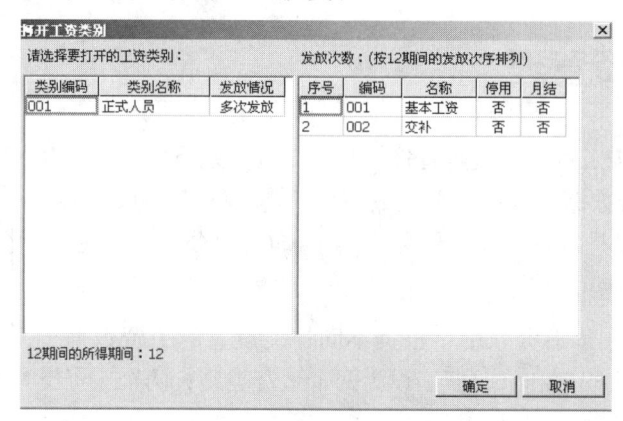

图7-14 "打开工资类别"窗口

二、部门设置

对薪资管理系统当前打开工资类别的对应部门进行设置，以便按部门核算各类人员工资，提供部门核算资料。

【实例7-6】

进行部门设置，操作步骤如下。

（1）在打开工资类别的情况下，选择"设置"→"部门设置"菜单命令，打开"部门设置"对话框。

（2）选中进行工资核算的对应部门，如图7-15所示。

（3）单击"确定"按钮。

注意：

- 企业部门的增加、修改等维护工作是在企业应用平台中进行的，即通过选择"设置"→"基础档案"→"机构人员"→"部门档案"菜单命令进行设置，而此处的部门设置仅仅是为薪资管理系统自身设置的。

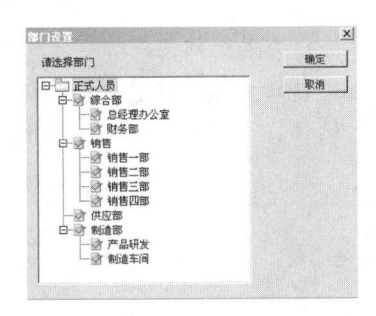

图 7-15 "部门设置"对话框

三、人员档案设置

人员档案设置用于登记工资发放人员的姓名、职工编号、所在部门、人员类别等信息。设置职工个人档案有利于各部门对职工进行有效的管理。

(一) 增加人员

增加人员不是直接在薪资管理系统中新增人员，而是从基础平台设置的人员档案中选人，备选人员为未存在于本工资类别或发放次数中的所有平台人员，有调出标志的人员不能再次选择。

增加人员的方式有两种：一种是逐一增加；另一种是批量增加，即可以按照人员类别一次性将多个人员档案选入。

【实例 7-7】

增加所有人员档案信息。

逐一增加的操作步骤如下。

（1）打开"正式职工"工资类别后，选择"设置"→"人员档案"菜单命令，进入"人员档案"窗口。

（2）单击"增加"按钮，打开"人员档案明细"对话框。

（3）单击"人员姓名"栏的参照按钮，调出"人员选入"窗口，可以对公共档案中已存在的人员进行选择，如图 7-16 所示。

（4）双击要增加的人员记录，可带入人员编号、人员姓名及人员类别信息并返回"人员档案明细"对话框，再进行其他信息的编辑，如图 7-17 所示。

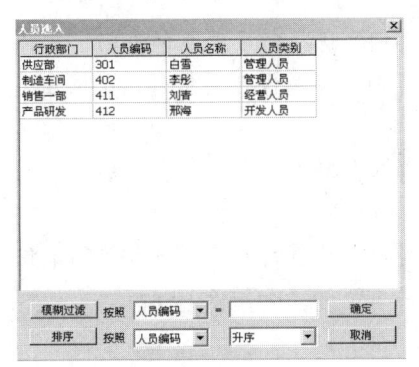

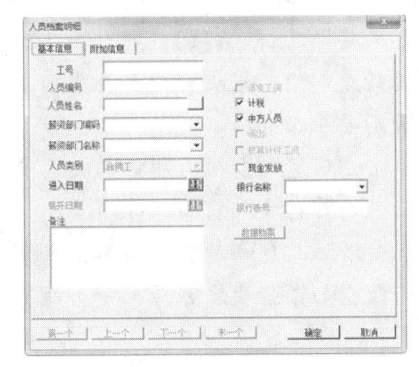

图 7-16 "人员选入"窗口　　图 7-17 "人员档案明细"对话框

（5）核对或选择部门信息，必须为末级部门。若公共档案中人员对应的行政部门为末级部门且在当前工资类别或发放次数对应部门范围中，则系统自动带入，否则要手工选择。

（6）根据需要完成相关内容编辑后，单击"确定"按钮保存人员信息。保存后可继续增加其他人员。

批量增加的操作步骤如下。

（1）打开"正式职工"工资类别后，选择"设置"→"人员档案"菜单命令，进入"人员档案"窗口。

（2）单击"批增"按钮，打开"人员批量增加"对话框。左边栏目中显示所有人员类别，如图7-18所示。

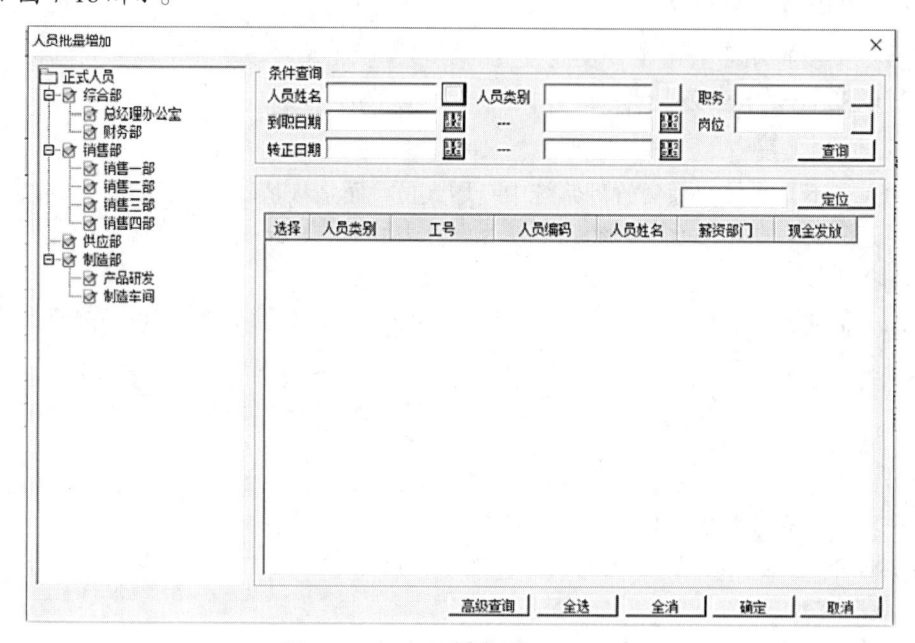

图7-18 "人员批量增加"对话框

（3）在左边栏目中，单击所需要人员类别的"选择"栏，显示"是"的表示选中，右边栏目中会显示该人员类别下不存在当前工资类别或发放次数中的人员。

（4）右边栏目中，人员的"选择"栏全部默认为选中状态，在不需要增加人员的对应"选择"栏双击，可取消选中状态。

（5）如果要修改薪资部门，则双击"薪资部门"选择对应人员的部门。若公共档案中人员对应的行政部门为末级部门且在当前工资类别或发放次数对应部门范围中，则系统自动带入，否则要手工选择。

（6）单击"确定"按钮，即将本次选中人员批量增加为当前工资类别或发放次数中的人员，返回"人员档案"窗口。

（7）批量增加人员档案后还要再根据情况对每个人员的薪资管理相关基本信息、附加信息进行修改，如银行代发账号、是否核算计件工资等，如图7-19所示。

选择	薪资部门名称	工号	人员编号	人员姓名	人员类别	账号	中方人员	是否计税	工资停发	核算计件工资	现金发放	进
	总经理办公室		101	肖剑	经理人员		是	是	否	否	否	
	财务部		102	陈明	经理人员		是	是	否	否	否	
	财务部		103	王晶	管理人员		是	是	否	否	否	
	财务部		104	马方	管理人员		是	是	否	否	否	
	销售一部		201	赵斌	经理人员		是	是	否	否	否	
	销售二部		202	宋佳	经营人员		是	是	否	否	否	
	销售三部		203	孙健	经营人员		是	是	否	否	否	
	销售四部		204	王华	经营人员		是	是	否	否	否	
	供应部		301	白雪	经理人员		是	是	否	否	否	
	产品研发		401	周月	经理人员		是	是	否	否	否	
	制造车间		402	李彤	经理人员		是	是	否	否	否	

图 7-19　"人员档案"窗口

（二）修改人员档案

选择要修改的人员记录，单击"修改"按钮，可对人员档案进行修改，同时，可单击"第一人""上一人""下一人""末一人"按钮，修改其他人员信息。

（1）人员调出与停发工资。

在修改状态下，"停发工资""调出"两项成为可编辑状态，如图 7-20 所示。当某人调出、退休或离休后，在人员档案中，可打上"调出"或"工资停发"标志。对于有调出标志的人员，所有档案信息不可修改，其编号不可以再次使用。调出人员可在当月月末结算前取消调出标志。有工资停发标志的人员不再进行工资发放，但保留人员档案，以后可恢复发放。标志为"停发工资"或"调出"的人员，将不再参与工资的发放和汇总。

（2）数据档案。

如果需要在此直接输入职工工资，可选择"数据档案"选项，进入"工资数据录入一页编辑"界面，如图 7-21 所示。在页编辑状态下，窗口中显示每个职工的所有基本数据。双击要录入或修改的工资项目数据，输入相关内容，完成修改后单击"保存"按钮保存此次修改。

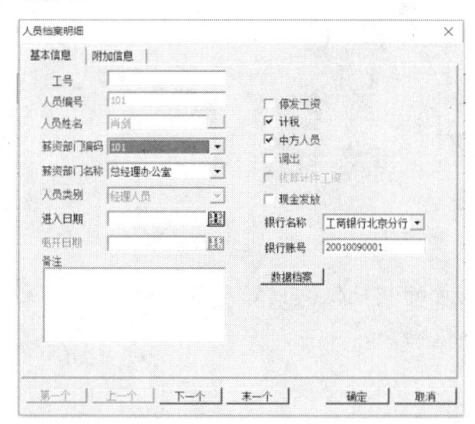

图 7-20　"人员档案明细"对话框　　图 7-21　"工资数据录入一页编辑"界面

（三）删除人员档案

在没有做工资变动的情况下，也就是尚未录入人员的工资数据时，可单击"删除"按钮，删除光标所在行的人员。

注意：
- 删除人员的所有档案信息，不能再恢复。

（四）导入、导出人员档案

此项功能可导入一套以".txt"文件格式保存的人员档案信息，减少录入工作量；也可将本账套的人员信息以".txt"文本格式导出，既可以保存人员档案信息，防止遭到破坏时数据丢失，又可以为其他账套提供档案资源。

注意：

- 仅能导入本账套公共平台人员档案中已存在的人员信息。

（五）数据替换

当一批人员的某个工资项目同时需要修改时，可利用数据替换功能，即将符合条件人员的某个工资项目统一替换更改为某个数据，以提高人员信息的修改速度，如修改一批人员技术职称的变更等。单击"替换"按钮，即进入本功能。

【实例7-8】

将销售部宋佳的技术职称替换为"高级工程师"，操作步骤如下。

（1）在"将项目"栏内选择要替换项目的名称"技术职称"。

（2）在"替换为"栏内输入替换内容"高级工程师"。

（3）输入替换条件。单击最左边的选择框可进行"且""或"的选择。"且"的含义是同时满足，"或"表示只要满足其中一个条件即可。选择"部门"="销售一部"，"人员姓名"="宋佳"，如图7-22所示。

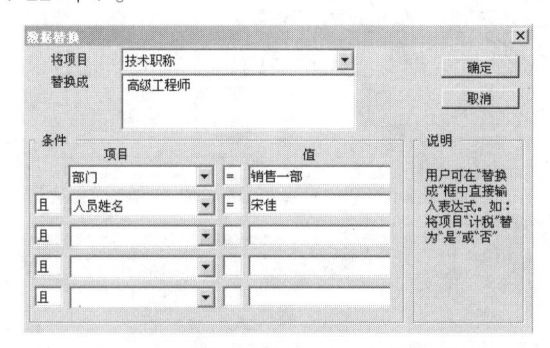

图7-22 "数据替换"对话框

（4）若单击"确定"按钮，系统将符合条件人员的相应信息内容替换。

（5）若单击"取消"按钮，将取消当前操作并返回。

（六）数据筛选

数据筛选，即按照某个项目的某个数据的值（可等于或不等于）进行数据处理。

【实例7-9】

查询"部门"="总经理办公室"且"人员类别"="管理人员"的员工，操作步骤如下。

（1）在"人员档案"窗口中，单击"筛选"按钮，打开"数据筛选"对话框。

（2）输入筛选条件，从"项目"栏中选择"部门"选项；在关系运算输入栏中输入

"=";从"值"栏目中选择"办公室"选项。在第二行逻辑运算栏中输入"且";继续在"项目"栏中选择"人员类别"选项;在关系运算输入栏中输入"=";从"值"栏目中选择"管理人员"选项。如图 7-23 所示。

图 7-23 "数据筛选"对话框

(3)单击"确定"按钮,系统将符合条件的数据筛选出来。

(七)定位查询

定位查询可按人员、部门两种方式进行。

【实例 7-10】

进行定位查询,操作步骤如下。

(1)在"人员档案"窗口中,单击"定位"按钮,打开"部门/人员定位"对话框,如图 7-24 所示。

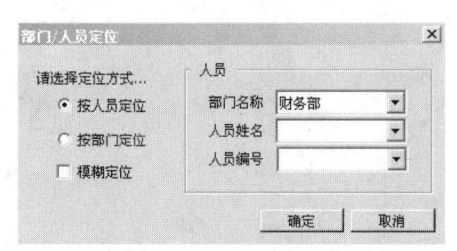

图 7-24 "部门/人员定位"对话框

(2)如果选择按人员定位查询,需要首先选择人员所在部门名称,然后从该部门所有人员中选择查询对象姓名或编码,系统根据指定条件定位到符合条件的记录上。

(3)如果按部门定位查询,首先选择部门编号,系统自动带出部门名称,或选择部门名称由系统自动带出部门编号,选择查询对象的人员类别,系统根据指定条件定位到符合条件的记录上。

(4)当所要定位的人员有不确定条件时,可以选择模糊定位方式查询。如要查询单位所有姓王的员工,可以选择按"人员定位+模糊定位"的方式查询,在"人员姓名"栏输入"王",系统自动定位到第一位符合条件的员工记录上。

注意:

- 在使用模糊查询时,系统默认对档案内容从左到右匹配。

四、设置计算公式

(一) 工资类别、工资项目选择

在打开工资类别之前,基础设置中已建立了本单位各工资类别所需要的全部工资项目。由于不同的工资类别、工资发放项目不尽相同,计算公式也不相同,因此在进入某个工资类别后,应选择本类别所需要的工资项目,再设置工资项目间的计算公式。

【实例 7-11】

在"正式职工"工资类别选择所有工资项目,操作步骤如下。

(1) 在薪资管理系统中,选择"正式职工"→"工资发放次数"菜单命令。

(2) 选择"设置"→"工资项目设置"菜单命令,打开"工资项目设置"对话框。

(3) 选择"工资项目设置"→"增加"菜单命令,在工资项目列表末增加一空行。

(4) 从"名称参照"下拉列表中选择需要增加进来的工资项目,选择的项目增加到空行中,如图 7-25 所示。增加某个工资类别下的工资项目时,只能从系统提供的名称参照中进行选择,且不能修改工资项目的任何属性。名称参照中列出了事先建立的所有工资类别的工资项目。

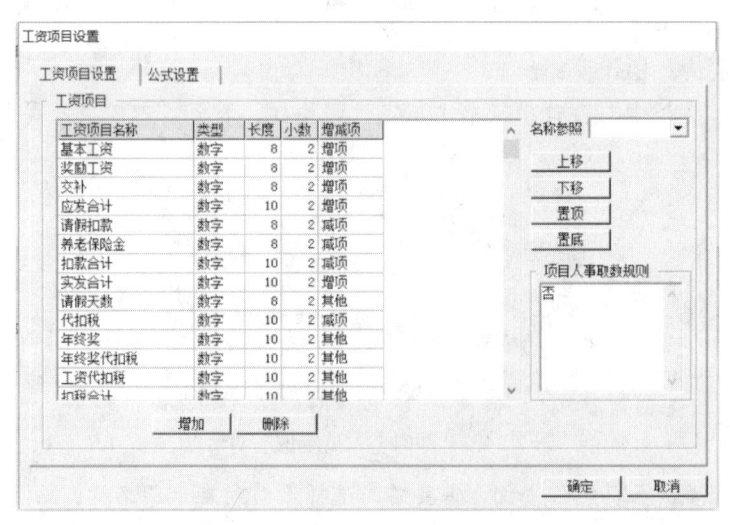

图 7-25 "工资项目设置"对话框

注意:

- 如果所需要的工资项目不存在,则要关闭本工资类别,然后新增工资项目,再打开此工资类别进行选择。

(二) 设置计算公式

设置计算公式即定义工资项目之间的运算关系。计算公式设置的正确与否关系到工资核算的最终结果。定义公式可通过选择工资项目、运算符、关系符、函数等组合完成。

【实例 7-12】

定义公式"请假扣款=请假天数*50",操作步骤如下。

（1）在"工资项目设置"对话框中，单击"公式设置"页签。进入公式设置页签后，对"应发合计""扣款合计""实发合计"这几项系统固定的工资项目，系统根据工资项目中设置的"增减项"自动给出计算公式。用户可以增加、修改、删除其他工资项目的计算公式。

（2）单击"增加"按钮，从工资项目下拉列表中选择"请假扣款"选项。

（3）单击公式定义区，出现编辑光标，选择工资项目"请假天数"，在公式定义区继续输入"50"，在运算符区域单击"*"，如图7-26所示。

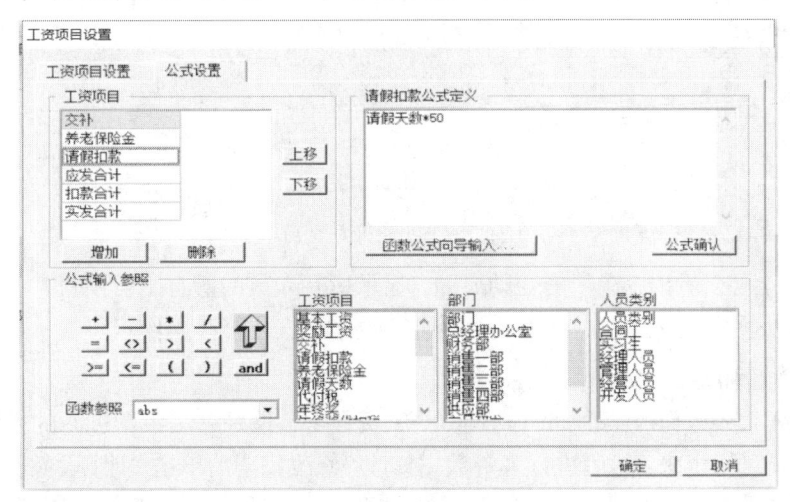

图7-26 计算公式定义

（4）公式定义完成后，单击"公式确认"按钮，系统将对公式进行逻辑合法性检查，对不符合逻辑的公式系统将给出错误提示。

（5）可通过单击工资项目框旁的"上移""下移"按钮调整计算公式顺序。

五、工资变动管理

在第一次使用薪资管理系统时，必须将所有人员的工资数据录入计算机，平时如果每月发生工资变动也在此进行操作。

【实例7-13】

公司月初人员工资情况如表7-2所示。

表7-2 月初人员工资情况　　　　　　　　　　　　　　　　　　　　单位：元

姓　名	基本工资	奖　金
肖剑	8 000	800
陈明	7 000	700
王晶	6 000	600
马方	5 500	550

操作步骤如下。

在薪资管理系统中，选择"业务处理"→"工资变动"菜单命令，进入"工资变动"窗口，即可对所有人员的工资数据进行录入、修改操作，如图7-27所示。

选择	工号	人员编号	姓名	部门	人员类别	基本工资	奖励工资	交补	应发合计	请假扣款	养老保险金	扣款合计	实发合计	请假天数
		101	肖剑	总经理办公室	经理人员	8,000.00	800.00	200.00	9,000.00		704.00	1,108.20	7,891.80	
		102	陈明	财务部	经理人员	7,000.00	700.00	200.00	7,900.00		616.00	889.40	7,010.60	
		103	王晶	财务部	管理人员	6,000.00	600.00	100.00	6,700.00		528.00	690.20	6,009.80	
		104	马方	财务部	管理人员	5,500.00	550.00	100.00	6,150.00		484.00	595.60	5,554.40	
		201	赵斌	销售一部	经理人员	6,000.00	600.00	200.00	6,800.00		528.00	700.20	6,099.80	
		202	宋佳	销售二部	经营人员	5,000.00	500.00	200.00	5,700.00		440.00	511.00	5,189.00	
		203	孙健	销售三部	经理人员	7,000.00	700.00	200.00	7,900.00		616.00	889.40	7,010.60	
		204	王华	销售四部	经营人员	6,000.00	600.00	200.00	6,800.00		528.00	700.20	6,099.80	
		301	白雪	供应部	经理人员	7,000.00	700.00	200.00	7,900.00		616.00	889.40	7,010.60	
		401	周月	产品研发	经理人员	7,500.00	750.00	200.00	8,450.00		660.00	984.00	7,466.00	
		402	李彤	制造车间	经理人员	7,000.00	700.00	200.00	7,850.00		612.00	880.80	6,969.20	
合计						72,000.00	7,150.00	2,000.00	81,150.00	0.00	6,332.00	8,838.40	72,311.60	0.00

图7-27 "工资变动"窗口

从图7-27可以看出，在工资变动界面，显示所有人员的所有工资项目，可以直接录入数据，也可以通过以下方法快速、准确地进行数据录入或修改操作。

（一）筛选和定位

如果需要录入或修改某个部门或人员的工资数据，最好采用数据过滤的方法，先将所要修改的人员过滤出来，然后进行工资数据修改。修改完毕后单击"计算"按钮和"汇总"按钮，这样可以大大提高计算速度。过滤操作可单击"筛选"按钮或"定位"按钮完成。

（二）页编辑

在工资变动界面提供了"编辑"按钮，可以对选定的个人的工资数据进行快速录入。单击"上一人""下一人"按钮可变更人员，以录入或修改其他人员的工资数据。

（三）替换

将符合条件的人员的某个工资项目的数据，统一替换成某个数据。

【实例7-14】

本月给企业管理人员的奖励工资增加100元，进行替换设置，如图7-28所示。

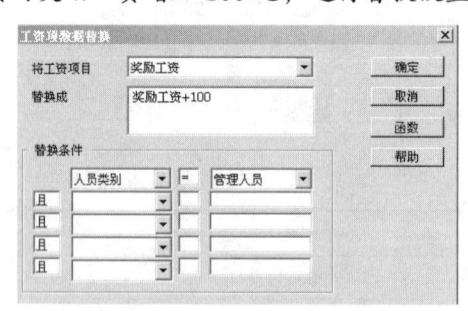

图7-28 "工资项数据替换"对话框

（四）过滤器

如果只输入或修改工资项目中的某一项或几项，可将要修改的项目过滤出来，便于修改。

【实例 7-15】

对"请假天数""奖励工资"两个项目进行修改,操作步骤如下。

(1)在"工资变动"窗口,选择"过滤器"下拉列表中的"过滤设置"选项,打开"项目过滤"对话框。

(2)将"请假天数""奖励工资"两个项目从"工资项目"列表中选到"已选项目"列表中,如图 7-29 所示。

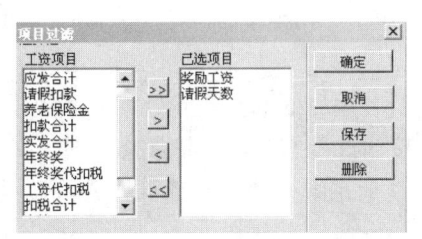

图 7-29 "项目过滤"对话框

(3)确认后,则工资变动界面只显示"请假天数""奖励工资"两个工资项目。

(五)定位器

在工资变动界面,首先单击"定位器"按钮前的复选框启用定位器,然后单击某一列,在文本框中显示选中的对应列名称。例如,单击"基本工资"列,定位器文本框中显示"基本工资"。用户在定位器文本框中录入数据如"2 000"后,按 Enter 键,系统根据用户在定位器文本框中录入的数据,在选定的列中进行查询,并将光标定位于满足条件的第一条记录上。

注意:

● 定位器必须完全匹配,不支持模糊查询功能。

(六)计算汇总

在修改了某些数据、重新设置了计算公式、进行了数据替换或在个人所得税中执行了自动扣税等操作后,必须调用"计算"和"汇总"功能对个人工资数据进行重新计算,以保证数据正确。通常实发合计、应发合计、扣款合计在修改完工资项目数据后不自动计算合计项。如要检查合计项是否正确,需要先重算工资;如果不执行重算工资操作,在退出工资变动时,系统会自动提示重新计算。

在工资变动界面,单击鼠标右键,从中选择"动态计算"选项打上"√",则在工资数据项目发生变动后,系统自动计算。

(七)排序

为便于用户录入和查询工资数据,系统提供了排序功能。在工资变动界面,单击鼠标右键,从快捷菜单中选择"排序"选项,可以选择按人员编号、人员姓名或部门排序。如果需要按某个工资项目数据排序,只需将光标定位在该列中,然后单击鼠标右键,选择"排序"→"选择列"→"升序(降序)"菜单命令即可。

六、个人所得税计算与申报

个人所得税是根据《中华人民共和国个人所得税法》对个人所得征收的一种税。手工情况下,每月月末财务部门都要对超过扣除金额的部分进行纳税申报。本系统提供个人所得税自动计算功能,这里的个人所得税计税与申报实际上只是一个查询功能,所有的计算都由计算机代替,提高了工作效率。但是,本系统仅核算工资、薪金所得应缴纳的个人所得税。

操作步骤如下。

(1)在"选项"菜单中,单击"扣税设置"按钮,显示"扣税设置"对话框,如图7-30所示。

(2)在栏目选择中,进行各项目的选择。此处默认系统设置,不做修改。

(3)单击"税率设置"按钮进行修改。把基数修改成5 000元,把税率表修改成2019年七级累进税率表,修改确认后系统自动重新计算,并将此设置保存到下次修改确认前,如图7-31所示。

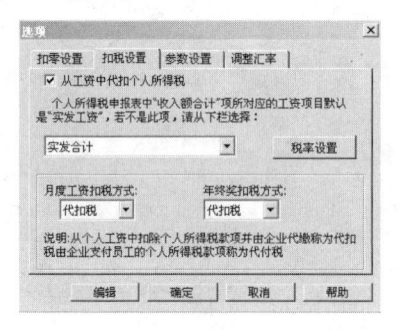

图7-30 "扣税设置"对话框

图7-31 税率表定义

(4)单击"确定"按钮,查看个人所得税扣缴情况,如图7-32所示。

系统扣缴个人所得税年度申报表
2019年12月--2019年12月

姓名	证件号码	所得项目	所属期间	所属期间	收入额	减费用额	应纳税所…	税率	速算扣除数	应纳税额	已扣缴税款
肖剑		工资	20190101	20191231			3296.00	10	105.00	224.60	224.60
陈明		工资	20190101	20191231			2284.00	10	105.00	123.40	123.40
王晶		工资	20190101	20191231			1172.00	3	0.00	35.16	35.16
马方		工资	20190101	20191231			666.00	3	0.00	19.98	19.98
赵斌		工资	20190101	20191231			1272.00	3	0.00	38.16	38.16
宋佳		工资	20190101	20191231			260.00	3	0.00	7.80	7.80
孙健		工资	20190101	20191231			2284.00	10	105.00	123.40	123.40
王华		工资	20190101	20191231			1272.00	3	0.00	38.16	38.16
白雪		工资	20190101	20191231			2284.00	10	105.00	123.40	123.40
周月		工资	20190101	20191231			2790.00	10	105.00	174.00	174.00
李彤		工资	20190101	20191231			2238.00	10	105.00	118.80	118.80
合计							19818.00		630.00	1026.86	1026.86

图7-32 个人所得税申报表

七、银行代发

银行代发日常业务处理,指每月月末单位应向银行提供银行给定的文件格式软盘。这样做既减少了财务部门发放工资的工作量,又有效地避免了因财务人员去银行提取大笔款项而带来的风险,同时还提高了对员工个人工资的保密程度。

在系统主界面单击"业务处理"菜单下的"银行代发"按钮,即进入该功能界面。

(一)银行代发文件格式设置

银行代发文件格式设置是指根据银行的要求,设置所提供数据中所包含的项目,以及项目的数据类型、长度和取值范围等。

【实例 7-16】

代发工商银行中关村分理处要求提交的数据盘中包括的数据内容和顺序为:单位代号(10 位)、姓名(8 位)、账号(11 位)、人员发放金额(12 位)、日期。有标志行在首行,标志行包括:单位银行账号、银行代发金额合计数、代发工资人数。

银行文件格式设置,如表 7-3 所示。

表 7-3 银行文件格式设置一览表

栏目名称	数据类型	总长度	小数长度	数据内容
单位编号	字符型	10		1234934325
人员编号	字符型	10		人员编号
姓名	字符型	8		姓名
账号	字符型	11		银行账号
金额	数值型	10	2	实发工资
录入日期	字符型	8		20191231

标志行格式设置:198000111、金额合计、总人数。

操作步骤如下。

(1)当进入银行代发功能后,第一次进入时系统自动显示格式设计,单击"格式"图标按钮,或单击右键快捷菜单中的"文件格式设置"按钮,即可进入代发文件设置功能设置银行文件格式。

(2)选择代发工资的银行"工商银行中关村分理处"。输入栏目名称,选择数据类型,输入总长度、小数长度,输入数据内容或双击空白处,出现参照录入等。

(3)在人员编号下面插入一行,输入姓名,依次确定数据类型、总长度和数据来源等。插入新的银行代发项目字段时,系统提供字段类型和数据来源的参照,双击它们系统会出现参照按钮,如图 7-33 所示。

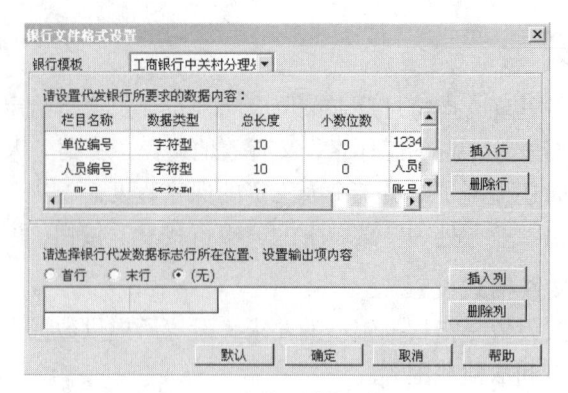

图 7-33 银行文件格式设置

（4）选择有标志行在首行或末行输出。

（5）单击"插入列"按钮，则在标志行设置栏的当前列后插入一空白列。

（6）单击"确定"按钮，系统将设置进行保存，并生成银行代发一览表，如图 7-34 所示。

图 7-34 银行代发一览表

单位编号	人员编号	账号	金额	录入日期
1234934325	101	20010090001	8071.40	20200114
1234934325	102	20010090002	7160.60	20200114
1234934325	103	20010090003	6136.84	20200114
1234934325	104	20010090004	5646.02	20200114
1234934325	201	20010090005	6233.84	20200114
1234934325	202	20010090006	5252.20	20200114
1234934325	203	20010090007	7160.60	20200114
1234934325	204	20010090008	6233.84	20200114
1234934325	301	20010090009	7160.60	20200114
1234934325	401	20010090010	7616.00	20200114
1234934325	402	20010090011	7119.20	20200114
合计			73,791.14	

名称：工商银行北京分行中关村分理处

若输入的字段类型与数据内容不匹配，系统将给出提示"数据类型不符，转换吗？"。若单击"是"按钮，则系统自动将字段类型转换成与数据内容相符的格式；若单击"否"按钮，则需回到设置操作进行修改。

如果输入的数据内容不是工资项目，则系统自动将输入的内容作为该栏目的数据。上例中，单位编号"1234934325"和录入日期"20191231"等不是工资项目，而是直接输入的内容。

（二）银行代发磁盘输出格式设置

根据银行的要求，对向银行提供的数据进行设置，我们应清楚数据以何种文件形式存放在磁盘中，以及在文件中各数据项目是如何存放和区分的。

操作步骤如下。

（1）当进入银行代发功能时，单击"文件方式设置"图标按钮，或单击右键快捷菜单中的"文件输出方式设置"按钮，即可进入银行代发磁盘文件设置功能，如图 7-35 所示。

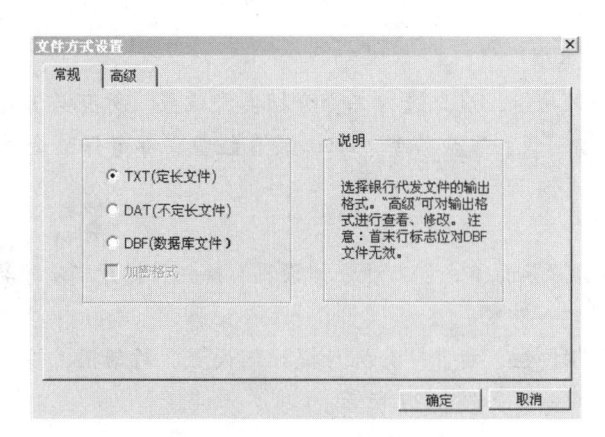

图 7-35 "文件方式设置"对话框

（2）按银行规定在"常规"页签中选择文件类型。

（3）单击"高级"页签，可对磁盘文件的格式进行进一步设置。TXT 文件是固定宽度的文本文件。选择 DAT 文件时，只有"字符型补位符"选项被选中，"银行账号补位方向"才允许被选择，否则该选项为不可用状态。选择 DBF 文件时，所有设置均不可修改。"银行账号补位方向"有"左补位"和"右补位"两种选择。如果选择"左补位"选项，则银行账号自动补位的方向在左侧；如果选择"右补位"选项，则自动补位方向在右侧。系统默认的银行账号补位方向为"左补位"。

（4）单击"确定"按钮，则系统生成磁盘文件的格式设置，返回代发主界面。

（三）磁盘输出

磁盘输出即按用户已设置好的格式和设定的文件名将数据输出到指定的磁盘。

在银行代发界面，单击"传输"按钮，或单击右键快捷菜单中的"磁盘输出"按钮，输入文件名称、选择磁盘和选择存储路径后，单击"保存"按钮即可。

八、工资分摊

将磁盘报送银行后，一个月的工资发放工作基本完成了，但是工资是费用中最主要的部分，还需进行工资总额的计提计算、工资费用的分配及各种经费的计提，并编制转账会计凭证，供登账处理用。

每月月末企业要对各部门、各类人员的工资等费用进行分配核算，通过本系统可以设置各项费用计提基数，计提应付福利费、工会经费、职工教育经费等，并对各部门人员的工资进行工资费用和其他费用的分配，编制会计分录。

为了方便采用多种工资类别的企业进行管理，系统提供了汇总工资类别功能，统计所有工资类别本月发放工资的合计数。

【实例 7-17】

工资分摊基数为应付工资总额，即基本工资与奖金之和。以此为计提基数，应付福利费计提 14%、工会经费计提 2%、职工教育经费计提 2.5%、养老保险金计提 15%。

1. 设置工资分摊类型

首次使用工资分摊功能，应先进行工资分摊类型设置。所有与工资相关的费用及基金（如应付工资、应付福利费、工会经费、职工教育经费、养老保险金等）均需建立相应的分摊类型名称及分摊比例。

操作步骤如下。

（1）在"工资分摊"界面单击"工资分摊设置"按钮，打开"分摊类型设置"对话框，如图7-36所示。

（2）单击"增加"按钮，打开"分摊计提比例设置"对话框，输入新的工资分摊计提类型名称和分摊计提比例，如图7-37所示。

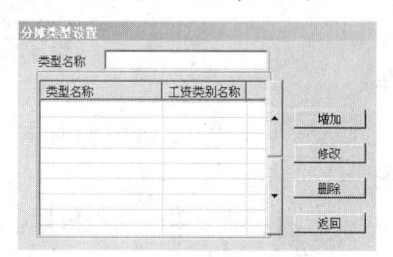

图7-36 "分摊类型设置"对话框 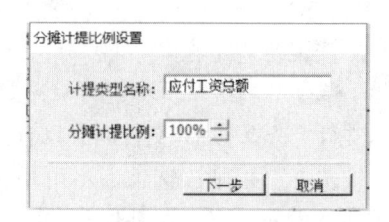　　　　图7-37 "分摊计提比例"设置对话框

（3）单击"下一步"按钮，打开"分摊构成设置"对话框，输入分摊构成设置，所有项目均可参照输入，如图7-38所示。

图7-38 "分摊构成设置"对话框

（4）单击"完成"按钮，返回"分摊类型设置"对话框，完成一个分摊类型设置。在此对话框中，单击"修改"或"删除"按钮，可对一个分摊类型进行修改或删除。设置完所有分摊类型，单击"返回"按钮，返回"工资分摊"界面。

2. 生成转账凭证

工资分配及费用分摊的结果最后通过转账凭证的形式传递到总账，操作步骤如下。

（1）在"工资分摊"界面，选择"计提费用类型"选项，如"应付工资总额"；选择"核算部门"选项，如"综合部""销售部"；输入"计提会计月份"，如"2019—12"；选择"计提分配方式"，如分配到部门。如图7-39所示。单击"确定"按钮，选择进行工资费用分摊，显示"应付工资总额一览表"，如图7-40所示。

图 7-39 "工资分摊"界面 　　　图 7-40 应付工资总额一览表

（2）在"类型"下拉列表框中选择不同的分摊类型，系统按选择类型显示相应的一览表。

（3）单击"制单"按钮，生成工资费用分配凭证。

（4）在"凭证"界面选择"凭证字"选项，确认"凭证日期"，单击"保存"按钮，将此张凭证传递到总账系统；如单击"批制"按钮，可一次将所有参与此次分摊的"分摊类型"的对应凭证全部生成。图7-41所示为生成的转账凭证。

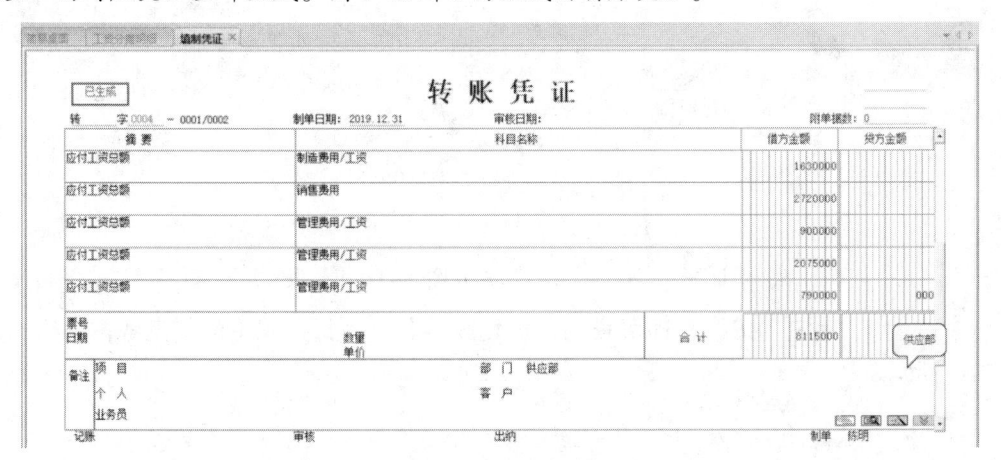

图 7-41 生成转账凭证

九、月末处理

月末结账工作是将当月数据经过处理后结转下月。每月工资数据处理完毕后均需进行月末结转。

结账时，应进行清零处理。这是由于在工资项目中，有的项目是变动的，即每月的数据不相同，在每月进行工资处理时，均需将其数据清为零，然后输入当月的数据，此类项目即清零项目。

结账后，本月工资明细表为不可修改状态，同时自动生成下月工资明细账，新增或删除人员将不会对本月数据产生影响。

操作步骤如下。

（1）在薪资管理系统中，选择"业务处理"→"月末处理"菜单命令，打开"月末处理"对话框。

（2）单击"确定"按钮，进入月末处理。

（3）单击"是"按钮，进入"是否选择清零项"提示框。

（4）在"是否选择清零项"提示框中，单击"是"按钮。

（5）系统提示"月末处理完毕"，单击"确定"按钮。

十、工资数据统计分析

系统提供了多种形式的报表来反映工资核算的结果，以使企业充分了解工资的构成和工资变动的情况，为企业提供及时、准确、有用的工资信息。

（一）工资发放签名表

操作步骤如下。

（1）在薪资管理系统中，选择"统计分析"→"账表"→"工资表"菜单命令，打开"工资表"对话框，如图7-42所示。

（2）选择要查看的表，单击"查看"按钮，在弹出的对话框中输入查询条件，即可得到相应的查询结果。如在工资表中选择"工资发放签名表"选项，如图7-43所示。

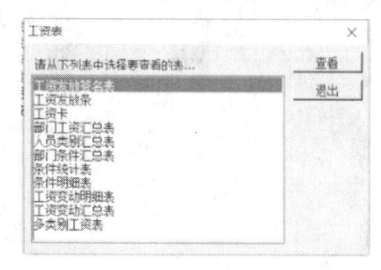

图7-42　"工资表"对话框　　　　图7-43　工资发放选择部门

（3）单击"确定"按钮，即可查询工资发放签名表，每个职工的信息各占一行，如图7-44所示。

图7-44　工资发放签名表

（二）工资分析表

操作步骤如下。

（1）在薪资管理系统中，选择"统计分析"→"工资分析表"菜单命令，打开"工资分析表"对话框,如图 7-45 所示。

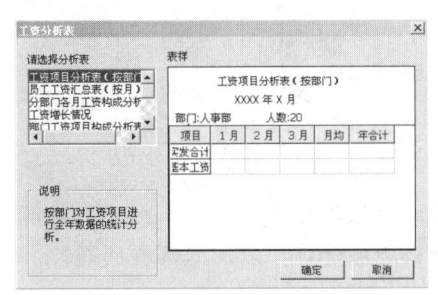

图 7-45 "工资分析表"对话框

(2)选择相应的分析表,单击"确定"按钮,输入条件,再单击"确定"按钮,即可进入相应的界面,如图 7-46 所示。

部门工资项目构成分析表
2019 年度 1 月 — 12 月

部门	人数	基本工资	奖励工资	交补	应发合计	请假扣款	养老保险金	扣款合计	实发合计	请假天数	代扣税
综合部	4	26,500.00	2,650.00	600.00	29,750.00		2,332.00	2,735.14	27,014.86		403.14
总经理办	1	8,000.00	800.00	200.00	9,000.00		704.00	928.60	8,071.40		224.60
财务部	3	18,500.00	1,850.00	400.00	20,750.00		1,628.00	1,806.54	18,943.46		178.54
销售部	4	24,000.00	2,400.00	800.00	27,200.00		2,112.00	2,319.52	24,880.48		207.52
销售一部	1	6,000.00	600.00	200.00	6,800.00		528.00	566.16	6,233.84		38.16
销售二部	1	5,000.00	500.00	200.00	5,700.00		440.00	447.80	5,252.20		7.80
销售三部	1	7,000.00	700.00	200.00	7,900.00		616.00	739.40	7,160.60		123.40
销售四部	1	6,000.00	600.00	200.00	6,800.00		528.00	566.16	6,233.84		38.16
供应部	1	7,000.00	700.00	200.00	7,900.00		616.00	739.40	7,160.60		123.40
制造部	2	14,500.00	1,400.00	400.00	16,300.00		1,272.00	1,564.80	14,735.20		292.80
产品研发	1	7,500.00	750.00	200.00	8,450.00		660.00	834.00	7,616.00		174.00
制造车间	1	7,000.00	650.00	200.00	7,850.00		612.00	730.80	7,119.20		118.80
合计	11	72,000.00	7,150.00	2,000.00	81,150.00		6,332.00	7,358.86	73,791.14		1,026.86

图 7-46 部门工资项目构成分析表

本项目小结

用友会计软件中的薪资管理系统适用于企业、行政、事业及科研单位,可为多工资账套核算、每月多次发放工资、月末统一核算等不同工资核算类型的企业提供解决方案。该系统不仅具有工资核算和发放功能,还具备了强大的工资分析和管理功能。用户可自行设置工资项目和计算公式,以便进行工资数据的录入、计算汇总。薪资管理系统的主要功能包括工资计算、工资发放、工资费用分摊、工资统计、分析和个人所得税核算等。

由于工资核算是财务核算的一部分,薪资管理系统和总账系统间主要是凭证传递的关系,薪资管理系统根据用途计提分配工资费用,生成转账凭证传递给总账系统。

本章重点介绍了薪资管理系统的工资账套建立、初始化设置、薪资管理全过程,以及与总账系统之间的数据结转,以使初学者能够熟练应用本系统处理工资业务。

关键概念

固定项目 银行代发 工资类别 扣零处理

课堂讨论题

（1）银行代发文件格式中的 TXT、DAT、DBF 三种文件有什么不同？

（2）试说明薪资管理系统的功能。

复习思考题

（1）如何定义工资项目计算公式？

（2）系统提供了哪些快速修改工资数据的方法？分别如何使用？

（3）工资费用分摊按什么顺序进行？应注意哪些问题？

实训操作题

实验目的：

（1）掌握用友 U8V10.1 财务软件中有关工资管理相关内容。

（2）掌握工资系统初始化、日常业务处理、工资分摊及月末处理的操作。

实验内容：

（1）工资系统初始设置。

（2）工资系统日常业务处理。

（3）工资分摊及月末处理。

（4）工资系统数据查询。

实验资料：

1. 建立工资账套

工资类别个数：多个；核算币种：人民币（RMB）；要求代扣个人所得税；不进行扣零处理；启用日期：2019 年 12 月。

2. 基础信息设置

（1）人员类别设置：经理人员、管理人员、经营人员、开发人员。

（2）工资项目设置，如下表所示。

项目名称	类型	长度	小数位数	增减项
基本工资	数字	8	2	增项
奖励工资	数字	8	2	增项
交补	数字	8	2	增项
应发合计	数字	10	2	增项
请假扣款	数字	8	2	减项
养老保险金	数字	8	2	减项
扣款合计	数字	10	2	减项
实发合计	数字	10	2	增项
代扣税	数字	10	2	减项
请假天数	数字	8	2	其他

（3）工资类别及。

①工资类别 1：正式人员；部门选择：所有部门；工资项目：基本工资、奖励工资、交补、应发合计、请假扣款、养老保险金、扣款合计、实发合计、代扣税、请假天数。

计算公式如下表所示。

工资项目	定义公式
请假扣款	请假天数×50
养老保险金	（基本工资+奖励工资）×0.08
交补	iff（人员类别="经理人员" OR 人员类别="经营人员",200,100）

人员档案如下表所示。

人员编号	人员姓名	部门名称	人员类别	账　　号	是否计税
101	肖剑	总经理办公室	经理人员	2001009001	是
102	陈明	财务部	经理人员	2001009002	是
103	王晶	财务部	管理人员	2001009003	是
104	马方	财务部	管理人员	2001009004	是
201	赵斌	销售一部	经理人员	2001009005	是
202	宋佳	销售二部	经营人员	2001009006	是
203	孙健	销售三部	经理人员	2001009007	是
204	王华	销售四部	经营人员	2001009008	是
301	白雪	供应部	经理人员	2001009009	是
401	周月	产品研发	经理人员	2001009010	是
402	李彤	制造车间	经理人员	2001009011	是
403	孟强	产品研发	开发人员	2001009012	是

注：以上所有人员的代发银行均为工商银行中关村分理处

②工资类别2：临时人员；部门选择：销售一部、产品研发；工资项目：基本工资、奖励工资。

人员档案如下表所示。

人员编号	人员姓名	部门名称	人员类别	账　　号
411	刘青	销售一部	经营人员	20010080001
412	邢海	产品研发	开发人员	20010080002

3．日常处理

（1）工资数据。

①12月初人员工资情况。

a．正式人员工资情况如下表所示。

单位：元

姓　　名	基本工资	奖励工资
肖剑	8 000	800
陈明	7 000	700
王晶	6 000	600
马方	5 500	550

续表

姓　名	基本工资	奖励工资
赵斌	6 000	600
宋佳	5 000	500
孙健	7 000	700
王华	6 000	600
白雪	7 000	700
周月	7 500	750
李彤	7 000	700
孟强	6 500	650

b．临时人员工资情况如下表所示。

单位：元

姓名	基本工资	奖励工资
刘青	4 000	500
邢海	5 000	600

②12月工资变动情况。

考勤情况：王华请假2天；赵斌请假1天。

因需要，决定招聘李力（编号404）到产品研发部担任开发人员，以补充技术力量，其基本工资3 000元，无奖励工资，代发工资银行账号2001009013。

代扣个人所得税。

（2）工资分摊。

应付工资总额等于"基本工资+奖励工资+交补"。应付福利费、工会经费、职工教育经费、养老保险金也以此为计提基数。

工资分摊

部　门	人员类别	工资总额（100%）		应付福利费（14%）		工会经费（2%） 职工教育经费（2.5%） 养老保险金（15%）	
		科目编码		科目编码		科目编码	
		借　方	贷　方	借　方	贷　方	借　方	贷　方
总经理办公室	经理人员	660201	221101	660202	221102	660207	221103-5
财务部	经理人员	660201	221101	660202	221102		
	管理人员	660201	221101	660202	221102		
销售一部	经理人员	6601	221101	6601	221102		
销售二部	经营人员	6601	221101	6601	221102		
销售三部	经理人员	6601	221101	6601	221102		

续表

部门	人员类别	工资总额（100%）		应付福利费（14%）		工会经费（2%） 职工教育经费（2.5%） 养老保险金（15%）	
		科目编码		科目编码		科目编码	
		借方	贷方	借方	贷方	借方	贷方
销售四部	经营人员	6601	221101	6601	221102		
供应部	经理人员	660201	221101	660202	221102		
产品研发	经理人员	510101	221101	510101	221102		
	开发人员	500102	221101	500102	221102		

项目八

固定资产管理

学习目标
（1）了解固定资产管理系统的主要功能。
（2）熟悉固定资产的日常管理，掌握各类报表的制作。
（3）掌握利用用友ERP进行固定资产管理业务处理的方法。

任务一　固定资产管理系统主要功能

固定资产管理系统是一套用于企事业单位固定资产核算和管理的软件，主要面向中小型企业，帮助企业进行固定资产总值、累计折旧数据的动态管理，协助企业进行成本核算，同时为设备管理部门提供固定资产实体的各项指标。

一、功能概述

固定资产管理系统总的功能是完成企业固定资产日常业务的核算和管理，生成固定资产卡片，按月反映固定资产的增加、减少、原值变化及其他变动，并输出相应的增减变动明细账，按月自动计提折旧，生成折旧分配凭证，同时输出一些相关的报表和账簿。本系统的主要功能体现在以下几个方面。

（一）初始设置

初始设置是用户必须首先完成的工作，通过初始化，系统将按照用户的实际情况定义核算与管理。该部分操作具有非常重要的意义，这些基本设置是使用本系统进行核算和管理的基础。

（二）日常处理

该功能主要帮助企业进行固定资产的卡片台账管理和会计处理，包括固定资产增减变动的处理方法与操作技术，如何计提折旧、查看清单和分配表，以及怎样填制凭证和进行批量制单。

（三）账表管理

用户通过该功能可以对账簿、折旧类报表、统计报表和分析报表进行查询与修改。

（四）月末处理

用户通过该功能进行对账与月末结账。

二、固定资产管理系统数据流程图

固定资产管理系统数据流程图如图 8-1 所示。

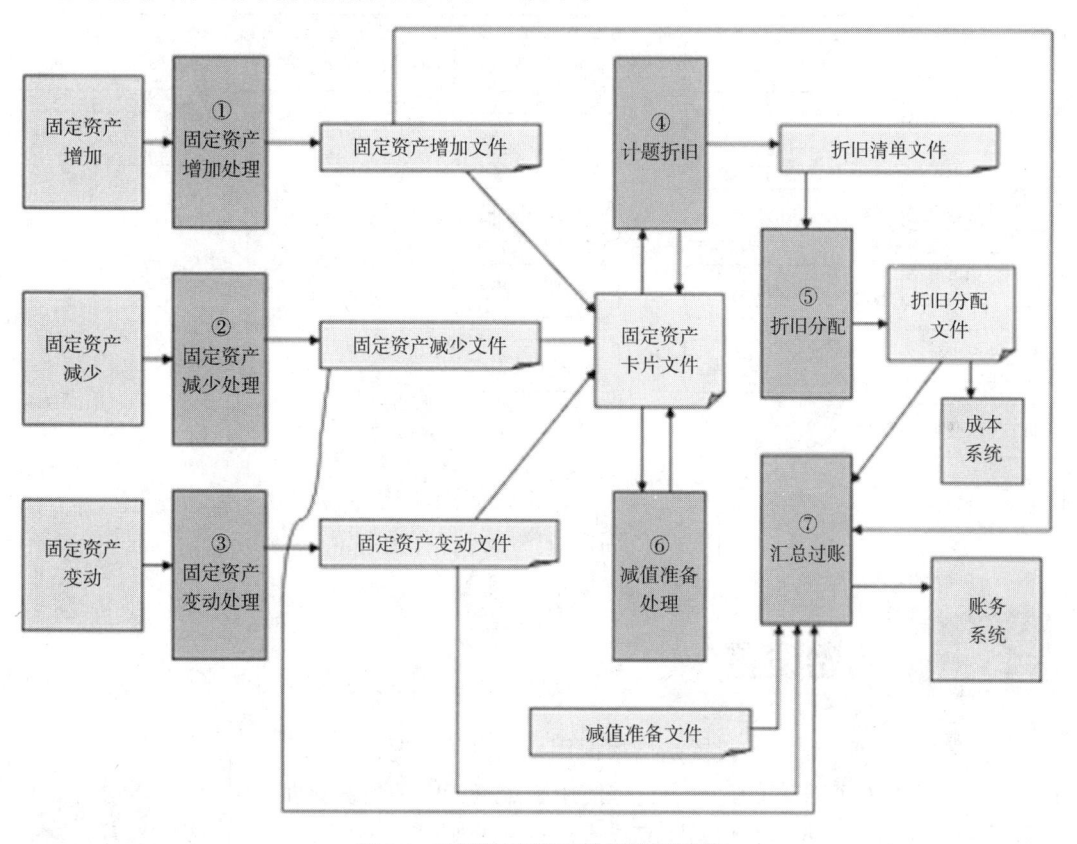

图 8-1　固定资产管理系统数据流程

三、固定资产管理的操作流程

固定资产管理的操作流程如图 8-2 所示。

```
                          固定资产子系统
    ┌──────────┬──────────┬──────────┬──────────┬──────────┐
  初始化设置   日常业务处理  账表输出    自动转账    系统服务
    │          │          │          │          │
  固定资产卡片   新增资产   固定资产总账  转账凭证设置  数据备份
  结构定义      │          │          │          │
    │        资产减少    固定资产登记簿 生成转账凭证  数据恢复
  部门设置      │          │          │          │
    │        资产变动    固定资产明细账  自动转账    系统维护
  部门对应折旧   │          │                    │
  科目设置    工作量输入   部门构成分析            口令修改
    │          │          │
  增减方式设置  折旧计算   固定资产统计表
    │          │          │
  资产类别设置  折旧分配   折旧计提清单
    │          │          │
  使用状况设置 减值准备处理 部门折旧汇总表
    │
  折旧方法设置
    │
  原始卡片录入
```

图 8-2　固定资产管理操作流程

任务二　初始设置

固定资产管理系统初始设置是指根据用户的具体情况，建立一个适合企业的固定资产账套的过程。它是使用固定资产管理系统管理资产的基础，初始设置的内容包括账套参数、核算规则。

账套参数包括约定与说明、折旧信息、编码方式及财务接口。其他参数可在选项中补充。

核算规则包括资产类别、折旧对应入账科目、增减方式、折旧方法等。

初始设置的一般步骤为：启动与注册→设置账套参数→设置核算规则→输入期初卡片。

一、启动固定资产管理子系统

（1）在"系统管理"中建立了账套后，若想使用"固定资产管理系统"，必须首先进行启用。如当时没有启用，可以账套主管身份登录"企业应用平台"，选择"设置"→"基本信息"→"系统启用"菜单命令，启用固定资产管理系统。如图 8-3 所示。

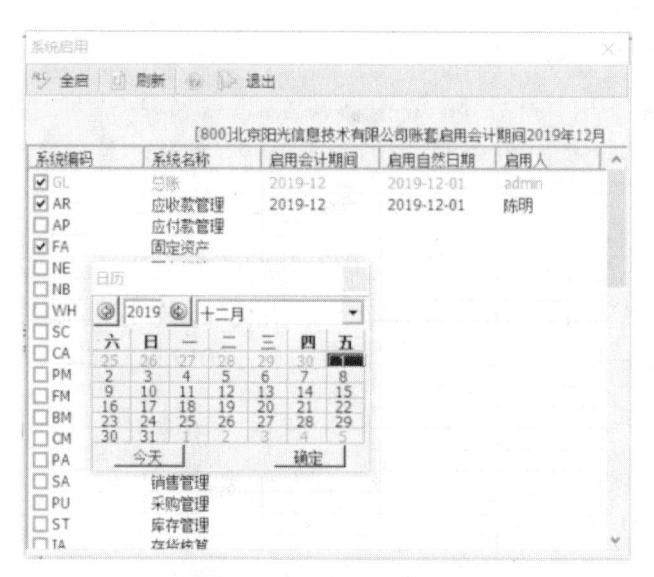

图 8-3　固定资产启用界面

（2）在"企业应用平台"界面，选择"业务"→"财务会计"→"固定资产"菜单命令，进入固定资产管理系统，如图 8-4 所示。

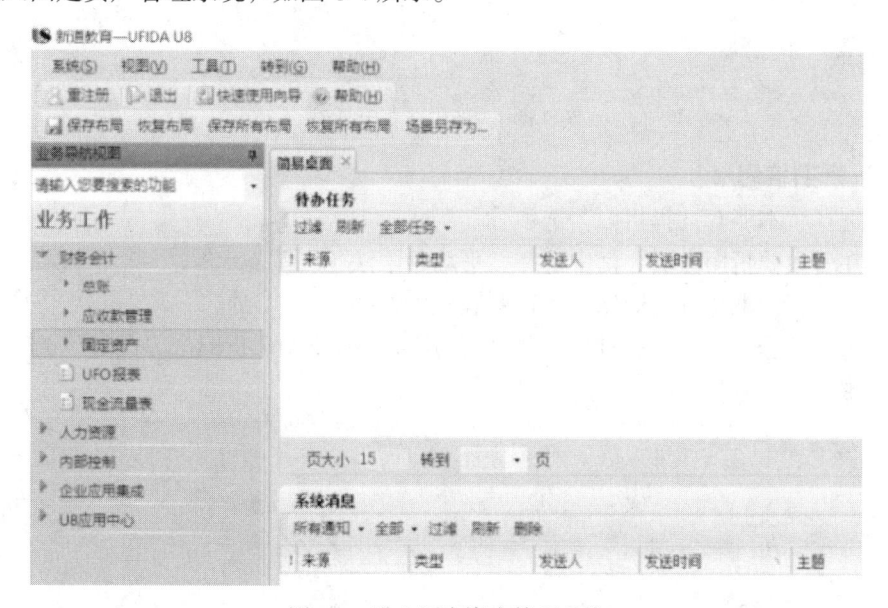

图 8-4　进入固定资产管理系统

二、设置账套参数

（一）约定与说明

固定资产管理系统初始化是使用固定资产管理系统管理资产的首要操作。初始化的内容主要包括开始使用期间设置、折旧设置、类别和资产编码方式设置、对账设置等选项。

（1）第一次使用固定资产管理系统，当打开在"系统管理"下建立的账套时，系统自动提示进行账套初始化，如图 8-5 所示。

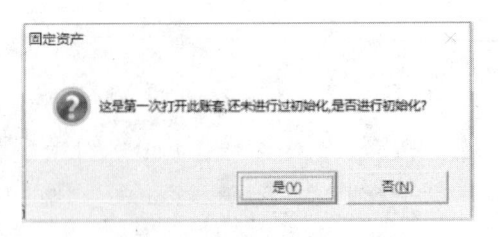

图 8-5　账套初始化提示

（2）单击"是"按钮，系统将自动运行初始化向导，单击"同意"按钮。

（3）单击"下一步"按钮，选择账套启用月份：2019.12，如图 8-6 所示。

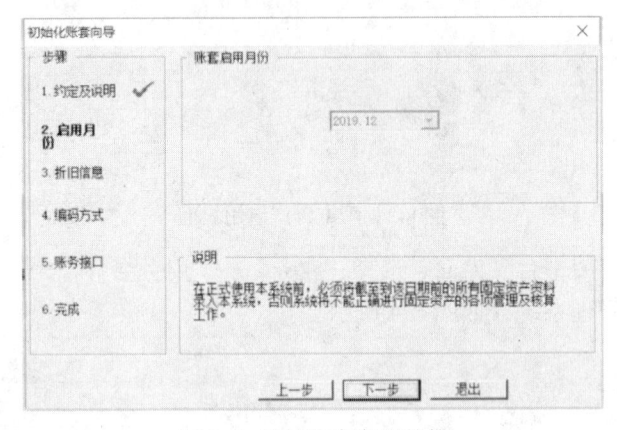

图 8-6　选择账套启用月份

（二）折旧信息

（1）选择"本账套计提折旧"选项。

（2）在"主要折旧方法"框中选择"平均年限法（二）"。

（3）在"折旧汇总分配周期"下拉列表框中选择"1"个月。

（4）选择"当（月初已提月份=可使用月份–1）时将剩余折旧全部提足"选项。

（5）单击"下一步"按钮，屏幕显示如图 8-7 所示。

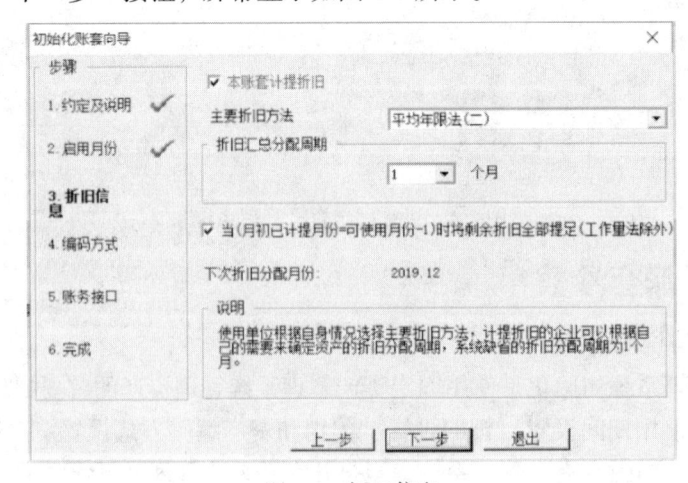

图 8-7　折旧信息

（三）编码方式

公司要求各级编码长度分别为 2、1、1、2，资产编码采用自动编码方式（类别编号+部门编号+序号），序号长度为3。

操作步骤如下。

（1）确定资产编码长度：2、1、1、2。

（2）选择资产编码方式：自动编号（类别编号+部门编号+序号）。

（3）选择序号长度：3。

（4）单击"下一步"按钮，屏幕显示如图 8-8 所示。

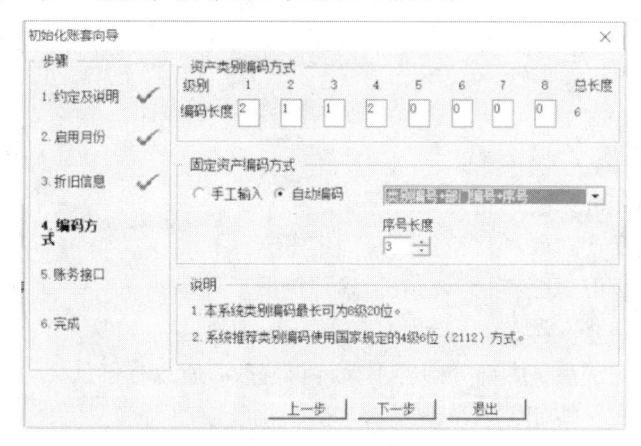

图 8-8　资产类别编码方式

资产类别编码方式设定以后，一旦某一级设置了类别，则该级的长度不能修改，没有使用过的各级的长度可以修改。

每一个账套资产的自动编码方式只能有一种，一经设定，该自动编码方式不得修改。

（四）财务接口

完成编码设置后，进入对账设置。

（1）与账务系统进行对账：在使用总账系统的情况下，对账的含义是将固定资产管理系统内所有资产的原值、累计折旧和账务系统中的固定资产科目和累计折旧科目的余额进行核对，看数值是否相等。在系统运行中的任何时候执行对账功能，如果不平，则表示两个系统之间出现偏差，应引起注意，予以调整。如果不想与账务系统对账，可不打"√"，表示不对账。

（2）固定资产对账科目和累计折旧对账科目应参照账务系统的科目进行选择。所选择的对账科目应与账务系统内的一级科目一致。

（3）在对账不平情况下允许固定资产月末结账：如果希望严格控制系统间的平衡，并且能做到两个系统录入的数据没有时间差异，则可在该框内打"√"，否则不要打"√"。

对账设置的结果如图 8-9 所示。

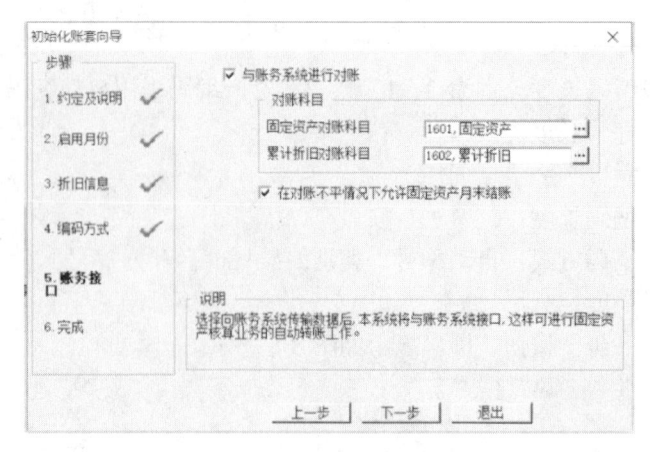

图 8-9　与账务系统对账

操作步骤如下。

（1）选择"与账务系统进行对账"选项。

（2）选择固定资产对账科目：1601，固定资产。

（3）选择累计折旧对账科目：1602，累计折旧。

（4）单击"下一步"按钮。

在初始化设置完成后，大部分内容不允许再修改，所以在确认无误后，再单击"完成"按钮，系统会提示"初始化已成功"。

三、基础设置

基础设置包括对卡片项目、卡片样式、资产类别、部门、部门对应折旧科目、增减方式、使用状况、折旧方法、原始卡片录入等的设置。基础设置是使用固定资产管理系统进行资产管理和核算的基础。

系统的各项基础设置中除资产类别必须由用户设置外，其他各部分都有缺省的内容，如没有特殊需要，可不再设置。

（一）卡片项目定义

卡片项目是资产卡片上用来记录资产资料的栏目，如原值、资产名称、使用年限、折旧方法等，是卡片最基本的内容。不同的行业或单位，固定资产卡片项目可能不同，可以通过增加、删除、修改得到自己所需要的卡片项目。新增加的项目称为自定义项目，在进一步定义卡片样式时，把这些增加项目选择到样式中，得到真正属于自己的卡片样式。

【实例 8-1】

增加三个卡片项目：主要使用者、负责人和固定资产成新率。其中主要使用者和负责人是字符型项目，固定资产成新率是数值型项目，计算公式为"（原值−累计折旧）/原值"。

操作步骤如下。

（1）选择"卡片"→"卡片项目"菜单命令，进入卡片项目定义界面，可以看到左侧分为系统项目和自定义项目两类。

（2）用鼠标单击工具栏上的"增加"按钮，或单击鼠标右键在快捷菜单中选择"增加"

选项。

（3）输入名称：负责人；选择数据类型：字符型；选择字符数：10。屏幕显示如图8-10所示。

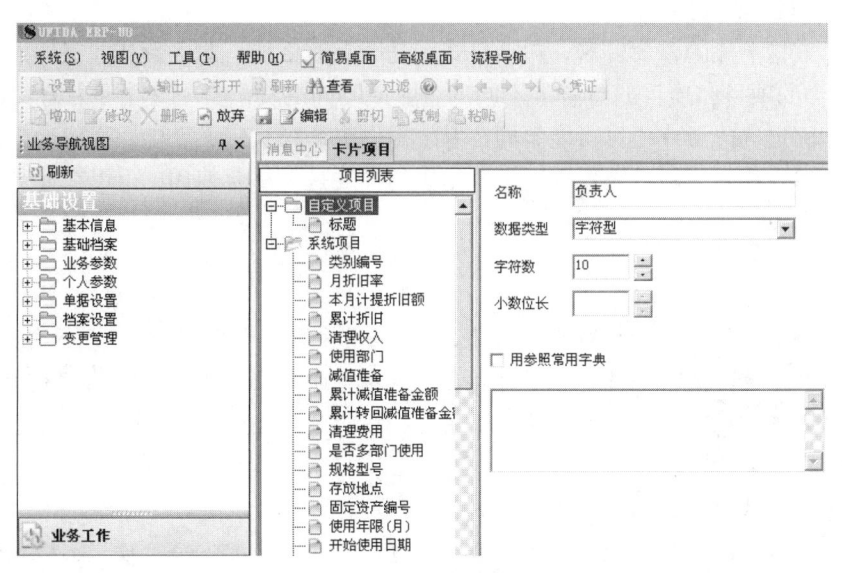

图8-10 卡片项目定义

（4）固定资产成新率是数值型，并且要定义和其他项目的数据关系。单击"定义项目公式"按钮，屏幕显示定义公式界面，通过选择左侧项目和输入数字、运算符等组成计算公式。如选择"原值"选项，单击"→"符号，把"原值"移至右侧，照此方式把其他项输入完毕，如图8-11所示。

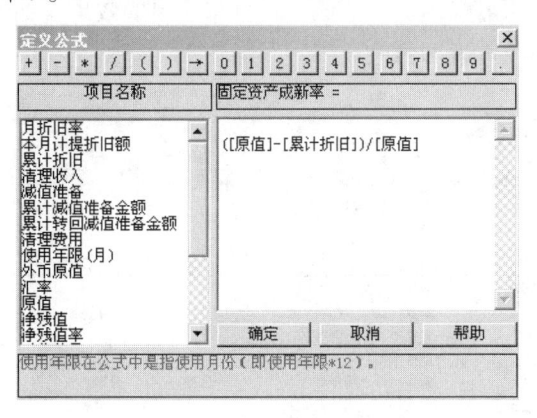

图8-11 "定义公式"对话框

（5）单击"保存"按钮或单击鼠标右键在快捷菜单中单击"保存"按钮即可，可以看到以上三个项目已增加到自定义项目之下了。

注意：

- "数据类型"下拉框中可选择"数值型""日期型""备注型""标签型"中任意一个选项。当定义的项目是数值型时，整数位的最长长度不限，但必须保证整数位长度和小数位长度之和不能大于 15。若所定义项目的内容重复率较高，则选用参照字典，以方便卡片输入。

（二）卡片样式定义

卡片样式指卡片的整个外观，包括格式（是否有表格线、对齐形式、字体大小、字型等）、所包含的项目和项目的位置。不同的企业或不同的资产类别，由于管理的内容和侧重点不同，固定资产卡片项目可能不同，系统提供卡片样式定义功能，提供通用样式。用户在自定义卡片样式之前，应先查看系统提供的样式是否适合使用，可以在此基础上定义新的样式。

【实例 8-2】

新建一个卡片样式，其中包括"负责人"，将其命名为"常用样式"，操作步骤如下。
（1）从"卡片"菜单中选择"卡片样式"选项，屏幕显示卡片样式预览界面。
（2）单击工具栏上的"增加"按钮，系统将提示"是否以当前卡片样式为基础建立新样式"，单击"是"按钮。
（3）输入卡片样式的名称：常用样式。
（4）定义所需的卡片样式，根据需要可经过以下几个步骤：项目设置、格式设置、文字格式设置、边框设置。
（5）分别调整各页签内表格的行高、列宽、字体，如图 8-12 所示。
（6）单击"保存"按钮或单击右键快捷菜单中的"保存"按钮，即完成该卡片样式的定义。

卡片样式定义好后，最好预览一下该样式打印输出的效果，如不满意应及时调整，以避免输入卡片后发现问题再返回修改。

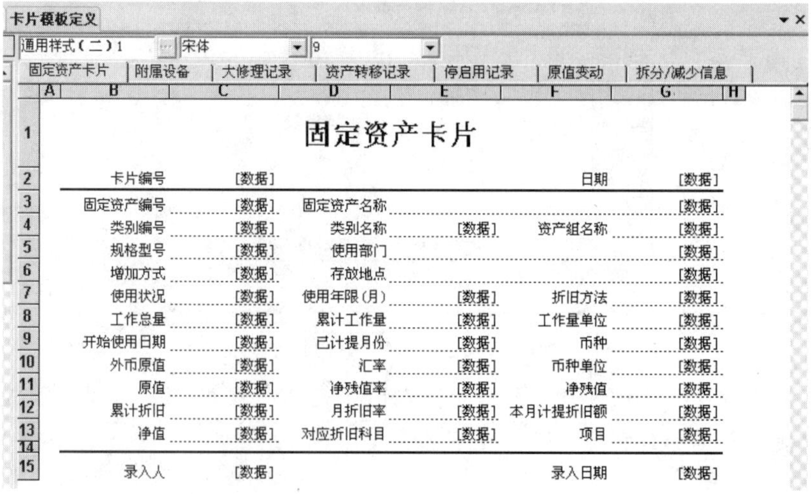

图 8-12　卡片模板定义

（三）资产类别设置

固定资产种类繁多、规格不一，要强化固定资产管理，必须对固定资产进行分类，为核算和统计管理提供依据。企业可根据自身特点和管理要求，对固定资产分类。如果企业以前对固定资产没有分类，可参考《固定资产分类与代码》一书，设置本企业的固定资产类别。

【实例 8-3】

增加"交通运输设备""电子与其他通信设备"两个固定资产类别，下设"经营用设备"和"非经营用设备"两个类别，净残值率为4%，正常计提折旧，采用通用卡片样式。

操作步骤如下。

（1）选择"设置"→"资产类别"菜单命令，进入卡片项目定义界面。

（2）单击"增加"按钮，系统显示单张界面，类别编码长度及位数在建账套时已定义，系统自动给出的编号可修改。

（3）按要求输入或选择编码、名称、使用年限、净残值率、计量单位、计提属性、折旧方法、样式，单击"保存"按钮，选择"交通运输设备"选项，重复以上操作进行下级类别设置，如图8-13所示。

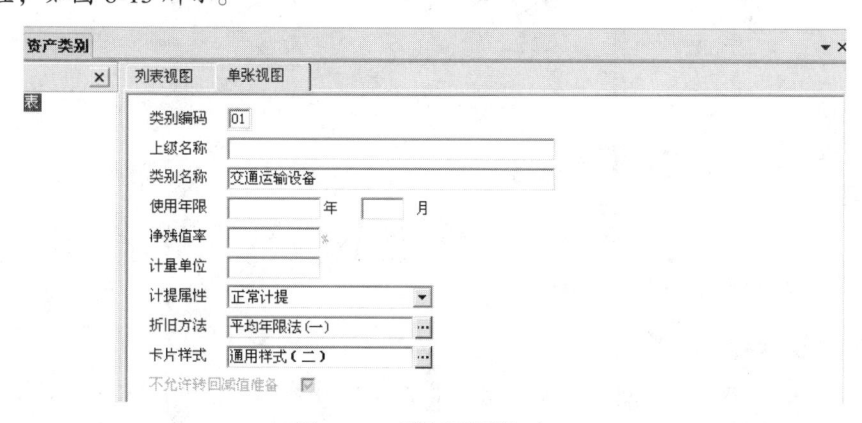

图 8-13 "资产类别"窗口

定义资产类别时，必须从上级开始定义，上级定义完后，必须选中上级类别才可定义下级类别。

类别编码、名称、计提属性、卡片样式不能为空。要缺省的内容可以为空。

（四）部门设置

前面章节已介绍过部门设置方法，系统是共享的。

（五）部门对应折旧科目设置

对应科目是指计提折旧时所对应的成本或费用科目。资产计提折旧后必须把折旧归入成本或费用，根据不同企业的具体情况，可以按部门或类别归集折旧费用。当按部门归集折旧费用时，一般情况下，某一部门内的固定资产的折旧费用将归集到一个比较固定的科目。在此对每个部门指定一个对应折旧科目，录入卡片时，该科目自动缺省，不必一个一个输入。

因为本系统录入卡片时只能选择明细级部门，所以只有给明细级科目设置的折旧科目才有意义，如果对某一上级部门设置了对应的科目，下级部门继承上级部门的设置。

【实例8-4】

将综合部、开发部的折旧对应科目设为"管理费用",将生产部的折旧对应科目设为"制造费用",将销售部门的折旧对应科目设为"销售费用"。

操作步骤如下。

(1)选择"设置"→"部门对应折旧科目设置"→"资产类别设置"菜单命令。

(2)在部门列表或部门目录中选择要设置科目或要修改科目的部门。

(3)单击工具栏中的"修改"按钮。

(4)参照选择或输入科目编码自动显示科目名称,最终结果如图8-14所示。

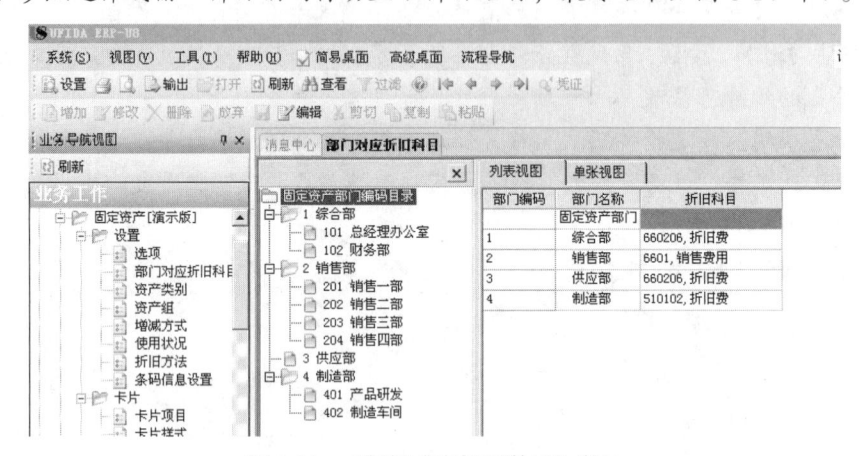

图8-14 "部门对应折旧科目"窗口

(5)单击工具栏的"保存"按钮。

(六)增减方式设置

增减方式设置主要是在固定资产有增减业务时使用,类似于一个摘要。系统内置了六种增加方式和七种减少方式。如图8-15所示。用户可根据需要自行设置增减方式。

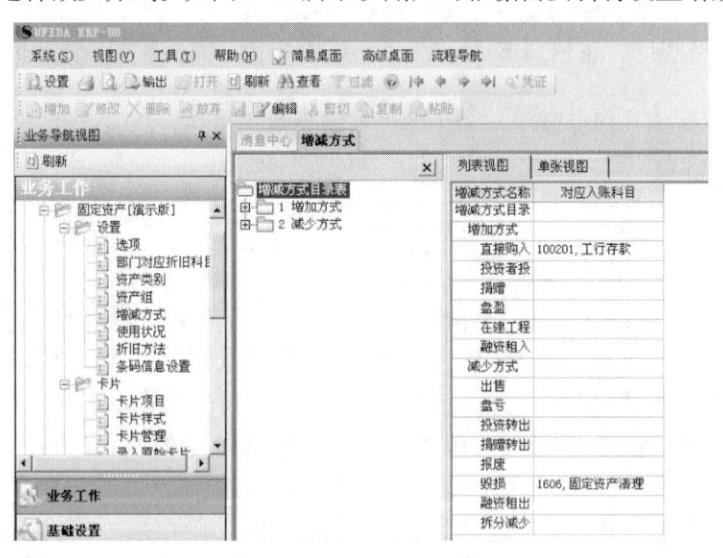

图8-15 "增减方式"窗口

固定资产增加的方式主要有：直接购买、投资者投入、接受捐赠、盘盈、在建工程转入、融资租赁。固定资产减少的方式主要有：出售、盘亏、投资转出、捐赠、报废、毁损、融资租赁转出等。对应的入账科目是指增加或减少固定资产时所对应的科目，如直接购入方式可将其对应科目设为"库存现金"或"银行存款"。

选择"设置"→"增减方式"菜单命令，即可进入增减方式定义界面。

【实例8-5】

增加一种固定资产增加方式——间接购入，对应科目为"100201 银行存款-工行存款"，增加一种固定资产减少方式——毁损，对应科目为"1606 固定资产清理"。

操作步骤如下。

（1）单击增减方式目录中的"增加方式"按钮。

（2）单击工具栏上的"增加"按钮。

（3）输入增加方式名称，以及以该增加方式增加的固定资产的对应入账科目，如图 8-16 所示。

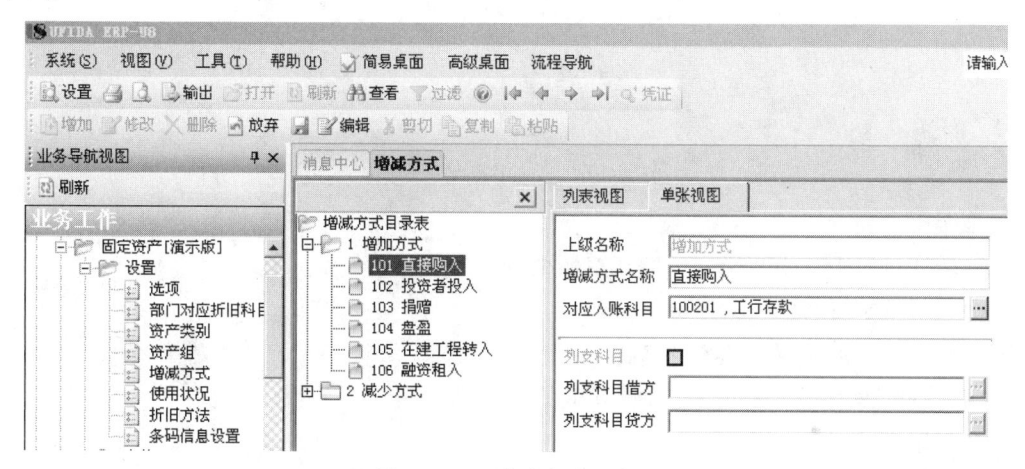

图 8-16 "增减方式"窗口

（4）单击"保存"按钮。

注意：

- 此处设置对应入账科目是为了在生成凭证时缺省，例如，以购入方式增加资产时对应科目可能是"银行存款"，以投资者投入方式增加资产时对应科目可能是"实收资本"，该科目将缺省在贷方；资产减少时，对应科目可能是"固定资产清理"，将缺省在借方。
- 已使用（卡片已选用过）的方式或非明细方式不能删除。
- 系统缺省的增减方式中的"盘盈""盘亏""毁损"不能修改和删除。

（七）使用状况设置

从固定资产核算和管理的角度出发，企业需要明确固定资产的使用状况，一方面可以正确地计算和计提折旧，另一方面便于统计固定资产的使用情况，提高资产的利用效率。

固定资产的主要使用状况有"在用""停用""大修理""不需用""封存"等。

固定资产系统提供了基本的使用状况,分为两级,即不可修改和删除,可以在此基础上定义新的使用状况。

选择"设置"→"使用状况"菜单命令,进入"使用状况"窗口,如图8-17所示。

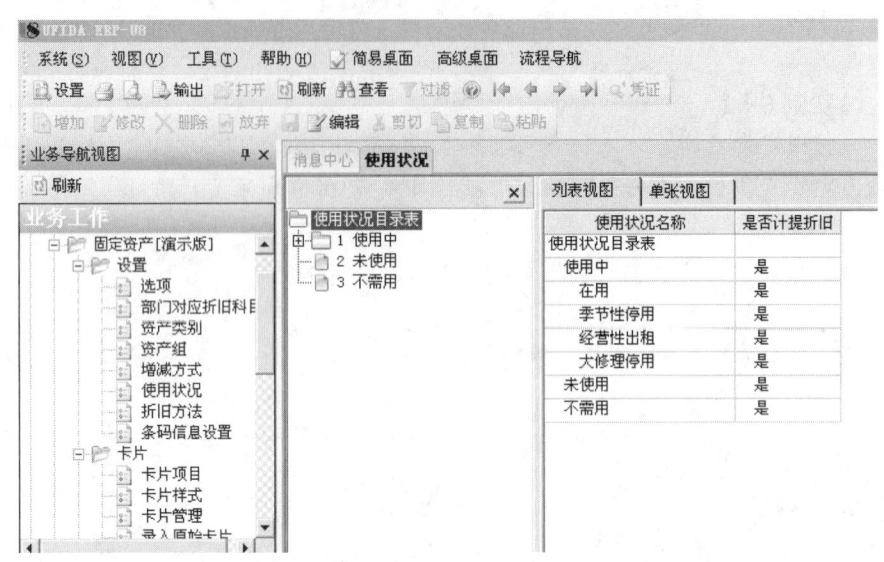

图8-17 "使用状况"窗口

操作步骤如下。

(1)从目录中选中要增加使用状况的选项。
(2)单击工具栏上的"增加"按钮。
(3)输入增加的使用状况的名称。
(4)判断该使用状况的固定资产"是否计提折旧"。
(5)单击"保存"按钮。

注意:

- 第一级使用状况分为三种,是系统定义好的,不能增加、修改、删除。
- 修改某一使用状况名称后,卡片中该使用状况变为修改后的名称。
- 修改某一使用状况的"是否计提折旧"的判断后,对折旧计算的影响从当期开始,不调整以前的折旧计算。
- 已使用的使用状况不允许删除。

(八)折旧方法设置

折旧方法设置是系统自动计算折旧的基础。系统给出了常用的六种折旧方法,另外系统还提供了折旧方法的自定义功能,用户可以定义折旧方法的名称和计算公式。

选择"卡片"→"折旧方法"菜单命令,进入"折旧方法"窗口,如图8-18所示。

对于一般企业来讲,以上折旧方法已基本上能满足需要。用户也可以自定义折旧方法,单击"增加"按钮,屏幕显示界面如图8-19所示,在此定义月折旧率和月折旧额的公式。

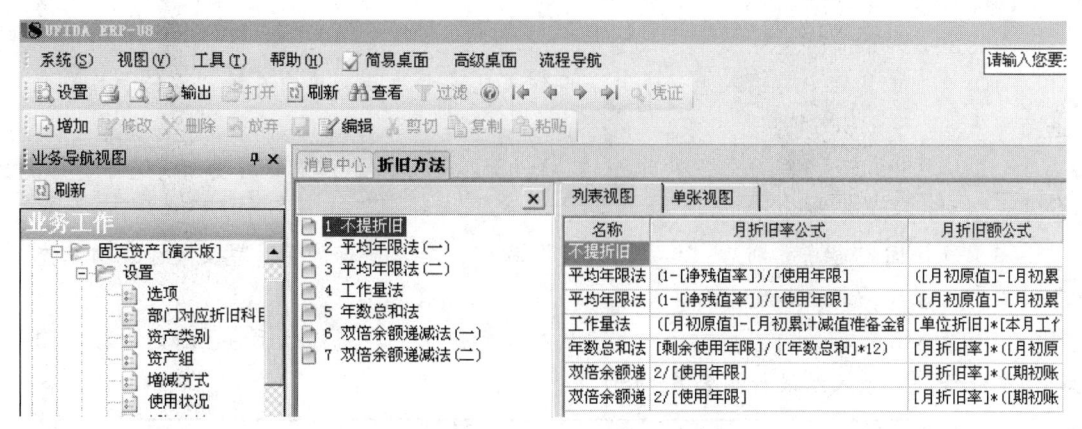

图 8-18 "折旧方法"窗口

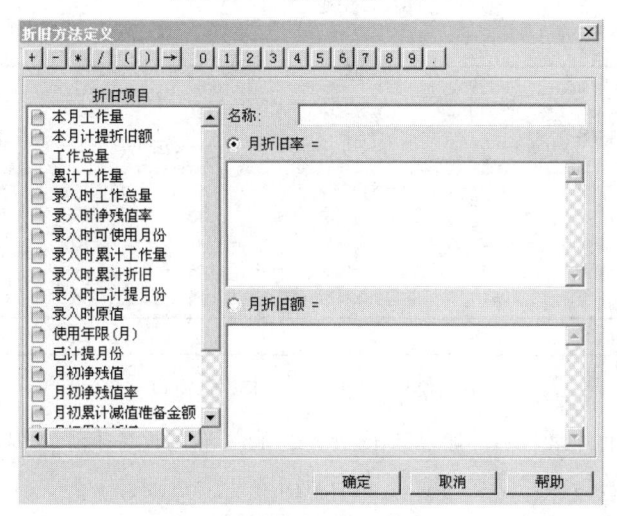

图 8-19 "折旧方法定义"窗口

自定义公式中包含的项目只能是自定义窗口右侧给定的项目。

月折旧额和月折旧率公式定义时必须有单向包含关系，要么月折旧额公式中包含月折旧率项目，要么月折旧率公式中包含月折旧额项目，但不能同时互相包含。计提折旧时，如果自定义折旧方法的月折旧额或月折旧率出现负数，系统自动终止折旧计提。

（九）原始卡片录入

前面的基础工作做完后，接下来是录入原始卡片，即将建账日期以前的数据录入到系统中。卡片是固定资产核算和管理的基础依据，应将手工管理下的固定资产卡片数据录入系统，保持历史资料的连续性。

原始卡片的录入不一定必须在第一个期间结账前进行完，任何时候都可以录入。

【实例 8-6】

总经理办公室轿车，在 2018 年 10 月 1 日开始使用，原值为 215 470 元，累计折旧为 37 254.75 元，预计使用 10 年，年折旧率为 4%，录入系统的时间是 2019 年 12 月 1 日。该卡片是原始卡片，应通过"原始卡片录入"操作录入系统。

操作步骤如下。

（1）单击工具栏中"录入原始卡片"按钮或从"卡片"菜单中选择"原始卡片录入"选项。

（2）屏幕出现资产类别选择界面，请选择要录入的卡片所属的资产类别。选择资产类别是为了确定卡片的样式。

（3）选择固定资产类别后，单击"确定"按钮，屏幕显示的卡片界面处于编辑状态，除缺省的内容外，其他各项空白。

（4）录入各项目的内容。对于一些主要项目的说明，在光标位于该项目时，按"F1"得到在线帮助，录入结果如图8-20所示。

固定资产卡片

卡片编号	00001			日期	2019-12-01
固定资产编号	012101001	固定资产名称			轿车
类别编号	012	类别名称	非经营用设备	资产组名称	
规格型号		使用部门			总经理办公室
增加方式	直接购入	存放地点			公司内
使用状况	在用	使用年限(月)	120	折旧方法	平均年限法(二)
开始使用日期	2018-10-01	已计提月份	13	币种	人民币
原值	215470.00	净残值率	4%	净残值	8618.80
累计折旧	37254.75	月折旧率	0.008	本月计提折旧额	1585.01
净值	178215.25	对应折旧科目	660206,折旧费	项目	
录入人	陈明			录入日期	2019-12-01

图8-20　"录入原始卡片"窗口

（5）资产的主卡片录入后，单击其他页签，输入附属设备和录入以前卡片发生的各种变动。附属页签上的信息只供参考，不参与计算。

（6）单击"保存"按钮后，录入的卡片保存至系统。

任务三　日常管理

日常管理是固定资产管理中非常重要的一部分内容，主要包括固定资产的增减变动、折旧处理，以及记账凭证的填制。

固定资产在日常管理过程中，由于某种原因会增加、减少，以及在部门间转移，这时需要及时处理，否则会影响折旧的计提。在月末，还需要准确计提本月折旧，及时生成记账凭证。

本系统在一个期间内可以多次计提折旧，每次计提折旧后，只是将计提的折旧累计加到月初的累计折旧，不会重复累计。

一、资产的增加与减少

（一）资产增加

"资产增加"操作也称"新卡片录入"，固定资产采用计算机进行管理后，可能通过购进或其他方式增加，该部分固定资产通过"资产增加"操作录入系统。

资产通过"原始卡片"录入还是通过"资产增加"录入，在于资产的开始使用日期，只有当"开始使用日期=录入的日期"时，才能通过"资产增加"录入。

【实例 8-7】

产品研发部新购入了一台扫描仪，2019 年 12 月 21 日开始使用，录入系统时间是 2019 年 12 月 1 日，价值为 1 500 元，净残值率为 4%，可使用年限为 5 年。

操作步骤如下。

（1）单击"日常操作"按钮或从"卡片"菜单中选择"资产增加"选项。

（2）选择末级资产类别：非经营用设备。

（3）单击"确定"按钮，进入"新增资产"录入窗口，录入相应信息，屏幕显示如图 8-21 所示。

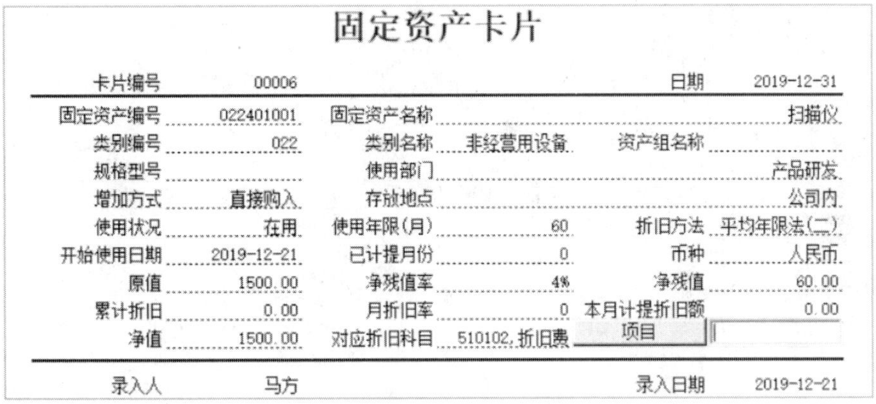

图 8-21　"新增资产"录入窗口

（4）单击"保存"按钮。

（二）资产减少

"资产减少"操作只有在账套已开始计提折旧后方可使用，否则减少资产只能通过删除卡片来完成。固定资产在使用过程中，总会由于各种原因，如毁损、出售、盘亏等，退出企业，对该部分资产的操作称为"资产减少"。固定资产系统提供资产减少操作功能，还提供资产减少的批量操作功能，为同时清理一批资产提供方便。

【实例 8-8】

将 2019 年 12 月 31 日 00004 号卡片登记的计算机毁损报废进行相应资产减少的操作。

操作步骤如下。

（1）选择"卡片"→"资产减少"菜单命令。

（2）在"卡片编号"框中选择"00004"选项。

（3）单击"增加"按钮。

（4）在"减少方式"框中选择"毁损"选项。

（5）单击"确定"按钮，出现减少成功提示框。

（6）单击"确定"按钮，屏幕显示"所选卡片已经减少成功"。

恢复误减少的资产，即资产减少的恢复，是一个纠错的功能。当月减少的资产可以通过本功能恢复使用。只有当月减少的资产才可以恢复。

操作步骤如下。

（1）从卡片管理界面中，选择"已减少的资产"选项，选中要恢复的资产。

（2）选择"卡片"→"恢复减少"菜单命令，则提示"确实要恢复该资产吗"，单击"是"按钮即成功恢复被减少的资产。

注意：

- 资产减少操作必须在计提折旧之后，才能减少固定资产。如果资产减少操作已制作凭证，必须删除凭证后才能恢复。

（三）卡片查询

操作步骤如下。

（1）选择"卡片"→"卡片管理"菜单命令，进入"卡片管理"窗口，如图8-22所示。

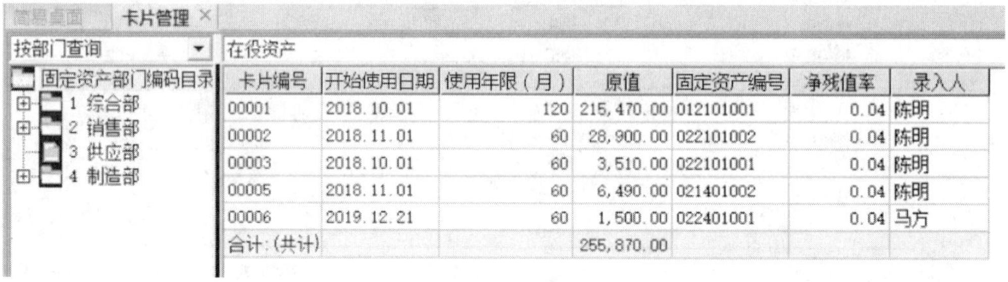

卡片编号	开始使用日期	使用年限（月）	原值	固定资产编号	净残值率	录入人
00001	2018.10.01	120	215,470.00	012101001	0.04	陈明
00002	2018.11.01	60	28,900.00	022101002	0.04	陈明
00003	2018.10.01	60	3,510.00	022101001	0.04	陈明
00005	2018.11.01	60	6,490.00	021401002	0.04	陈明
00006	2019.12.21	60	1,500.00	022401001	0.04	马方
合计：(共计)			255,870.00			

图8-22 "卡片管理"窗口

（2）选择所要查询的卡片编号：00002。

（3）单击"打开"按钮，屏幕显示查询结果。

（4）查看完毕，确认无误后，单击"退出"按钮。

二、资产变动

在固定资产使用过程中，企业可能会调整卡片上的一些项目，此类变动必须留下原始凭证，制作的原始凭证称为变动单。资产变动包括原值变动、部门转移、使用状况变动、使用年限调整、折旧方法调整、净残值（率）调整、工作总量调整、累计折旧调整、资产类别调整，这些变动需要生成变动单。其他项目的修改，如名称、编号、自定义项目等的变动，可直接在卡片上进行操作。

（一）原值变动

资产在使用过程中，原值增减有五种情况：①根据国家规定对固定资产重新估价；②增加补充设备或改良设备；③将固定资产的一部分拆除；④根据实际价值调整原来的暂估价值；⑤发现原记录固定资产价值有误。

在本系统中，原值变动通过"原值增加"和"原值减少"操作来实现。

【实例 8-9】

2019 年 12 月 26 日,总经理办公室轿车添置新配件 10 000 元。

操作步骤如下。

(1)选择"日常操作"→"原值增加"菜单命令,或者选择"卡片"→"变动单"→"原值增加"菜单命令。

(2)输入卡片编号:00001。

(3)输入增加金额:10 000 元。

(4)输入变动原因:添置新配件。屏幕显示如图 8-23 所示。

固定资产变动单			
—原值增加—			
变动单编号 00001		变动日期	2019-12-26
卡片编号 00001	资产编号 012101001	开始使用日期	2018-10-01
资产名称	轿车	规格型号	
增加金额 10 000.00	币种 人民币	汇率	1
变动的净残值率 4%	变动的净残值		400.00
变动前原值 215 470.00	变动后原值		225 470.00
变动前净残值 8 618.80	变动后净残值		9 018.80
变动原因 添置新配件			
		经手人	马方

图 8-23 固定资产变动单—原值变动

(5)其他各项在输入卡片编号后自动显示,单击"保存"按钮,即完成该变动单操作。

变动单不能修改,只有在当月可删除重做,所以应仔细检查后再保存。

减少资产原值与增加资产原值是相同的操作,可参见以上内容。

增减原值时,如果同时启动卡片管理,变动单会自动显示当前卡片。

(二)部门转移

资产在使用过程中因内部调配而发生的部门变动,如果不对其处理,将影响到部门的折旧计算。

【实例 8-10】

将总经理办公室的传真机转入供应部。该卡片编号为"00003"。

操作步骤如下。

(1)选择"日常操作"→"部门转移"菜单命令,或者选择"卡片"→"变动单"→"部门转移"菜单命令。

(2)输入卡片编号:00003。系统自动列出资产的名称、开始使用日期、规格型号、变动前部门、存放地点。

(3)双击"变动后部门"按钮,选择:供应部。

(4)输入变动原因:移交。屏幕显示如图 8-24 所示。

(5)其他各项在输入卡片后自动显示,单击"保存"按钮。

图 8-24　固定资产变动单—部门转移

其他项目（如资产使用状况、资产使用年限、资产折旧方法等）的变动，处理方法同上。

三、折旧处理

自动计提折旧是固定资产系统的主要功能之一。系统每期计提折旧一次，根据录入系统的资料自动计算每项资产的折旧，并自动生成折旧分配表，然后制作记账凭证，将本期的折旧费用自动登账。

影响折旧率计算的因素有原值、累计折旧、净残值（率）、折旧方法、使用年限、使用状况等。

（一）计提折旧

执行此项操作，系统将自动计提各项资产当期的折旧额，并将当期的折旧额自动累加到累计折旧项目。

操作步骤如下。

（1）选择"处理"→"计提本月折旧"菜单命令，屏幕显示如图 8-25 所示。

（2）单击"是"按钮，系统自动计提本月折旧，如图 8-26 所示，单击"确定"按钮。

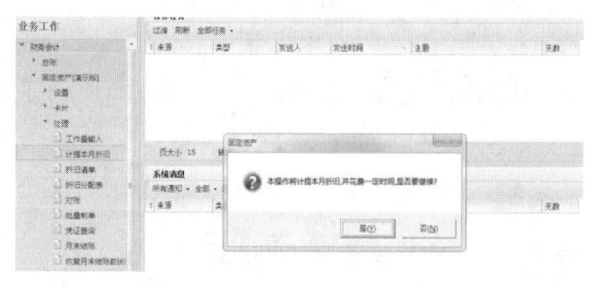

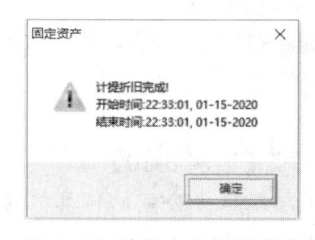

图 8-25　计提本月折旧　　　图 8-26　计提本月折旧完成

（二）查看折旧清单

【实例 8-11】

2019 年 12 月 31 日，查看并打印资产的折旧清单，操作步骤如下。

（1）选择"处理"→"折旧清单"菜单命令，屏幕显示如图 8-27 所示。

（2）选择所要打印的卡片行，单击"打印"按钮。

（3）查看完毕，确认无误后，单击"退出"按钮。

图 8-27 "折旧清单"窗口

(三)折旧分配

查看并打印资产的折旧分配表,操作步骤如下。

(1)选择"处理"→"折旧分配表"菜单命令,屏幕显示如图 8-28 所示。

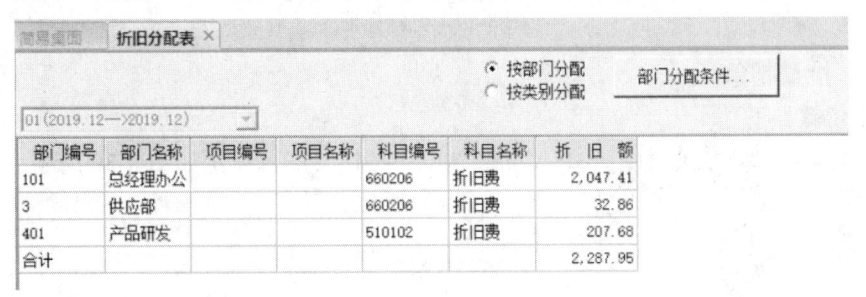

图 8-28 "折旧分配表"窗口

(2)选择要查看的凭证所在行。

(3)单击"打印"按钮。

(4)单击"凭证"按钮。

(5)查看、打印完毕,单击"退出"按钮。

四、生成凭证

固定资产系统通过记账凭证(如资产增加、减少、累计折旧调整,以及折旧分配等记账凭证)向总账系统传递有关数据。填制凭证有两种方法:第一种是在业务发生后立即制单;第二种是在期末批量制单。

(一)填制记账凭证

操作步骤如下。

(1)录入新增固定资产卡片,单击"保存"按钮,弹出"填制凭证"窗口,显示付款凭证如图 8-29 所示。

(2)输入公司名称:北京阳光信息技术有限公司。

(3)单击"字"选择所属凭证类型:付款凭证。

(4)单击"附单据数"填写所附单据数目:2。

(5)单击"保存"按钮。

图 8-29 付款凭证

（二）批量制单

操作步骤如下。

（1）在"处理"菜单中，单击"批量制单"按钮，屏幕显示如图 8-30 所示。

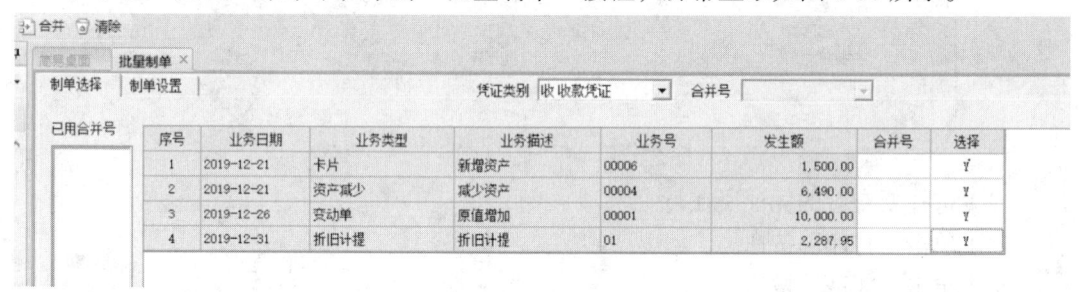

图 8-30 "批量制单"窗口

（2）单击"全选"按钮。

（3）单击"制单设置"按钮，屏幕显示如图 8-31 所示。

（4）单击"科目"按钮选择"1601 固定资产""100201 银行存款"选项，单击"保存"按钮。

（5）单击"制单"按钮。

（6）输入公司名称"北京阳光信息技术有限公司"，单击"字"按钮选择"付款凭证"选项，输入摘要"购入扫描仪"，输入附单据数"2"。

（7）单击"保存"按钮。

如果该单据在其他系统已制单或因发生其他情况不应该制单，可选中该行后单击"删除"按钮，将该制单业务从表中删除。双击任何一行可查看该单据。

如果在选项中选择了"应制单业务没有制单不允许结账"，则只要本表中有记录，该月不能结账。

（三）查询记账凭证

用户可以通过凭证查询功能对记账凭证进行查看、修改或删除。

查看全部凭证的操作步骤如下。

（1）选择"处理"→"凭证查询"菜单命令，屏幕显示如图8-31所示。

图8-31 "凭证查询"窗口

（2）单击"查询"按钮，选择全部凭证，如图8-32所示。

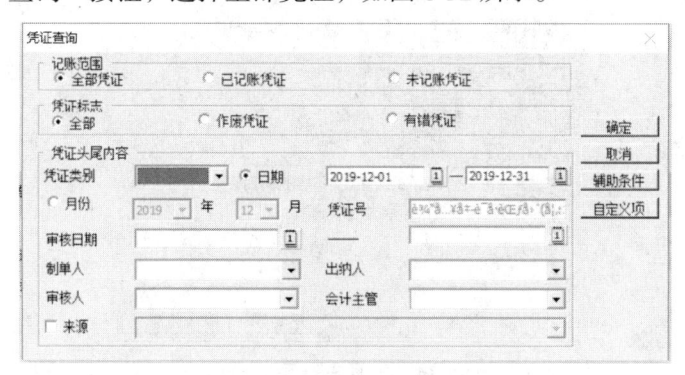

图8-32 "凭证查询"对话框

（3）单击"确定"按钮，显示凭证查询结果，如图8-33所示。

图8-33 "凭证查询列表"窗口

五、月末处理

根据会计制度的规定，企业每月都需要进行月末结账。固定资产系统生成凭证后，自动传递到总账系统，在总账系统中经出纳签字、审核凭证、科目汇总后，进行记账。

总账系统记账完毕后，固定资产系统才可以进行对账，若对账平衡，开始月末结账。若在财务接口中选中"在对账不平衡情况下允许固定资产月末结账"，则可以直接进行月末结账。

（一）对账

通过执行本系统提供的对账操作，可以检验固定资产系统账套的固定资产数值和账务系统的固定资产科目的数值是否相等。对账操作不限制执行的时间，任何时候均可进行对账。系统在执行月末结账时自动对账一次，给出对账结果，并根据初始化或选项中的判断确定对账不平衡情况下是否允许结账。

只有在系统初始化时或在选项中选择了"与账务对账"选项时，本功能才可操作。

（二）月末结账

每月月底手工记账都要有结转的过程，电算化处理也应该体现这一过程，因此本系统提供"月末结账"功能。月末结账每月进行一次，结账后当期的数据不能修改。如果必须修改结账前的数据，只能使用"恢复结账前状态"功能。

操作步骤如下。

（1）选择"处理"→"月末结账"菜单命令，屏幕显示如图 8-34 所示。

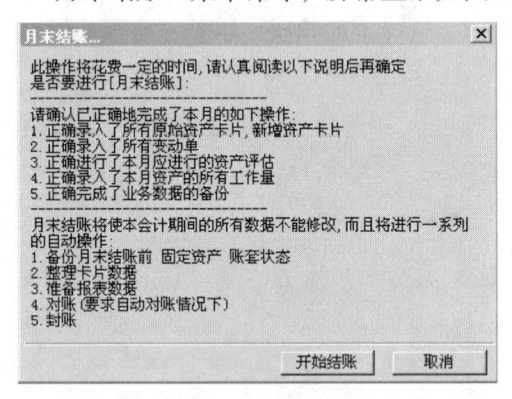

图 8-34 "月末结账"窗口

（2）单击"开始结账"按钮。

（3）结账完毕，单击"确定"按钮。

月末结账后如果发现已结账期间有数据错误必须修改，则以要恢复结账的月份登录系统，可通过"恢复结账前状态"功能返回修改。恢复月末结账前状态，又称反结账，是本系统提供的一个纠错功能。如果由于某种原因，在结账后发现结账前的操作有误，而结账后不能修改结账前的数据，可使用此功能恢复到结账前状态去修改错误。

任务四 账表管理

固定资产管理的任务是反映和监督固定资产的增加、调出、保管、使用及清理报废等情况，保护企业财产的安全完整，充分发挥固定资产管理的效能，便于成本计算。

通过用户的日常操作，系统自动将这些信息以报表的形式提供给财务人员和资产管理人员。本系统能够提供账簿和折旧表、汇总表、分析表等，如果所提供的报表不能满足要求，系统提供自定义报表功能，用户可以根据需要定义自已所要求的报表。

一、账簿

用户可随时对账表进行查询、分析管理，取得所需财务信息。系统自动生成的账簿有固定资产总账、（部门、类别）固定资产明细账、固定资产登记簿。

（一）账簿查询

操作步骤如下。

（1）选择"账表"→"我的账表"菜单命令。

（2）单击"账簿"按钮。

（3）选择所要查询的账簿种类：固定资产登记簿。

（4）单击"打开"按钮。

（5）单击"类别名称"按钮选择"电子设备及其他通信设备"选项。

（6）单击"部门名称"按钮选择"2"（销售部）选项。

（7）选择"查询期间"：2019.12——2019.12。屏幕显示如图 8-35 所示。

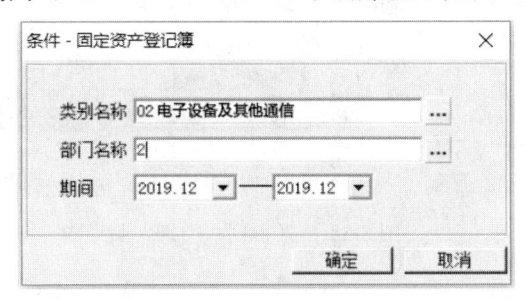

图 8-35　固定资产登记簿

（8）单击"确定"按钮，屏幕显示查询结果。

（二）账证联查

操作步骤如下。

（1）选择"账表"→"我的账表"菜单命令。

（2）单击"账簿"按钮。

（3）选择"固定资产总账"选项。

（4）单击"打开"按钮。

（5）单击"类别名称"按钮选择"电子设备及其他通信设备"选项。

（6）单击"部门名称"按钮选择"2"（销售部）选项，屏幕显示如图 8-36 所示。

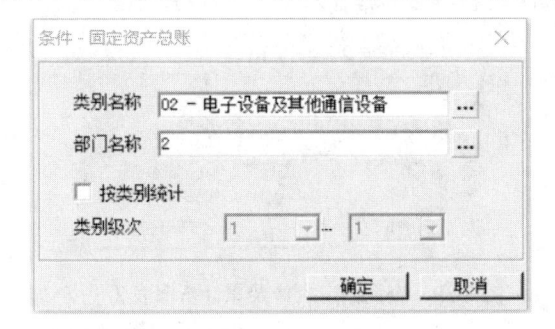

图 8-36　固定资产总账查询

（7）单击"确定"按钮，进入"固定资产总账"窗口，如图 8-37 所示。

固定资产总账表格

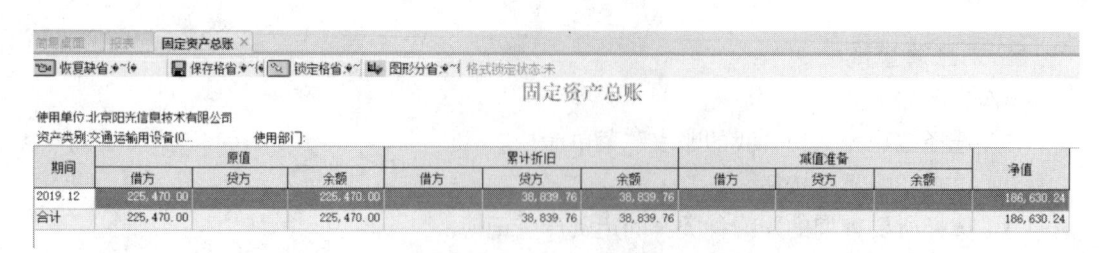

图 8-37 "固定资产总账"窗口

（8）双击总账记录行，显示该期间的（部门、类别）明细账，如图 8-38 所示。

（部门、类别）明细账表格

图 8-38 "（部门、类别）明细账"窗口

二、折旧类报表

用户通过账表管理功能可以对折旧类报表进行查询，了解折旧的详细资料。与折旧计算有关的报表包括（部门）折旧计提汇总表、固定资产折旧明细表、固定资产及累计折旧表（一）、固定资产及累计折旧表（二）。

操作步骤如下。

（1）选择"账表"→"我的账表"菜单命令。

（2）单击"折旧表"按钮。

（3）选择所要查询的报表：固定资产及累计折旧表（一）。

（4）单击"打开"按钮。

（5）选择期间：2009.12。

（6）选择"类别级次"：1-4，屏幕显示如图 8-39 所示。

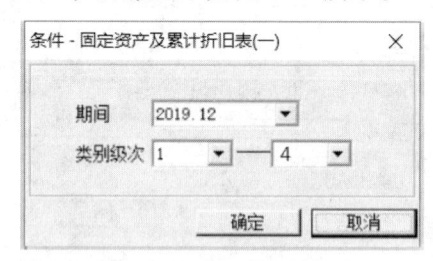

图 8-39 查询固定资产及累计折旧表（一）

（7）单击"确认"按钮，屏幕显示如图 8-40 所示。

固定资产及累计折旧表(一)

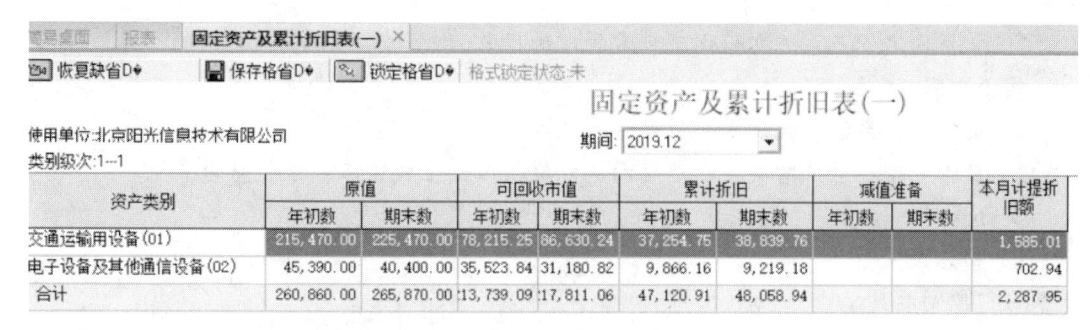

使用单位:北京阳光信息技术有限公司
期间:2019.12
类别级次:1—1

资产类别	原值		可回收市值		累计折旧		减值准备		本月计提折旧额
	年初数	期末数	年初数	期末数	年初数	期末数	年初数	期末数	
交通运输用设备(01)	215,470.00	225,470.00	78,215.25	86,630.24	37,254.75	38,839.76			1,585.01
电子设备及其他通信设备(02)	45,390.00	40,400.00	35,523.84	31,180.82	9,866.16	9,219.18			702.94
合计	260,860.00	265,870.00	13,739.09	17,811.06	47,120.91	48,058.94			2,287.95

图 8-40　查询固定资产及累计折旧表（二）

用户通过账表管理功能还可以对统计类报表进行查询。与统计有关的报表包括固定资产原值一览表、固定资产统计表、资产评估汇总表、资产评估变动表、固定资产盘盈盘亏报告表等。

分析表主要通过对固定资产的综合分析，为管理者提供管理和决策的依据。本系统提供的分析表包括固定资产使用状况分析表、固定资产部门构成分析表、固定资产类别构成分析表等。

本项目小结

固定资产管理系统的主要功能有初始设置、日常管理、账表管理和月末处理。

初始设置是首先要完成的工作，通过初始化，系统将按照用户的实际情况定义核算与管理，是使用本系统的基础。日常管理主要介绍固定资产增减变动的处理方法与操作技术，包括如何计提折旧、查看清单和分配表，以及怎样填制凭证和进行批量制单。账表管理主要介绍如何对账簿、折旧类报表、统计报表和分析报表进行查询与修改。月末处理主要介绍怎样进行对账与月末结账。

关键概念

固定资产　计提折旧　成新率

课堂讨论题

（1）固定资产管理系统内置了六种资产增加方式和七种减少方式，各种方式有什么不同？如何应用？

（2）固定资产的日常管理主要进行哪些工作？各是如何完成的？

复习思考题

（1）固定资产卡片的基础设置包括哪些内容？其中哪些设置是必须要定义的？

（2）月末处理主要做哪些工作？这些工作是按照什么顺序进行的？

实训操作题

实验目的

1. 掌握用友 U8V10.1 财务软件中有关固定资产管理相关内容。

2. 掌握固定资产系统初始化、日常管理的操作。

实验内容

1. 固定资产系统参数设置、原始卡片录入。
2. 日常管理：资产增减、资产变动、计提折旧、生成凭证、账表查询。

实验资料

1. 初始设置

（1）控制参数。

控制参数	参数设置
约定与说明	我同意
启用月份	2019.12
折旧信息	本账套计提折旧 折旧方法：平均年限法一 折旧汇总分配周期：1个月 当（月初已计提月份=可使用月份–1）时，将剩余折旧全部提足
编码方式	资产类别编码方式：2112 固定资产编码方式：按"类别编码+部门编码+序号"自动编码；卡片序号长度为3
财务接口	与账务系统进行对账 对账科目： 固定资产对账科目：1601，固定资产 累计折旧对账科目：1602，累计折旧
补充参数	业务发生后立即制单 月末结账前一定要完成制单登账业务 固定资产默认入账科目：1601，固定资产 累计折旧默认入账科目：1602，累计折旧

（2）资产类别。

编码	类别名称	净残值率	单位	计提属性
01	交通运输用设备	4%	台	正常计提
011	经营用设备	4%	台	正常计提
012	非经营用设备	4%	台	正常计提
02	电子设备及其他通信设备	4%	台	正常计提
021	经营用设备	4%	台	正常计提
022	非经营用设备	4%	台	正常计提

（3）部门及对应折旧科目。

部门	对应折旧科目
综合部	管理费用/折旧费

续表

部门	对应折旧科目
销售部	销售费用
供应部	管理费用/折旧费
制造部	制造费用/折旧费

（4）增减方式的对应入账科目。

增减方式目录	对应入账科目
增加方式	
直接购入	100201，工行存款
减少方式	
毁损	1606，固定资产清理

（5）原始卡片。

固定资产名称	类别编号	所在部门	增加方式	可使用年限	开始使用日期	原值	累计折旧	对应折旧科目名称
轿车	012	总经理办公室	直接购入	10	2018.10.01	215 470	37 254.75	660206
笔记本电脑	022	总经理办公室	直接购入	5	2018.11.01	28 900	5 548.8	660206
传真机	022	总经理办公室	直接购入	5	2018.10.01	3 510	1 825.20	660206
微机	021	产品研发部	直接购入	5	2018.11.01	6 490	1 246.08	510102
微机	021	产品研发部	直接购入	5	2018.11.01	6 490	1 246.08	510102
合计						260 860	47 120.91	

2. 日常管理

12月固定资产管理发生业务如下。

（1）12月21日，产品研发部购买扫描仪一台，价值为1 500元，净残值率为4%，预计使用年限为5年。

（2）12月26日，总经理办公室的轿车添置新配件10 000元。

（3）12月27日，总经理办公室的传真机移交供应部。

（4）12月31日，计提本月折旧费用。

（5）12月31日，产品研发部毁损微机一台。

参考文献

[1] 王新玲,殷云飞. 用友 U8(V10.1)财务一体化应用(微课版 第 2 版)[M]. 北京:人民邮电出版社,2019.

[2] 林冬平,毛慧华. 会计电算化实训教程[M]. 武汉:华中科技大学出版社,2019.

[3] 李霞林. 会计电算化实务[M]. 北京:电子工业出版社,2019.